中学语文整本书阅读教学探索

王跃平 著

丛书顾问 周洪宇
丛书主编 刘大伟

南京教育文库

生活·实践教育系列成果

顾明远题

南京出版传媒集团
南京出版社

育文库

邓明达题

鄧明達

南京教

图书在版编目（CIP）数据

中学语文整本书阅读教学探索 / 王跃平著. -- 南京：南京出版社, 2024. 12. -- (南京教育文库). -- ISBN 978-7-5533-5107-0

Ⅰ. G633.332

中国国家版本馆CIP数据核字第2024E2A832号

丛 书 名　南京教育文库
丛书顾问　周洪宇
丛书主编　刘大伟
书　　名　中学语文整本书阅读教学探索
作　　者　王跃平
出版发行　南京出版传媒集团
　　　　　南 京 出 版 社
社　　址　南京市玄武区太平门街53号
邮　　编　210016
联系电话　025-83283873、83283864（营销）　025-83112257（编务）

策划统筹　朱天乐　王晓晨
责任编辑　王晨冰
执行编辑　王佳佳
装帧设计　张　淼
责任印制　杨福彬

排　　版　南京新华丰制版有限公司
印　　刷　江苏凤凰通达印刷有限公司
开　　本　787 毫米 × 1092 毫米　1/16
印　　张　15.75
字　　数　225千
版　　次　2024年 12 月第 1 版
印　　次　2024年 12 月第 1 次印刷
书　　号　ISBN 978-7-5533-5107-0
定　　价　60.00元

总　序

不忘本来　吸收外来　面向未来

南京作为六朝古都，历史悠久，底蕴深厚，自古以来就是东南一带的政治、经济、文化中心。南北朝时期，宋文帝首开中国古代教育分科先河，在南京开设儒学馆、史学馆、文学馆和玄学馆，以分科的形式传经授道；梁代的五经博士以考试选拔人才，为隋唐科举制的实施奠定了基础。南京教育在明代更是达到了一个巅峰，不仅全国最高学府国子监设立于鸡鸣山下，且乡试、会试考场也设置于秦淮河畔的夫子庙，“天下文枢”也因此而闻名宇内。与官学相颉颃，私学在南京也有着悠久的传统，宋代的明道书院，明代的江干书院、新泉书院、崇正书院，清代的钟山书院、惜阴书院等，为学术思想的传承、学术流派的形成打下了扎实的基础。

民国以来，南京成为中西方教育思想汇聚的交融地，一大批本土教育家和海归教育家以南京为基点，加入了绘制中国近现代教育改革的蓝图大业中。张謇、沈恩孚、江谦、袁希涛、黄炎培、郭秉文、陶行知、陈鹤琴、邰爽秋、吴贻芳、俞子夷等一批学贯中西的教育家致力于南京教育的改革与发展，“生活教育”“活教育”等教育思想在南京萌芽、丰富与完善，铸就了传承至今的晓庄学院、鼓楼幼儿园等一批教育实践的典型代表。这些源于南京的教育思想与实践以中国基本国情为基础，对西方教育思想与实践进行了创造性转化与创新性发展，走出了一条独具中国特色的教育改革发展之路，一改民初

"仪型他国"的社会风气，也为随后很长一段时间的中国教育改革与发展指明了方向。如果说，北京是近现代中国思想变革的策源地，那么南京一定是近现代中国教育思想变革的策源地，也是中国式教育现代化的起源地。

"敢探未发明的新理，敢入未开化的边疆"，这是我对南京教育的一个直观看法。这既有陶行知、陈鹤琴等教育先辈们对我的影响，也有我与南京教育人交往后的感触。早在1982年，我因为编撰《陶行知全集》，就多次来到南京市晓庄师范学校、南京大学、南京图书馆查找资料，认识了一批南京教育界的朋友。近年来，由于工作的关系，我常常有机会参加南京的基础教育活动，也因此与南京教育界的各位人士结下了深厚的友谊，对新时代以来南京教育的高质量发展有了深厚的感悟。在学前教育普惠优质发展方面，南京普惠性幼儿园覆盖率达89%，优质园覆盖率达92%，率先全市域创成"江苏省学前教育改革发展示范区"；在义务教育优质均衡发展方面，南京义务教育优质资源覆盖率达98.6%，学校标准化率保持在100%，率先全市域通过"全国义务教育发展基本均衡县（市、区）"评估；在高中教育多样特色发展方面，南京整体规划和建设学术型、特色型、综合型普通高中，实施高中布局优化行动计划，全市达省定三星级以上的公办普通高中比例达95.5%；在特殊教育融合优质发展方面，南京建立了特殊教育工作联席会议制度，建立起从学前教育到高等教育全纳性的现代特殊教育体系，实现了全市所有街（镇）学前、义务教育阶段学校融合教育资源中心全覆盖。

南京教育能够取得如此优异的成绩，既有教育行政部门在方向上的正确指引，也有每一位普通南京教育人在岗位上的默默付出，因而我们既要关注教育宏观问题，也要关注微观上每一位教师、每一件事、每一个孩子。2022年1月，我的学生大伟从南京晓庄学院调任南京市教育科学研究所主持日常工作，我建议他既要在宏观上发挥市教科所作为教育智库的功用，也要关注到学校的内涵发展，更要关注到每一位教师的专业发展，因为教师的发展是学校发展的基础，只有教师发展好了，学校才能发展，而最终指向的必然是孩子的发展。因此我提议他能否整理出版一套“南京教育文库”，通过文库工作推动一批专家型教师梳理提炼教学主张、教育理念和学术思想，以时代为观照，立足南京教育实际，解决中国教育问题，推进南京教科研在知识创新、理论创新和方法创新上不断传承与发展。大伟很快邀请了南京一批名特优教师参与“南京教育文库”的编写工作，并规划了持续长达8—10年的发展计划，其中包括了写作指导、出版、评奖、宣传等全方位的保障体系建设。这一宏大体系建设还得到了顾明远先生的肯定与点赞，并欣然赐予墨宝“南京教育文库”六字。

“南京教育文库”的提出与推进，对于基础教育界具有非同寻常的意义，具体我认为有以下几点价值：

第一，独特性。毋庸置疑，每一个城市的教育发展都有独到之处和自身特点，但南京的教育发展与其他城市相比，其特点更加明显、风格更加独特。在江苏提出率先实现教育现代化的进程中，南京确立了“加快建设现代化教育强市、以高质量教育支撑高质量发展”这一战略目标，更加自觉地坚持教育优先发展、科学发展、创新发展。南京教育的主要发展指标已达到或超过OECD（经济合作与发展组织）发达国家和地区的平均水平，教育现代化水平连续六年获江苏省第一，在省对设区市政府履行教育职责考评中连续三年位居江苏省前列。可以说，南京教育在江苏省甚至全国都具有标杆性的独特作用。而如何将这种独特价值展现出来，“南京教育文库”的编撰正好起到了这一作用。这套丛书通过挖掘梳理南京教育的内涵，将南京教育的独特做法与经验理论化和系统化，既是对南京教育光辉历史过往的追溯与总结，也是对南京教育未来的期待与展望，更是可以成为中国教育改革与发展的地方样本。

第二，人本性。人的发展是教育的出发点和归宿，人的活动是教育的核心和关键，这是我近些年来提出的教育活动史的一个重要观点。教师是教育发展中的人，我们各级教育行政部门应该给予他们更多的关注与关心，特别对于一批具有典型性和代表性的教师，我们应该提供各种条件帮助他们总结、凝练、宣传、推广他们的教育理论与实践。就我所知，目前国内还尚未有类似的丛书出版。南京市教科所率全国之先，关注教育活动中的人，为教师的研究提供物质保障和学术指导，帮助他们在研究中发展，在实践中成熟，在推广中完善，可谓真正地将教师置于教育活动的中心地位，实现了以人为本的目的。

第三，开放性。对于这套丛书的设计与出版，我跟大伟提议，除了考虑名特优教师的教育思想总结与凝练外，还要在未来考虑对青年教师的支持，特别是要支持一批“学带”“优青”等具有基础的青年教师。南京教育近年来提出了如“宁教杰青”等一系列教师培育计划，我想我们的工作在未来还要吸收这样的教师参加“南京教育文库”的编写工作，加快对青年教师的培养速度。在学段上，我建议他要综合考虑各学段人员的配置，中学、小学、幼儿园各学段教师都要涉及，还要考虑在教师发展中心、教研室、教科所等单位工作的人员，更要考虑在学校管理岗位有丰富经验的教育管理者，这样就可以让我们这项工作更加开放、更加多元。

第四，持续性。南京教育的发展历史是一个整体，我们要做到不忘本来，吸收外来，面向未来，既要思考南京教育从哪里来，也要想好往哪里去，更要做好走向的持续性。因而对于这套丛书我还是有一个期待的，期待这套丛书能够持久地做下去，做成制度，做成系列，做成品牌，让更多的教师参与其中，享受到教育改革发展的红利，并在这项工作中得到发展、得到进步。我还希望将来“南京教育文库”能够借鉴“教育智库与教育治理50人圆桌论坛”的思路，形成一支队伍、一项制度、一套丛书、一个论坛、一个品牌的“五个一”发展思路，为南京教育的高质量发展注入持续不断的动力。当然，我也知道为了这套丛书的出版，大伟费尽了心思，他跟我说他要以陶行知办学的事迹为榜样，四处化缘筹措出版经费，找寻出版社确保进度，策划高级别平台宣传，以及筹划、参与各级各类评奖。我希望他能够保持这种工作激情的持续性，将这项工作一直做下去，实现陶公所说的“为一大事来，做一大事去”的理想目标。

合抱之木，生于毫末；九层之台，起于累土；千里之行，始于足下。“南京教育文库”的出版在不久的将来必然会成为中国教育界重要的一棵“合抱之木”、一座“九层之台”。我也衷心希望参与到文库编写工作的同志们千里之行，永不停歇！

是为序。

周洪宇

2022年11月22日

于武昌东湖

（作序者系第十三届全国人大常委会委员、湖北省人大常委会副主任，中国教育学会副会长、中国教育发展战略学会副会长、长江教育研究院院长、华中师范大学国家教育治理研究院院长，博士生导师）

目录

好望角：不只是远方

袁爱国

好望角，一个远在南非的险要海角，因为探险者的远航，不仅仅成了地标，更是人们梦想中的美好圣地。好望角，不只在远方，也隐身于一册册书页里，一个个闪光的灵魂里。当整本书阅读与好望角探寻相遇，学生的精神世界得以敞亮，教师的教育生活变得蕴藉。读书与写书，便成了师生各自的朝圣路，抵达美好，走向永恒。

灯塔。五百多年前随着海洋探险者的造访，好望角的东南两公里处随后设立灯塔，由此远洋巡航者就有了目标与希望。卷帙浩繁的经典著作乃是人类精神世界的灯塔，理应成为语文学习的重点，但在现实中却常常被疏离。王跃平老师的《中学语文整本书阅读教学探索》，不仅为学生在经典的海洋里游弋寻找精神的灯塔，也为语文教师在整本书教学中点亮前方的航标灯。

在路上。远洋者的路，在海上；学习者的路，在山上。航海者的心，在远方；登山者的梦，临绝顶。此书是王跃平老师整本书教学研究的第四本书，从2018年出版整本书教学研究的第一本书《援疑质理：激活课堂的生命》，到《一书三课：整本书阅读教学36课》（2020年）、《学程设计：整本书阅读的重要引擎》（2021年），再到今天的这本书，每一本书都是一级坚实的台阶，每一本书里都藏着别样的整本书教学风景线。

这本《中学语文整本书阅读教学探索》，是作者对整本书教学实践的一次梳理与总结，也是对整本书教学理论的一次提炼与升华。本书不仅从理性层面阐释了整本书阅读的内涵与价值，同时从实践层面梳理整本书阅读教学的通用策略与个性案例。其中，通用策略从“思”(援疑质理)、“教”(一书三课)、“学”(学程设计)三个层面指明路径，接着从革命文学、经典诗文、长篇小说、科普科幻、学术著作等不同类型书籍探究整本书阅读教学策略，同时呈现教学实施导图，将抽象教学策略结构化、形象化。书中呈现的案例大多是作者在全国各地展示的示范课例，并收录整本书研究共同体成员的优秀课例，这些课例与新课标、新教材同步，设计新颖，别具匠心。

王跃平老师在整本书教学之路上，建构了整本书阅读课程体系。阅读课程名称便是“好望角”，意在通过阅读让学生走向更加美好的境地，“种子向往春天时便成了花”，还拟定必读和选读书目，编印课程实施手册《“好望角”阅读日知录》，用“任务单”推进学生深度阅读。在建构课程体系基础上，开展课堂教学研究活动，逐步建构整本书阅读教学系列实施模型：“DELC”模型、“援疑质理”教学模型、“一书三课”教学模型、整本书课堂教学路径图和学程设计模型图等，将教学策略可视化、系统化，为整本书深度阅读教学提供新思路、新方法。近8年来，作者及其研究团队成员在全国各地开设公开课100多节，作专题讲座50多次，在省级以上刊物发表专题论文30多篇，整本书教学研究成果得到大范围推广运用。同时，结合江苏省教育科研规划课题研究，提炼研究成果，陆续获得表彰。《支持学生整本书深度阅读的DELC模型的建构与实施》研究成果，2017年获江苏省教学成果奖二等奖；《援疑质理：激活课堂的生命》研究成果，2020年获江苏省教育科学优秀成果奖二等奖；《生命的“好望角”：师生共建的初中整本书阅读教学》研究成果，2021年获江苏省教学成果奖一等奖。

纪伯伦如是说：“我是一个旅行者，也是一个航海者，我每天在自己的灵魂中发现一个新王国。”向着好望角出发的航海者，是梦想家，也是弄潮儿；与学生一起在“好望角”整本书课程徜徉的语文教师是领航员，也是伴游者。沿路有旖旎多姿的风光，也有变化莫测的挑战，心与名家会，神随经典游，不亦快哉！

好望角不是航行的终点，是欧亚航行的中转站。此书是王跃平老师整本书阅读教学研究的又一个地标，下一个更远的目标“群书阅读教学研究”已经启程。从一本一本地读整本书，到多本组合比较阅读，如此专家式阅读，意在培养学生的专家思维，这样的研究更具有挑战性与前瞻性。

湖畔与海洋。王跃平老师常年工作生活于玄武湖畔，这里有台城烟柳、莲湖晚唱、鸡鸣春晓、钟山烟岚、紫峰擎天……江南的湖光山色恬淡闲适，没有为进取者设限，她依然面朝大海，神往辽阔深邃的海洋，还有海风中传来李健《好望角》的歌声——

群星闪耀美丽世界尽头
火热的节奏击打着心灵
释放我的灵魂
彻夜的歌声海风吹送着
从天而来轻吻
还有那
充满希望的神奇角落……

（作者系中学语文特级教师、江苏第二师范学院教授）

第一章　整本书阅读教学的内涵理解

继《普通高中语文课程标准（2017 版）》后，《义务教育语文课程标准（2022 年版）》（以下简称“2022 版课标”）也把整本书阅读作为一个独立的学习任务群，可见整本书阅读越来越受到重视，也越来越重要，整本书阅读的课程化、教学化进程又向前迈了一步。《义务教育语文课程标准（2011 年版）》就要求，在初中阶段，学生每学年必须读两到三本名著，阅读总量不少于 260 万字；2022 版课标也提出“能利用图书馆、网络搜集自己需要的信息和资料，帮助阅读。学会制订自己的阅读计划，广泛阅读各种类型的读物，课外阅读总量不少于 260 万字。”因为学生成长离不开读书，阅读可以培根铸魂、启智润心，阅读可以启迪人生、奠基未来。那么，如何理解整本书？如何进行整本书阅读？如何认识整本书阅读教学？整本书阅读教学与单篇阅读教学、群文阅读教学有何不同？到底如何开展整本书阅读教学？这些问题都是一线老师必须面对和思考的。

第一节　整本书阅读教学的概念内涵

一、对整本书概念的辨析

1.“整本书”与“群文”

何谓“整本书”？是不是“整本的书”都可以称作“整本书”呢？从现有的汉语字词典中查找，无法找到对“整本书”的定义。在《汉语大字典》中，“本”的义项有“书册”的意思，它也是用于字画或书籍簿册的量词，可以看出，“整本书”是指一本完整的书，与“单篇短章”

相对，强调文本的整体性。现代汉语这样解释“书”——“书，是指装订成册的著作。”从狭义上来理解，书是印有文字和图像的纸张的合集。从广义上来理解，书是一切传播信息的媒体。本书所讲的“整本书”是指符合出版要求、内容紧凑、结构严谨、独立装订成册的图书，并且涉及的不是一般意义上的“整本书”，而是选用义务教育课程标准要求中学生必读和荐读的经典名著。仅就外部形态而言，教科书本身即是一本书。不过，无论是叶圣陶先生的表述，还是在约定俗成的语境里，教科书显然不在“整本书”之列。那么，一群文章结集印刷是不是就可以叫作“整本书”了呢?首先我们来梳理一下“群文”和“书”这两个概念。

群文，顾名思义就是一群文章，是指按照一定的标准组合起来的结构化文本，如按照主题、写法、内容等议题进行组合。对群文实施教学就叫作群文阅读教学，用于教学的群文一般数量有限，常常在5篇以内。如果文章数量达到了一定的限度，可以结集成册，印刷成“书”，但这样的“书”只是一般意义上的印刷品，与我们所谈的“整本书”不是一回事。

2.“整本书”与“整本的书”

“整本的书”，这个说法来源于2001年版义务教育语文课程标准（以下称“2001版课标”），2011年版义务教育语文课程标准（以下称“2011版课标”）、2022版课标都沿用了这个概念。2001版课标指出：“培养学生广泛的阅读兴趣，扩大阅读面，增加阅读量，提倡少做题，多读书，好读书，读好书，读整本的书。”2011版课标再次指出：“培养学生广泛的阅读兴趣，扩大阅读面，增加阅读量，提倡少做题，多读书，好读书，读好书，读整本的书。”这与2001版课标完全一致，一字不差。2022版课标再次指出：“倡导少做题、多读书、好读书、读好书、读整本的书，注重阅读引导，培养阅读兴趣，提高读书品位。”2022版课标多了“阅读引导”这个要求。以上课标中所说的“整本的书”就是指“整本书”，它具有内在逻辑与结构，具备主体独立性与生命独特性，但并不是所有“整本的书”都能叫作“整本书”，如各学科的教科书或结集成册的印刷品等就不能称作“整本书”。例如：《鲁迅散文集》和《朝花夕拾》同样为散文的结集，前者则不能称之为“整本书”，因为其内容没有内蕴上的联系；后者可称为“整本书”，因为它的思想体系完整。

3.“整本书”与“名著”

语文课程标准倡导学生阅读的“整本书”，主要指名著，是指那些具有较高艺术价值和知名度，且包含永恒的主题和经典的人物形象，能够经过时间考验经久不衰，被广泛认识以及流传的文字作品。名著有着独立的精神和独特的思想价值，可以陶冶人的情操，塑造健全的人格，能给人们以警示和深远的影响；它有着独特语言特色和思维建构，能作为一个连续性整体给读者别样的阅读感受，能提高阅读者的语言运用能力，发展思维能力，提升文化素养。

上海的余党绪老师说：“‘整本书阅读’中的‘书’，当然不是指产品形态上的印刷品，也非指泛意上的文化产品，诸如《20世纪杂文选》这样的‘书’，只是一些‘文’的组合，虽也有内涵上的关联，但不具备精神产品的主体独立性与生命独特性。真正的精神产品往往与个体独特的精神生活和创造性劳动联系在一起。”余老师所说的“真正的精神产品”主要指名著，如《史记》《三国志》《西游记》《红楼梦》等古典名著，《骆驼祥子》《红星照耀中国》《平凡的世界》等现当代名著，《红与黑》《战争与和平》《钢铁是怎样炼成的》等外国名著。像《论语》《老子》等这样的言论集，《朝花夕拾》《艾青诗选》《傅雷家书》等当代作品，虽然也是一些“文”的组合，但它们都有自己的话语系统、整体的思维架构、独立的思想体系、逻辑体系和独特的精神价值，它们都属于整本书，不是简单的文集。

二、整本书阅读的概念内涵

1. 整本书阅读概念溯源

在我国古代的科举考试中，八股文是考试的一个重点，关于应试的主要题目，大多数的来源都是儒家经典。童生若想取得优异的成绩考取功名，需将《大学》《中庸》《论语》《孟子》等书烂熟于心，此之谓整本书阅读的始端。春秋末期起，年幼学童入私塾先识“方块字”，而后教读《三字经》《百家姓》《千字文》，这可以算是整本书阅读教学的初始。

“整本书阅读”这个概念是由现代著名的语文教育家叶圣陶先生最早提出的，顾黄初、夏丏尊、郑宇、董菊初等专家学者在这之后对其进行深入研究，并对社会发出呼吁。1940 年，叶圣陶先生在《国文教学两个基本观念》一文中明确地提出了“整本书阅读”的概念；当代著名的语文教育家顾黄初先生在 1981 呼吁教育界关注“整本书阅读”，但当时响应的人不多；直到“2001 版课标”和“2011 版课标”均提出要引导学生阅读整本书，特别是 2011 年以后，“整本书阅读”才逐渐引起了部分学校、教师、学生和家长的关注。

2015 年统编本语文教材对整本书阅读的要求加大了力度，教材编写理念为“教读、自读、课外阅读‘三位一体’”，倡导课外阅读课程化、课外阅读课内化，教材中对“名著阅读”进行重新编排，规定初中三年必读书目 12 本、荐读书目 24 本（共计 36 本），6 本教材中对 12 本必读书目设置了 12 个“名著导读”，并对每本书的阅读方法提出了建议，如《西游记》的阅读方法为“跳读与精读”，《朝花夕拾》的阅读方法是“消除与经典的隔膜”，可谓是“一书一法，各各不同”，课标从课程建设与内容选取上都进行了充实与完善。2022 版课标更是把“整本书阅读”作为一个独立的学习任务群（为六个学习任务群之一），可见对其重视程度之高。这样，“整本书阅读”才逐步由一个普通词汇向专业词汇转化；整本书阅读教学终于成为一门显学，这是我国语文界的一次大进步。

虽然学术界目前在“整本书阅读”上还没有一致的定义，但是语文教育专家们对“整本书阅读”的一致看法是：从内容而言，强调精神上的主体独立性与思想独特性；从形式上而言，强调连续性、完整性与深层次性。整本书阅读是指读者在图书文字中获取信息、认识世界、发展思维、获得审美体验与知识的过程。徐鹏在《整本书阅读：内涵、价值与挑战》

一文中指出："整本书阅读是学生在语文课程的学习中，运用个性化的阅读方法、围绕整部经典作品展开的，与作者、文本、教师、同伴对话的过程。"李卫东在《混合式学习：整本书阅读的策略选择》一文中从阅读方式上，将整本书阅读与篇章阅读相比较，指出："整本书阅读应是冲破语文教学狭小格局的深阅读、深度学习，需要精读、泛读的灵活转换，课内阅读和课外阅读的深度整合，正式学习和非正式学习的对接融通。"结合以上各种观点，我们认为整本书阅读是以内容紧凑、结构严谨、内涵深刻的整本的书为阅读单位，运用多种阅读方法来阅读图书文字的一种阅读方式，它强调文本的整体性、方法的多样性、理解的全面性。

2. 整本书阅读关键在"整"

整本书往往都是鸿篇巨制，不是一天两天就能读完的，极易陷入碎片化的泥淖，对作品一知半解，一定要在"整"字上着眼，有整体观念、整理意识和整合习惯，这是整本书阅读成功的基础。

（1）要有"整体"的概念，谨防碎片化

首先，要从宏观上整体感知作品，包括阅读之后的心理感受，对文本的领悟和直觉体验，以及形成阅读疑问等，要学会做减法，将厚书读薄，整体理解作品的内容。如读完《西游记》后，能初步感受到故事想象力丰富，情节非常有趣，可以问一问自己"这是一本怎样的书"，在努力思考答案的过程中，可以逐步加深对作品的认识——这是一本有关斩妖除魔的书，这是一本写唐僧师徒西天取经的书，这是一本有关成长与成功的书，这是一本有关"定心猿"的书。

其次，需要全面审读作品，而不是得一点便忘形，要关注作者的立场与叙述视角，思考作品的核心与主旨，探寻文本的倾向与基调等总体性范畴，不能因为"一点"而无视整部作品，否则会折损整本书阅读的意义和价值。如《儒林外史》这本书，在塑造一个个读书人物的背后，作者到底想表达怎样的主题？他的立场又是怎样的？写这本书就是为了讽刺吗？为什么开篇写王冕，结尾写"金陵四逸"？这样安排是想表达他的写作目的“非为骂世也，实为醒世计”。

（2）要有“整理”的意识，谨防无序化

很多人读完一本书，就丢在一边，过些日子想想，好像没什么印象，只是“到此一游”。整本书一般篇幅较长，内容丰富，人物众多，如果没有整理意识，读完后只觉得林林总总，没有头绪，过段时间，也就忘了，什么收获也没有。因此，整本书阅读需要适当地进行整理。常见的整理方法有分类、排序等。

分类是常用的整理方法。指阅读后按照一定标准、从不同角度等对作品内容等进行筛选，标准的制定、角度的选择就是对作品的一次深入认识。如读完《朝花夕拾》后，从“难忘的人”“难忘的事”“难忘的景”三个角度对作品内容进行整理，感受鲁迅的“用温暖抗争绝望”；读完《西游记》后对书中的妖怪进行分类，可以分为“取经前的妖怪”“取经团队的妖怪”“取经途中的妖怪”等，“取经途中的妖怪”又可以分为“嘉果终成的妖怪”“终了性命的妖怪”“默默无闻的妖怪”等，感受作者整体架构的精妙；读完《儒林外史》后对书中的人物进行分类，可分为“科举文人”“理想文士”“市井众生”，也可以将人物按照“红榜”“黑榜”分类，感受作者的写作意图。

排序也是一种整理方法。读完一部作品后，可以对作品的人物出场、人物行踪的转换或写作时间等进行排序，整理出情节链、线路图、人物链等，从而深入理解作品。如《水浒传》中李忠的主要故事为：初识鲁智深—再遇鲁智深—入伙梁山泊—梁山大聚义—征讨方腊，这就是情节链，情节链的整理可以让我们对李忠这个人物有清晰的印象；再如《西游记》中唐僧师徒的西行线路图的整理，从长安出发再回到长安，让我们对西天取经的历程有清晰的印象，进一步感受到“离开与归来”这个母题。

分类一般跟读者对作品的理解程度有关，主观性比较强；排序则主要是读者对作品内在逻辑的发现，这个逻辑是客观存在的。如，人民文学出版社的汝龙译本《契诃夫短篇小说选》，读者可以按小说涉及的人群分类，也可以按小说表现的主题分类，甚至可以按照小说叙写方法分类，但不应忽视原书的编排设计。这个版本是按照创作时间先后排序的，我们能清晰地看到契诃夫创作的历程，能感受到他从一开始的为幽默而幽默、为博人眼球而夸张，到走向广大、深沉的过程。

（3）要有“整合”的习惯，谨防散乱化

读整本书，非一时之功；读懂整本书，非一人之功。如果没有整合意识，读完后还是一盘散沙，对作品的理解也会比较浅表。所谓整合，就是把零散的东西彼此衔接，从而实现信息系统的资源共享和协同工作，形成有价值有效率的整体。整本书阅读的整合，可以把片段品读与全书观照相结合，深入理解作品的整体架构和思维脉络，如《西游记》中的“大闹天宫”这个情节在全书中有何地位；可以进行内外勾连，纵横思考，探寻写作的奥秘，如“打虎”这个情节，《水浒传》中有武松打虎、李逵杀虎、解珍解宝射虎，《西游记》中有刘伯钦打虎、悟空打虎，它们的写法上有何异同，为什么会有这样的不同；可以借助工具，连点成线成面，加深对作品内容或主题的理解，如借助表格梳理《西游记》中的各路妖怪，感受作者塑造形象方面的精妙之处。

3. 整本书阅读与单篇阅读

单篇阅读、群文阅读与整本书阅读是语文阅读的三种类型，它们是按照阅读材料的数量维度来划分的，从小到大依次是单篇、群文、整本书。整本书阅读与单篇阅读、群文阅读等共同构成了阅读的完整形态，发挥着各自独特的功能，彼此不可替代。群文阅读强调找寻一个共同的话题，在比较辨析中加深认识与理解；单篇文本和整本书的共同点是独立性比较强。它们都有相对独立的内容，都有比较明晰的主题和完整的结构，因此，无论是单篇阅读还是整本书阅读，都很强调“整”字，即强调整体把握和整体理解。

单篇阅读和整本书阅读之间的差别主要在于，阅读所需时间相差很大，阅读获得的营养不同，阅读的着眼点不同。相对于单篇文章来说，整本书篇幅更长，主题更多元，内涵更丰富，营养更全面。整本书阅读具有单篇阅读所不具备的价值担当。在一次采访中，北大曹文轩教授表达了这样的观点，“大规模的作品，在结构方式上，是与短篇作品很不一样的。短篇作品培养的是一种精巧和单纯的思维方式，而长篇作品培养的是一种宏阔、复杂的思维方式，是一种结构能力”“让孩子读整本书，实际上也就是让孩子更加全面地感应世界，感应存在”“整体上把握一本书的艺术架构，有助于学生走进其完整的艺术世界，获得更为全面、深刻的思考”。

4. 整本书阅读与群文阅读

整本书阅读与群文阅读的共同之处在于，通过增加阅读量来培养语感，发展思维，提高语言运用水平和阅读鉴赏能力。不同之处在于，整本书阅读强调的是“整本”，一本书从头到尾都要读，需要相对长的阅读时间，可能是三五天，可能是一两周，甚至几个月或一两年。读后需要进行梳理整合，化零为整，获得整体的理解。群文阅读需要的时间比整本书要少得多，只是比单篇稍长一点，一般是连续的时间段。它是一种结构化阅读，强调的是按照一定的“主题”或“议题”串联起多个文本的阅读，需要从多个文本中提取信息、比较信息和整合信息以形成整体理解结构；群文阅读经常需要运用比较的方法，如，同一作家的不同作品之间进行比较，内容或形式相近的作品进行比较，通过比较让学生用更全面的视角进行阅读，增强阅读能力，拥有迁移能力，提升语文能力和素养。

三、整本书阅读教学的内涵

整本书阅读教学是阅读教学的一种形态，与单篇阅读教学、群文阅读教学并列。在我国，这个概念诞生于 2015 年，以前很少有人使用这个概念。

1. 整本书阅读教学的概念缘起

虽然整本书是阅读的重要组成部分，但很少有人提及“整本书阅读教学”这个概念。长期以来，提到阅读教学，人们头脑中想到的往往就是单篇教学，很少有整本书阅读和群文阅读的概念。直到 2015 年统编本语文教材问世，提出“教读、自读、课外阅读‘三位一体’”的理念，要求语文阅读教学在单篇课文的基础上，还要向课外延伸，教读课文学“方法”，自读课文用“方法”，课外阅读熟练使用“方法”，目的是培养“好读者”，让学生离开学校仍然是一个好读书、会读书的优秀读书者。在这种背景下，群文阅读、整本书阅读应运而生，并逐渐受到语文教师的重视，有不少名师带领团队进行研究与实践探索，如特级教师王君对群文阅读进行了实践探索，积累了很多课例；吴欣歆老师、余党绪老师、李煜晖老师等对整本书阅读颇有研究，在全国很有影响。目前，整本书阅读教学已经逐渐飞入“寻常课堂”，不再只是公开展示的“王谢堂前燕”。

2. 整本书阅读教学与单篇阅读教学

从单篇阅读走向群文阅读、整本书阅读，这是阅读改革的方向。单篇教学的优势在于文本细读，但很难抵达文本写作者的精神世界，只读到作者的一个点、一条线、一个面，容易造成很多偏见和误解。整本书阅读则有利于我们对作家的全面把握，有利于在一个系统中做复杂的探究。成熟的作家有相对稳定的价值系统和思维方式，他们的创作一定会表现出内在的一致性和互文性。

长期以来，阅读教学以单篇为主，一篇接一篇地教也成了教师的习惯。叶圣陶先生早在二十世纪二三十年代，就对单篇教学之于学生语文能力的提升空间提出了质疑，提倡整本书阅读，在 1941《论中学国文课程的改订》中提出教材应该以整本书为主，以单篇文选为辅。近些年来，一些教师开始尝试“大单元教学”“主题阅读”“比较阅读”等，阅读教学从单一走向了多元，学生的阅读学习有了方向，也有了爆发力。然而，大单元群文阅读、单一主题的阅读或比较阅读虽然能够为写作积累素材，也可以为某一个点的感悟提供深入的可能，但毕竟还是平面的而非立体的。整本书阅读则可以有效解决存在的问题，真正优秀的经典作品，尤其是文学作品，往往是四通八达，甚至可以称得上“百科全书式”的。

单篇阅读是“点”上的精彩，群文阅读是“面”上的精妙，整本书阅读则是“立体”的磁场。特级教师蒋军晶说：“单篇阅读教学的价值，在于它强调‘举一反三’的教学，强调的是在一滴水里看世界，在单独的一篇经典里，可以获得非常丰富、非常多样的学习收获，可以挖掘到经典文章的微言大义，可以面面俱到地去探寻单篇经典的各个方面所达到的高峰。”

整本书阅读教学，树立“整”的观念尤为重要。对于教师而言，“整”是指关注如何引导学生读完整本书，而不是如何上好其中某个章节的展示课；整本书阅读教学的设计，需要有完整的框架和体系，需要有整体的思考与规划，而不是东一榔头西一棒子。对于学生而言，“整”应该是整体思考一本书的内容，整体理解这本书的逻辑架构和语言特色，阅读和鉴赏、梳理与探究、表达与交流共生。

3. 整本书阅读教学与群文阅读教学

整本书阅读教学与群文阅读教学都是富有挑战性的教学，对教师、对学生的要求都很高，特别是对阅读和思维的要求很高。整本书和群文的阅读，不能漫无目的，没有方向的思维不可能走向确定；不能宽泛无边，没有边界的思维难以走向清晰；也不能没有焦点，没有聚焦的思维难以走向精确。在单篇教学中，因其主题的相对集中和内容的相对单纯，限定思维的缺失往往不会带来明显的思维混乱；而在整本书和群文阅读教学中，文本的主题和内容都纷繁复杂，限定思维的条件就很重要了。

群文阅读教学是架设在单篇阅读教学和整本书阅读教学之间的桥梁。一方面，在精读精讲经典单篇之后，有必要拓展延伸，由此及彼，由点到面，在文本的相互映照中同构“意境”，加深理解，在文本的相互参照比较中建构新的意义。另一方面，整本书阅读教学的实施常常需要通过“议题或焦点”的切分而“降解”为序列化的、专题性的群文阅读，才能够落到实处而不至于出现高原反应。总之，单篇、群文、整本书三者一脉贯通而相融相生、相辅相成。

足够精确的“定点”是群文阅读教学得以落实的前提。群文阅读教学一般是根据议题遴选一组具有一定关联性特点的文本，师生围绕议题展开阅读感知、阅读理解、阅读比较、整合归纳、品鉴表达等活动，达成一定共识。群文阅读教学着眼于以下几种能力的培养：辨识与提取的能力，比较与整合的能力，评价与反思的能力，应用与创意的能力。辨识与提取，即根据议题从群文中辨识出所需要的信息，并用适当的方式提取出来；比较与整合，即对不同文本之间的信息进行比较，发现异同，而后根据议题进行有效整合，形成整体性理解的结构，获得相应的阅读体验和感悟；评价与反思，即能够对群文阅读所获得的信息进行评价，并对议题所涉及的人、事、物、理进行评判与反思，或者评判反思文本的得失；应用与创意，即对所获得的有关能力进行应用，在一定条件下做出有创意的表现，形成新的意义建构和成果统整。因此，群文阅读的教学设计可以设计问题或任务，让学生进行辨识与提取、评价与反思、比较与整合，设计活动，引导学生提升应用能力和创意能力。

4. 整本书阅读教学的自身特点

整本书阅读是语文阅读的重要组成部分，既有阅读教学所具有的共性，也有其独特性，而这独特性正是整本书阅读受到重视的重要理由。

（1）需要系统思考。整本书阅读教学与单篇教学、群文教学不一样，需要有系统概念、整体思考，因为它不是一两节课就能奏效的，必须考虑读前教什么、读中教什么、读后教什么，因为整本书体量大，内容多，阅读不是一时半会儿就能完成的，教学也需要循序渐进，让学生顺利地捧起书来读，有目标地读下去，有感受地讲出来。

（2）需要持续发力。教学，包含教师的“教”和学生的“学”，整本书阅读教学也是如此。学生的书有没有读、读得怎样对教学至关重要。要完成整本书阅读教学，学生须持续、深入地沉浸于作品，因为其体量极大，学生很容易产生畏难情绪或者读不下去、不能坚持的情况，因此需要外力的不断推动。任务驱动往往成为推动阅读的重要方式。阅读前，需要激发兴趣类、消除隔膜类的任务；阅读中，需要保持兴趣、推动阅读的任务；阅读后，还需要引领深入理解的任务。而且，读前、读中、读后三个阶段还需要及时了解学生的阅读情况，不断地驱动阅读。

（3）需要得体设计。得体，指符合作品的特点。单篇阅读教学倡导要“得体”，即“得其文体”，如散文的教学与小说的教学不一样，散文侧重于品读情感，小说侧重于品读人物，散文抓线索，小说抓情节。整本书阅读教学也应该分别对待，古典小说与现当代小说不同，纪实类作品与虚构类作品不同，科幻作品与科普作品也不同。根据“义务教育课标”和“高中课标”提供的书目，可以将整本书分为以下类别：一是文学经典类，包括诗歌、散文、戏剧、小说四大类，如《唐诗三百首》《艾青诗选》《朝花夕拾》《雷雨》《西游记》《三国演义》《红楼梦》等；二是科普科幻经典类，如《海底两万里》《昆虫记》等，“高中课标”还专门设有“科学与文化论著研习”学习任务群；三是其他类书籍，如《史记》《红星照耀中国》《傅雷家书》《乡土中国》等。不同类型的书推动阅读的任务不同，教学设计的方法不同。

（4）需要专业设计。专业，指符合育人需要，符合学生的内在需求。如此，任务的完成才能既指向阅读目标的实现，又能让学生获得愉悦的情感体验。作为成长中的学生，阅读必须对其成长有促进作用，因此教师进行整本书阅读指导的时候，要寻找作品与学生成长之间的联系，激发其阅读兴趣和阅读认同感，如《西游记》中的“成长”，《钢铁是怎样炼成的》中的“成长”，《简·爱》中的“成长”，课标推荐的很多名著都与成长有着这样或那样的联系，教师需要有一双慧眼，努力寻找出来；求学阶段的学生，他的阅读往往跟升学进阶有关，他们中多数人的阅读是为了提升语文能力和素养，因此，教师的整本书阅读教学应该从语文学习的视角进行设计，切实提高学生的语言运用能力、思维能力、审美鉴赏能力和文化理解与传承等能力；中学生要学习的科目很多，有语文、数学、英语、物理、化学、生物、历史、地理等，整本书阅读是跨学科学习的重要载体，教师的教学设计就不能局限于学科本身，应具有跨学科的意识与视角，要在跨学科学习方面做一些引领或指导，激发学生主动参与的热情，发挥所读书籍的更大价值，为整本书阅读扩展空间。

整本书阅读具有“语文学习场”的作用，可以就某一章节进行单篇教学式的深入掘进，也可以就某一主题展开探究，更可以从不同维度发掘其价值。但无论如何，整本书阅读首先应具备的是“整体意识”，没有“整体意识”的章节深入是断章取义，没有“整体意识”的主题阅读是偏安一隅。基于这样的认识，我们在进行整本书阅读教学时，要努力放大整本书的独特优势，实现其价值的最大化。

第二节　整本书阅读教学的研究历程

整本书阅读不仅仅是新课标的要求，可以说从古至今都是语文课程的重要内容，更是语文阅读教学未来的趋势。学生阅读整本书，能够产生阅读兴趣，养成读书习惯，获取自我阅读的能力，从而提升思维能力，传承中华文化。

一、我国近现代教育家倡导阅读整本书

1. 叶圣陶先生多次提及整本书这个概念

早在 1923 年，叶圣陶先生就在其起草的《新学制课程标准初级中学国语课程纲要》第二部分“内容与方法”中指出，要“略读整部的名著”；1941 年，叶老又在《论中学国文课程的改订》一文中指出“国文教材似乎该用整本的书，而不该用单篇短章，把整本的书作主体，把单篇短章作辅佐”；到 1949 年，叶老又在《中学语文科课程标准（草稿）》中指出“中学语文教材除单篇的文字而外，兼采书本的一章一节，高中阶段兼采现代语的整本的书。”由此可见，叶圣陶已明确提出整本书阅读的要求，并将整本书列入高中的语文教材中。

2. 多名学者提出将整本书作为语文课程内容

胡适先生等人也曾提出要将整本书阅读作为语文课程的内容之一。

胡适在1920年的《中学国文的教授》中建议，将白话小说用作“国语文”的教材。他认为学生在私下偷看《红楼梦》这类书，不如将其作为语文教材，在教师的指导下来阅读。可见胡适主张将“整本书”作为语文教材，将“读整本书”列为语文课程的重要内容。叶圣陶和朱自清在1923年的《新学制初级中学国语课程纲要》中明确提到国语教育的内容不仅包括“取材偏重近代名著”的“精读选文”，也包括“略读整部的名著”，并列举了一些略读的书目。类似意思的表述则更多，如1937年，葛承训先生在《小学阅读教学示例》一文中即指出，“如果认真指导，辅助读物的教学必须排列在课内，教师和儿童都要当它是正功课才行”。除教材中的单篇名著选文外，也将整部的名著列为国语教育的重要内容，可见此时，语文教育界已经开始重视学生对于“整本书”的阅读。

3. 很多学者都强调整本书阅读的意义与价值

胡适和叶圣陶先生强调读整本书能够获取自我阅读能力。胡适在《中学国文的教授》中提到，“现在中学毕业生能通古文的，都是自己看小说看杂志看书得来的，绝不是靠课堂上几部古文选本得来的。”他们都主张用“看书”来代替“讲读”，尤其是阅读整本的书。叶圣陶先生认为集中精力专读某一本书并将其研究透彻，能够培养学生的阅读习惯，提升他们的阅读能力。他在1941年《论中学国文课程的改订》中指出“在中学阶段内虽然只能读有限的几本书，但是那几本书是真正专心去读的，这就养成了读书的能力；凭这能力，就可以随时随地读其他的书以及单篇短章。”梁启超先生等人认为，读整本书有助于了解和传承中华文化。他在《学校读经问题》中提到，“经”是中国的文化命脉，经训寄托了国家精神与民族精神，是中国思想之源泉，所包含的内容丰厚，虽然对小孩子来说读经是件难事，但不可不读。阅读整本的经书有助于了解、传承中华文化。叶圣陶先生也在《论中学国文课程的改订》中提出了让中学生通过阅读文学名著来了解固有文化的期望。

还有一些学者认为，读整本书能够引发学生的读书兴趣。如陶行知先生认为，读教科书没有像读《红楼梦》等小说一样，让人从早到晚一口气读完的力量。和教科书比起来，整本小说更能引发阅读的兴趣。何仲英先生也主张以能启发思想的旧体小说和结构新奇、寓意深远的新体小说为教材。小说有趣，也最容易让学生的知识有所长进。

4. 不少学者建议教师要指导学生阅读整本书

学生在阅读整本书时，需要教师的指导与点拨，这样才能提升阅读质量。1943 年，朱自清和叶圣陶先生在《略读指导举隅》中，以七本书为例，对学生进行了阅读指导，具体内容如下：在版本指导上，要教会学生比较校勘精审的程度、各家批评注释的优劣；在序目指导上，指导学生通过目录选取一些重要的部分来阅读；在参考书籍的指导上，要顾及学生的能力，顾及图书室的设备。“教师提示的书籍，学生从图书室中立刻可以检到，既不耽误功夫，且易引起兴趣。”并且要引导学生找到需要参考的部分。在阅读方法指导上，阅读小说或剧本这一类作品，要指导学生了解作者的人生经验或社会批判，读出作者要说却没有明说出来的意思；阅读诗集除了要进行体裁、体式归类的分析，还要注重综合感受，发现各代诗人风格的异同、抒写的技巧等；阅读古书要明了古人所处的环境及所怀的抱负。此外，阅读时还要心中常怀问题，带着问题去阅读。

二、我国的课程标准对整本书阅读教学的关注

（一）1949 年前的语文课程标准，重视读“整本的书”

“四书五经”等经典作品的教学采用的就是“整本书阅读方式”。一般认为，正式在语文教学中提出“读整本书”的是叶圣陶先生，即 1942 年他在《论中学国文课程的改订》一文中提出国文教学宜把整本书作为主体，把单篇短章作为辅佐，1949 年，他在《中学语文科课程标准》又一次提出：“中学语文教材除单篇的文字外，兼采书本的一章一节，高中阶段兼采现代语的整本的书。”

（二）2011 年前的语文课程标准，提及“整本书”

2001 年颁布的《全日制义务教育语文课程标准（实验稿）》中，“教

学建议”部分有这样的表述：“培养学生广泛的阅读兴趣，扩大阅读面，增加阅读量，提倡少做题，多读书，好读书，读好书，读整本的书。”这是在1949年后制定的语文教学大纲、语文课程标准中，首次出现“整本书”的表述。

2003年颁发的《普通高级中学语文课程标准（实验稿）》主要在选修课程中强调阅读整本书，课标中提到“阅读古今中外的人物传记、回忆录等作品”“选读古今中外文化论著”等内容。

2011年颁发的《全日制义务教育语文课程标准（修订稿）》在“教学建议”中提到“扩大阅读面，增加阅读量，多读书，好读书，读好书，读整本的书”，并对每个学段的课外阅读总量作了专门的规定，在第四学段中要求学生每学年阅读名著2—3部，其中就包含阅读整本的书、纸质的书。

（三）2017年后的语文课程标准，倡导整本书阅读引导

《普通高中语文课程标准（2017版）》将“整本书阅读与研讨”作为一大学习任务群单独列出，并且贯穿必修、选择性必修和选修三个阶段。可见，整本书阅读在语文教育教学中得到了重视，它的必要性和重要性显而易见，它对学生的语文能力和素养的提升具有重要作用，它对学生的成长与发展具有重要意义。

《义务教育语文课程标准（2022年版）》“倡导少做题、多读书、好读书、读整本书，注重阅读引导，培养读书兴趣，提高读书品位”，并把整本书阅读作为六大学习任务群之一。这六大学习任务群分别是：语言文字积累与梳理，实用性阅读与交流，文学阅读与创意表达，思辨性阅读与表达，整本书阅读，跨学科学习。这六个任务群按功能分为基础型、发展型和拓展型三个类型，整本书阅读属于拓展型学习任务群。

综上，在语文教育教学改革的过程中，整本书阅读一直是语文专家关注的重点，重视课外阅读，特别是重视整本书阅读，已经成为新时期广大语文教师的工作重点与研究重点。

三、近年来中小学整本书阅读教学的研究概览

在中国知网“中国基础教育期刊全文数据库”中以“整本书阅读教学”为主题进行搜索，从2011年1月1日至2022年8月23日，共有学术期刊2421篇；以“小学整本书阅读教学”为主题搜索，共有学术期刊50篇，以“初中整本书阅读教学”为主题搜索，共有学术期刊30篇；以“高中整本书阅读教学”为主题搜索，共有学术期刊45篇。这说明中小学一线教师研究整本书阅读的情况不容乐观。改变时间进行主题检索，从2016年1月1日至2022年8月23日，以“整本书阅读教学”为主题进行搜索，共有学术期刊2413篇；以“小学整本书阅读教学”为主题搜索，共有学术期刊48篇；以“初中整本书阅读教学”为主题搜索，共有学术期刊30篇；以“高中整本书阅读教学”为主题搜索，共有学术期刊45篇。两个时间的比对发现，近年来中小学的整本书阅读教学研究的文章主要在2016年以后，主要原因可能是跟2015年统编本教材问世和2017版高中语文课标颁发有关，统编本教材和2017年高中课标倡导整本书阅读课程化、教学化。我们从中选择了中学阶段代表性的多篇文献进行综述，研究成果主要在以下几个方面：

1. 整本书阅读价值的研究

（1）整本书阅读可以提升学生的语文能力和素养

《义务教育语文课程标准（2011年版）》中就提到，整本书阅读的价值在于“培养学生广泛的阅读兴趣，扩大阅读面，增加阅读量，提高阅读品位”，吴欣歆老师在《语文课程视野下的整本书阅读》一文中将其归纳为四个方面，即扩大学生阅读量、提高学生阅读品位、培养学生自主选择阅读内容的能力及营造良好的阅读氛围。整本书阅读，在激发学生阅读兴趣的前提下，对学生阅读的“量”提出要求；其次，通过教师的指导，保证阅读的“质”，最终指向良好阅读氛围的营造，这是整本书阅读的首要价值。就学生阅读现状而言，语文课堂教学主要以单篇“精讲”的形式为主，阅读目的单一，阅读内容有所局限，而整本书阅读能够

通过阅读内容纵向与横向的整体扩张，促进学生逐渐建构起完整的语文知识体系。余党绪、叶开老师在《为什么我们都主张“整本书阅读”？》一文中将作品的全息性和生命整体性归入经典名作不可抛却的重要价值当中。他们认为，现行语文教材多以“主题”为核心选文，课文篇幅短小，基本沦为表现某一特定主题的工具。对于长篇名著而言，仅仅阅读教材中的片段而不导向整本书阅读，恐怕只能得出片面的结论，宏观上也难以给学生完整的生命感。吴欣歆老师则从微观的角度出发，认为在整本书阅读的过程中，学生要经历一个“建构—解构—再建构—再解构”的循环。学生需要将整本书中的信息联系起来，建立信息与信息之间的关联，随着整本书内容的发展，学生的认识能力也经历了一个变化发展的过程。不仅如此，横向来看，在书与书之间，学生也能“同中见异，异中见同”，逐步完善对作品创作手法的认识。因此，整本书阅读在推动学生认识过程的完善方面，在提升与发展学生的思维方面，具有一定价值。

（2）整本书阅读可以提升学生的综合能力

整本书阅读的价值还体现在其对学生综合能力发展的帮助上。就语文学科内部而言，整本书阅读势必要运用多种阅读策略以达到良好的阅读效果，不仅需要针对不同类别的书籍进行阅读策略的选择，阅读同一本书的不同部分采用的阅读策略也应有所不同。吴欣歆老师在《阅读整本书，整体提升语文学科核心素养》一文中便举例说明了几种阅读策略，如内容重构、捕捉闪回、人物对比参照等方法。学生需要在阅读过程中不断探索，合理选择，更需要合理规划，才能达到预期的阅读效果。

就语文学科与其他学科的关系而言，整本书阅读能够成为学生综合能力发展的平台，有助于促进学科知识的整合，可以促进学生跨学科能力的提升。吴欣歆老师提到，学生在现实生活中需要具备解决问题的能力，而整本书阅读实际上便是一种以任务模式驱动的、不断扩大的实践活动。它要求学生在具体情境中，运用多种能力要素，展示其丰富的阅读成果，这就使得整本书阅读成为学生综合能力发展的一个平台。徐鹏在《整本书阅读：内涵、价值与挑战》一文中，又从内容与方法两个方面具体分析了二者之间的相互作用：首先，在内容上，学生阅读的整本书本身就具有跨学科的独特性，整本书的“书”中不仅包含了文学元素，与文化、科学等的相关知识也是无法分割的；其次，学生在摸索、探究阅读策略的过程中，必然要运用多种方式，如数理思维、信息技术等，这也有助于学生跨学科综合能力的培养。

（3）整本书阅读可成为语文教学改革的突破口

有不少研究者认为，整本书阅读能够成为语文教学改革的重要突破口。赵福楼在《完善中小学语文阅读体系——“整本书阅读”倒逼语文阅读教学的改革》一文中提到，整本书阅读的教学内容、文字规模、阅读信息之广博，对学生整体认知能力要求之高，决定了它在传统的“小课堂”教学模式之下是不可能完成的。因此，要在教学实践中落实整本书阅读，教师势必要立足于学生的“学”，根据学生阅读具体书籍的需要来设计教学，这就保证了教与学的融合，有效促进了语文阅读教学的改革。余党绪在《整本书阅读或可成语文教改的发动机》一文中也进一步指出，整本书阅读的课堂教学有可能通过教学内容的改变，倒逼教师重新思考师生关系与教学方式，从而形成师生平等对话、教学民主的良性循环，推动语文教学改革。

总之，关于整本书阅读价值的研究，从其对学生个人的知识与能力发展到对学科知识的整合、对语文教学的作用，既有具体的、微观的分析，也有概括的、宏观的把握。

2. 整本书阅读困境的研究

尽管对整本书阅读的价值有了充分的认识，中学语文的整本书阅读研究依然是在困境中作探索、求发展。中学语文整本书阅读的困境总体可以概括为以下几个方面：整本书阅读的课程困境、整本书阅读的实施困境与整本书阅读的评价困境。

（1）整本书阅读的课程困境

整本书阅读作为一种普遍的阅读状态，几次被写进课程标准当中，特别是 2017 版高中课标和 2022 版义务教育课标把整本书阅读作为学习任务群之一，大大提高了它的地位，实际上也能够反映出一定的社会阅读状态。它说明整本书阅读作为一种阅读学习常态，不应流于表面，而要把它当作语文课程的一项基本性、永久性的任务。王栋生老师说："运动式的一哄而起，也有可能一哄而散。"在热火朝天的整本书阅读"示范课""观摩课"热潮中，能够真正落到实处的整本书阅读实践为数不多。语文学科课内教学时间与整本书阅读体量的极大落差，又决定了整本书阅读在课堂完成尚有很大困难。这就导致了目前的尴尬局面：尽管整本书阅读在课标中受到了足够的重视，但在实际课程建设中却很难得到相应的落实。陈兴才在《思辨读写，走出整本书阅读困境的最佳途径》一文中便指出，大多数学校将整本书阅读作为一种课外活动进行，并不纳入课程，没有安排课时，少有整本书阅读计划，更遑论课程建设。在这样的大背景下，许多教师不重视整本书阅读，错误地将整本书阅读与考试挂钩，采用印发考点等方式强化学生的知识性记忆，实际上并非真正地阅读了整本书。而有心引导学生进行整本书阅读的教师，往往碍于时间空间或中考高考压力，无法顺利开展活动。因此，虽然整本书阅读的地位看似提高了，语文课程的阅读却依旧固化于课本与教辅，大部分中学的课程建设中仍然难觅"整本书"踪影。

（2）整本书阅读的实施困境

许多研究表明，整本书阅读实施过程中需要解决的，实际上是"读什么""怎么读""读出什么"这三个问题。关于"整本书阅读读什么"的问题，不同学者有不同的看法。余党绪认为，整本书是相对于"节选""片段"而言的有自己的话语体系、思想体系、逻辑体系的书，他主张学生应多读几本经典，精读几本文学名著。郑逸农与之观点相似，他进一步细化了阅读范围，提出整本书阅读应当符合学科性质，语文学科的整本书阅读对应的当是文学家写的文学作品、传统的经典文化作品，以及适量的学术专著。而程翔老师则提出了异议，他指出，“整本书”应包括必读与荐读两个部分，必读书籍应当体现语文学科特征，侧重于文学性；但推荐书籍则不必局限于文学书籍，而应将外延扩展为一切优秀读物。李卫东老师也表示，目前对于整本书阅读的性质定位过于狭窄，整本书阅读不能完全等同于“名著阅读”。他还提出，整本书阅读也不应与传统的篇章阅读等同起来，而要凸显其差异性从而体现整本书阅读的内涵特征。学界在此问题上的争议，实际上也说明了整本书阅读的定义还未能达成完全统一。但总的来说，根据对整本书阅读研究价值的阐释，学者在阅读范围应包含经典文学作品和适量学术著作这一点上基本达成了共识。

而关于“怎么读”的困境，主要可以分为课外、课内两个方面。要教会学生“怎么读”，教师首先应养成良好的阅读习惯。赵长河在《寻找整本书阅读指导的着力点》一文中就详细说明了整本书阅读教学前，教师应当进行哪些准备。他指出，教师要在学生阅读前自行批注，与学生共读共批，还需进行经典联读，打通经典与经典，达成互文阅读的效果。另外，教师也应阅读相关的解读与批评文章，整合并筛选符合阅读目的的部分，作为参考资料提供给学生。教师本身应当具备一定的文学理论素养和课程开发素养，这样才能保证整本书阅读的课程化。连中国也表示，教师应该提出可供学生参考借鉴的主张，这就仰赖于教师对书籍阅读核心的把握，较为行之有效的是根据核心问题，形成有效任务群。但现实是，教师群体本身阅读意识的缺失、自身阅读素养的不足，整本书阅读教学的开展缺乏规划，直接导致课中指导随意性过强的局面。在《整本书阅读教学的几种偏向》一文中，李卫东就以“《三国演义》以‘三’字为切入点的梳理式阅读任务”为例，指出教师在缺乏把握书本核心问题素养的情况下，整本书阅读指导很容易流于百科全书式的知识记忆，呈现出“泛人文化”的倾向。或者便是走向另一个极端，超出了学生的接受实际，以学生根本不可能完成的学术性任务作为整本书阅读的指导方向。这两种倾向，归根结底，都是由教师对整本书阅读教学的课中指导随意性强、规划性不足造成的。与随意性相对，整本书阅读的课中实施还有一个学者公认的困境，即整本书阅读教学方式的结构化——整本书阅读贵在一个“整”字。余党绪、黄厚江、王栋生、李卫东等均指出，现今许多整本书阅读教学本质上还是以片段、佳句赏析为主的精讲式单篇教学。教师借助参考资料一段段、一篇篇细讲，以精讲代替了学生的自主阅读，实际上还是换汤不换药的传统单篇教学。教师没有对整本书的教学内容进行思考与整合，学生也并不能在这样的教学中自主建构知识，养成独立阅读与思考的习惯。

“读出什么”实际上是指整本书阅读的目的性。程翔在《从“整本书阅读”的学科定位谈起》一文中表示：“整本书阅读的定位要依据语文学科的性质，要服从语文教学的目的任务。整本书的阅读应该定位在对以母语为载体的优秀书面语言作品的学习上……从语文的角度讲，整本书阅读就是要把学生从非专业读者培养成专业读者（或准专业读者），从而培养学生的语文核心素养。”由此可见，学生语文核心素养的培养是整本书阅读的目的所在，而要培养学生的核心素养，就必须明确整本书阅读不能是一种机械的记忆性阅读，而是一场读者与作品的“对话”。在“读出什么”的过程中，连中国补充说明了教师应当注重学生的个性化解读，在阅读成果展示上，要能体现师生、生生之间的思维碰撞。

（3）整本书阅读的评价困境

整本书阅读的“评价难”，主要体现在考查内容的琐碎与繁难上。一方面“常识速记”型考题仍未从试卷上绝迹，考核题目流于琐碎的浅层知识记忆，整本书阅读考核往往成为内容梳理型的考核，既不能体现学生的阅读素养，更无法真正检验学生的阅读情况。另一方面，小论文、手抄报等阅读成果展示呈现出论文选题过难、过偏，手抄报成为语段机械摘抄的局面，不仅加重了学生的课业负担，超出了学生的现有水平，也使得学生的阅读兴趣难以被激发，阅读评价无法成为学生阅读的动力。2019 年以来，浙江省很多大市的中考试卷和南京市的中考试卷对整本书阅读的评价出现了可喜的变化，逐渐着眼于一个“整”字，需要考生关注“整体、整理、整合”三个关键词，要整体把握整本书的内容，梳理思维脉络，感悟独特艺术，体悟语言特色。由徐志伟、曹茂昌等老师策划，冯渊、唐修亮等名师编写的《高中语文新课标学习丛书》，对整本书阅读和评价提出了新的思考与策略。

总体看来，整本书阅读的教学难、实施难、评价难，正体现了整本书阅读教学在发展中不断受阻，又在阻力中不断发展的特征。

3. 整本书阅读实施策略的研究

为了解决整本书阅读实施过程中遇到的难题，针对以上三种困境，研究者们也提出了相应的实施策略。

（1）任务驱动化解整本书阅读的课程困境

研究者主要从阅读序列化角度出发，提出了以阅读任务单的形式合理规划阅读内容，从而达成整本书阅读的课程化目标。吴欣歆老师认为，需通过区分课程形态、规定阅读篇目的范围、明确阅读方法、评估阅读结果这四种途径实现课程标准对整本书阅读的影响力提高。张小兵、倪峰在《走进操作层面的“整本书阅读”》一文中提出，教师个人力量有限，整本书阅读最终应走向“校本化”“班本化”道路。他们以南京师大附中的阅读计划为例，指出构建“三级阅读体系”——国家课程体系、校本阅读体系、自主阅读体系的设想。该计划从阅读时间、版本、篇目等方面提出具体规定进行整体设计，将整本书阅读纳入了课程建设中，解决了整本书阅读难以课程化的问题。在此基础之上，王春晶在《为高中整本书阅读教学“开单”——以“任务单”的形式推进整本书阅读教学》一文中，以2016年高考语文北京卷《考试说明》附录2“经典阅读篇目例举”中所提到的12本书——《论语》《三国演义》《红楼梦》《呐喊》《边城》《四世同堂》《红岩》《平凡的世界》《雷雨》《欧也妮·葛朗台》《巴黎圣母院》《老人与海》为例，以作品体量大小、学生年龄特征、学生课外时间、教材选编内容与整本书的联系等为依据，作出了阅读顺序的详细安排。王燕则在《高中语文整本书阅读指导任务与策略》一文中，从推荐阅读篇目、阅读目标、完成形式三个方面具体阐述了结合人教版必修教材推荐篇目、选修教材和名校推荐阅读书目设计的序列化阅读任务。笔者提出的“援疑质理”“一书三课”“学程设计”等做法，也可以在一定程度上解决整本书课程化的困境。“援疑质理”即通过阅读提问的方式了解学生读书状况，进而确定教学起点及教学内容，基于读情进行整本书阅读指导，或解惑，或推进，或提升；“一书三课”，即一本书开展三种课型的教学，读前引导课，重在激发阅读兴趣，消除学生与经典的隔膜，让学生顺利地捧起书来读；读中推进课，根据学生阅读现状，采取一定的推进策略，让学生继续顺利地读下去；读后提升课，在学生读完整本书的基础上，采用一定的方法和任务驱动，让他们走向深度理解。

总体来看，尽管具体推荐阅读的书目有所不同，但研究者普遍认同要将中学整本书阅读纳入课程建设当中，必须由浅入深，由单本到专题，对整本书阅读作出长期规划与序列化训练。

（2）实操策略纾解整本书阅读的实施困境

目前学界提出了不少操作层面上的具体教学策略，主要集中在提高教师自身素养、抓住主问题探讨与实施思辨读写几个方面。整本书阅读最大的考验就来源于教师自身。黄厚江在《整本书阅读教师要先读》一文里就从课程的开发、阅读方式的示范、教学形式的发现三个方面对教师提出了要求。教师首先需要将整本书阅读当成一门课看待，既是课程便要有相应的教学目标、教学过程、教学内容、教学评价，而教师思考以上几项内容的前提就是教师必须亲历阅读。其次，教师在整本书阅读过程中，需做到教会学生在读书中思考，这就要求教师的教学要以方法指导为主，精讲细讲为辅。最后，整本书阅读不是无的放矢地随意读读，教师要针对不同学生、不同书本，找到适宜的对应教学形式，要引导学生从语文视角进行阅读。这几点要求是保障整本书阅读教学的前提条件。

有了课前准备的保证，抓住主问题探讨与思辨读写这两个方面则是针对整本书阅读教学的课中指导提出的实施策略。张小兵老师提出，虽然在我们目前的单篇阅读教学中也讲究主问题的设计，但整本书阅读教学必须与单篇教学区分开来。在指导学生精读的前提下，需提纲挈领地宏观把握整本书内容，找到整本书的“纲”，在宏观视野下进行微观阅读，学生才能真正走进整本书的生命世界，因为整本书阅读要着眼于“整”，整本书教学也应该着眼于“整”。整本书阅读的思辨读写策略是由余党绪在《“整本书阅读”之思辨读写策略》一文中率先提出的。他在文中表示，思辨读写策略包含三个阶段的内容：一是充分的原生态阅读，二是强调对主旨与内容的批判性理解，三是开展包括转化性写作在内的表达训练。原生态阅读即对文本的“素读”，它要求教师与学生抛开传统阅读教学中“单元导语”“课文导读”的桎梏，直面文本，“毫无干扰”地读整本书。而在完成了阅读内容的梳理之后，整本书的第二阶段是批判性阅读，它包含理解、分析、论证、评估、解释五大教学内容，旨在以问题切入文本。他还具体解释了问题应当如何设计：考虑整本书的功能定位、考虑作品的母题定位、考虑作品独特性的定位。转化性写作则是贯穿于整个阅读过程的基本手段，它借助任务驱动模式，学生对整本书的理解直接通过写作任务的形式反馈出来。而关于转化性写作的具体任务模式，郑桂华在《整本书阅读：应为和可为》一文中引用了国外《暑假读书笔记12种新模样》，将其作为具有指示作用的案例。在此基础上，陈兴才老师进一步提出，在此类用于整合信息、驱动阅读的任务之后，教师还应设置一系列指向批判性理解的写作任务，如《水浒传》阅读中，可设置为其中一位你最喜欢的女性人物写一篇小传，请你选择一位人物劝劝她、和她说说道理等任务，从而上升到对作品主旨的把握。他还指出，思辨性读写策略的作用深远，它对完成有品质的语文学习意义重大，既能锻炼学生的思维能力，还能改变传统读写结合策略的生搬硬套，有助于整本书阅读成果的合理评价。

（3）实践探索缓解整本书阅读的评价困境

张小兵老师率先提出了一套评价体系，从学生自我、同伴和教师三个维度出发，对于知识性问题可以学生为主体建立题库，允许学生多次测试。对于探究性问题，则采取随读随考的方式，以过程性评价为主，对学生的摘抄、提问、发言、论文质量等进行考查。随后，赵长河老师完善了该评价体系，明确了整本书阅读的评价应当“向前看”，前一阶段的考查是为了下一阶段的阅读打下基础。评价的具体呈现方式可以根据不同文本，以论文报告答辩或其他语文活动的方式体现。评价的呈现媒介也可丰富多样，既可发表在校报校刊上，也可将读书成果集结为作品集。张春华老师《把整本书阅读当平常日子过》一文则从评价频率的角度细化了评价体系。他指出，对于长篇著作而言，一次性的集中讨论不利于整本书阅读研讨效果，而应当以边读边议的形式，在阅读中做到即时交流。他还指出，需警惕整本书阅读成果展示的“高大上”倾向，整本书阅读评价应紧贴学生阅读实际，不能以一味追求阅读篇目的艰深为指向标。除此之外，还有专家不约而同地提及了与家长合作共创整本书阅读氛围的主张。张媛老师在实现整本书阅读评价这一环节，提倡学生将阅读成果与家长分享。黄芳老师提出，可开展亲子共读一本书的沙龙活动，从而激发学生阅读兴趣，提升学生阅读动力。

总之，对整本书阅读的实施策略，中学语文界讨论成果很多，许多行之有效的建议已经经过了实际教学的验证，取得了一定的实践支持。但也需看到，整本书阅读不仅是语文学科的任务，在紧扣语文学科核心素养的前提下，如何打通学科壁垒，与其他学科形成教育合力，共同推进整本书阅读的实施，这是目前尚未得到充分讨论的问题。

4. 整本书阅读教学案例的研究

（1）出版专著编著，提供研究案例群

在百花齐放的整本书阅读策略讨论中，许多具有参考价值的案例也应运而生。其中，吴欣歆、许艳主编的《书册阅读教学现场》便收录了11个教学案例，每个案例设有“书册名片”“教学价值”“学程设计”“教学现场”“专家视角”五个板块，从不同篇目、不同课型出发，为整本书阅读提供了可供借鉴的样例。吴欣歆老师主编的《高中经典阅读教学现场》，选择高中经典阅读中具有代表性的案例，从教学内容的选择、教学形态的探索、阅读任务和实践活动的设计、测试内容与测试形式四个方面展开研讨，开拓了中学整本书阅读教学的新天地。陆志平主编的《普通高中语文学习任务群教学指南》一书，追求素养为本的单元设计、真实情境的深度学习、线上线下的智能系统，按照大主题、大情境、大任务的理念，开发了中外长篇小说《三国演义》《月亮和六便士》和学术论著《小词大雅》的学习任务设计范例。笔者主编的《一书三课：整本书阅读 36 课》一书，采用“典型案例 + 理性思考”的方式，为中学语文教师提供整本书阅读教学的实操案例和理性思考，为学生阅读整本书提供方法和路径，为家长督促孩子的整本书阅读提供支架。其中的“一书三课”是指读前引导课、读中推进课、读后提升课，本书共收录了初中必读 12 本书的 36 个教学案例。

（2）开展实践尝试，提炼实操策略

在整本书阅读的实际教学中，不少教师能从读前、读中、读后三个阶段展开设计。读前主要指的是激发阅读兴趣。刘国富在《悟读　研读　联读——以〈边城〉为例谈“经典整本书阅读”的落实》一文中就提到，要将整本书阅读教学落到实处，教师首先要激发学生的“阅读信仰”。王春晶老师在《红楼梦》整本书阅读教学设计中也提到，课前可以用巧设活动的方式，如情景剧表演、诗词朗诵、素质考查、辩论等激发学生阅读兴趣，消除学生对整本书阅读的畏难情绪。吴欣歆老师以《小王子》为例的整本书阅读教学，更是在学生自主选择阅读书目的基础上，主动定篇，极大程度地调动了学生的读书意愿。读中的教学设计主要是以任务驱动为手段，以问题为载体，任务从指向内容梳理到指向整本书主旨。在提出思辨读写策略之后，余党绪以《鲁滨逊漂流记》一书为例，将思辨读写的策略具体运用于教学实践之中。他在课前准备中根据对本书的理解，提出了解读《鲁滨逊漂流记》的三个关键词：生命的冲动、理性的精神、意义的沉思。在此理解的指导下，他采用主问题与子问题相结合的模式，根据细读文本的原则，设计了能够体现思维训练的一系列问题，并以读写活动贯穿始终，最终形成一个互为因果的“读经典、学思辨、练读写”训练系统。而在《俄狄浦斯王》的阅读教学中，他又以改写本书的方式，以改写促理解，从“它原本”上升到“我认为”。在这些经典教学案例中，读写训练是基本手段，批判性思维是所有教学任务开展的原则。杨赢老师在执教《悲惨世界》整本书阅读时，同样也以写作任务贯穿教学过程，初读撰写读书报告，中期针对课堂问题讨论撰写小论文，读后从宏观的角度再写针对整本书的读后感。读后，大部分教师能够有意识地设计活动检验学生对整本书的阅读理解，学生阅读成果主要通过论文答辩或研究报告的形式展示出来。如刘国富老师在执教《边城》时便在课后设置专题争鸣环节，学生以随笔的形式初步探究思考，再由组长整合组员随笔讨论内容，撰写《边城》阅读总结报告，并制作 PPT 向全班展示汇报。杨赢老师的《悲惨世界》整本书阅读教学案例中，也有撰写读后感、小论文作为结业作业的环节。但也有教师指出，整本书阅读在读后应着重发展学生的综合能力，提供一些具有操作性的展示活动。如吴欣歆老师提出了录制《小王子》朗诵音频、重制插画等活动。

（3）进行课程开发，提供建设样本

除了整本书阅读教学单独课例，还有一些学校的教师群体在整本书阅读的课程开发方面进行了大胆尝试，为一线教师提供课程建设的示例和样本，推进整本书阅读课程建设。如南京师大附中包括国家课程体系、校本阅读体系、自主阅读体系在内的《附中阅读计划》，浙江省《〈论语〉选读》选修课程的整本书阅读与研讨实践，再如南京市第十三中学的“大树下读书课程”，南京市科利华中学的“好望角”阅读课程等。这些学校的整本书阅读课程在组织规划、组织目标、阅读要求、阅读形式等方面都尽可能详尽地提出了完整、具体的要求，从读前书单的选择到读后成果的展示，每一环节都有相应的时间规划与考评阅读情况的标准，辅以多种多样的任务驱动，在整本书阅读课程化的道路上迈出了重要的一步，为一线教师和学校提供了模仿的范例和样本。

综上所述，从2016年至2022年，整本书阅读受到中学语文界的重视，成为“一个值得关注的热点问题”（苏立康语），涌现出较为丰富的研究成果。但整本书阅读在实施过程中，依旧阻力重重，问题多多。近几年来，中学整本书阅读教学主要呈现出在选文上多文学名著、少学术专著，方法上多读写结合、少综合能力发展，评价结果多论文报告、少实践活动等现状，综合性、自主性尚有不足。不过，相信随着2022版新课标的颁布，尤其是随着以任务学习为主的新教材的推出、以素养测评为主的中考、高考的改革，中学整本书阅读教学的探索和研究将会进入一个更为深广的境界。

第三节　整本书阅读教学内容的研究

整本书阅读，应该读哪些书？阅读内容选择关乎学生的成长。整本书阅读教学，到底应该教什么呢？教学内容的选择关乎学生的能力素养。

一、不同学段的整本书阅读内容的研究

1. 整本书阅读内容选择的重要价值意义

整本书阅读，需要解决两个问题，一是书从哪里来？二是读什么书？

第一个问题，对于发达地区或城市的孩子来说，不成问题；但对于偏远地区或家庭条件困难的孩子来说，可能会有点问题。不过叶圣陶先生说过：“只要你存心要读，究竟还不至于无书可读。学校图书室中不是多少有一些书吗？图书馆固然不是各地都有，可是民众教育馆不是普遍设立了吗？藏书的人不是随处可以遇见吗？各就自己所好，各就各科学习上的需要，各就解决某项问题的需要，从这些处所借书来读，这是应该而且必须做的。”叶圣陶先生的意思是，读书只是个人意愿的问题，不存在无书可读。现在条件好起来了，书的来源已经不成问题，只要你

有心要读就会有书可读，包括偏远地区的或家庭条件困难的学生。

第二个问题，有的教师认为只要是经典名著就可以了，多多益善；有的教师认为课标推荐的即可，那些专家的眼光值得信赖；也有的老师认为是学界公认的优秀作品+学生喜欢的读物，因为书要学生翻开来读才行，不考虑学生阅读兴趣是不科学的，甚至是费力不讨好的。因此，在有限的阅读可能和有限的时间里，读什么书是一个很关键的问题。

读物的质量决定阅读的品位。那么，选什么样的书来读？整本书阅读分为社会化阅读和语文视角的阅读。语文视角的阅读旨在培养学生广泛的阅读兴趣，提高阅读品位，提升语文能力和素养，其阅读书目应当与语文课堂阅读教学相联结。遗憾的是，目前比较多的阅读推广书目基本上都是按学生的年龄分类推出的经典文学名著，或脱离教材体制，将其置于教学计划之外，或缺乏能力训练体系，忽略学生阅读能力的迁移。事实上，整本书阅读的内容选择关乎语文课程范畴，教师要基于语文课程领域、基于学生实际学情来选择读物。关于整本书阅读的阅读内容选择，建议考虑以下价值：一是语文价值，二是文化价值，三是思维训练，四是审美鉴赏价值。

整本书的语文价值主要表现在：一是这本书的语言是规范的语言，是学生学习母语的语言养料，是学生可借鉴可模仿的蓝本；二是这本书与语文课程内容关系密切，体现不同的文学体裁特点，给学生呈现多样的阅读视角；三是所选书籍有精神引领的功能，书的主题能呼应学生的生活世界和精神世界，是学生成长阶段必须相遇的作家与作品。

整本书的文化价值主要表现在：一是能够跨越民族的界限，是各国或各族都认可并喜爱的读物；二是作品能跨越空间的阻隔，在世界文学史和中国文学史上留下过清晰痕迹的作品；三是可以让一个人在不同的人生阶段都愿意去读，并且还会有新的发现的书。它们能够对学生的语言、情感、精神有所滋养，能给学生将来的人生发展打下精神底子。结合语文课程标准的导向，整本书阅读读物的文化特征强调：一是认识中华文化的丰厚博大，汲取民族文化智慧；二是关心当代文化生活，引领时代方向；三是尊重多样文化，吸收人类优秀文化的营养，提高文化品位。例如，中国四大名著《三国演义》《水浒传》《西游记》《红楼梦》，还有被金圣叹称为“六才子书”的《庄子》《离骚》《史记》《杜工部集》《水浒传》《西厢记》，在某种意义上说，它们都是文化密码，我们可以从中解读中国人的历史观、政治观、人生观、生命观等等，因此它们就具备鲜明的民族文化价值。

整本书的思维训练价值主要表现在：以逻辑思维清晰、内容丰富、思辨性强的整本书阅读为载体，发展学生的理性思维，训练包括概括、归纳、推理、实证等逻辑思维，借此设计相应的阅读任务以引导学生在阅读中产生疑惑、交流碰撞、赏析思辨，进而通过层层问题的思考与解决，自身的思维能力呈螺旋式上升发展。

整本书的审美鉴赏价值主要表现在：以整本书阅读为载体，发展并提升学生的审美能力，包括感受汉语言本身的美和感受文学作品之美的能力。从审美能力提升的角度看，整本书阅读优于单篇短章的文选型教材阅读。因为整本书是一个充满丰富的思想性、多元认知角度的内容载体，适合借此引导学生进行审美鉴赏活动，提升学生的审美能力。

整本书阅读书目的选择应当与最新的课程标准以及现行的语文教材牵起手来，组建成一个由教材单元教学衍生的阅读拓展体系，即实行基于教材单元教学的整本书阅读。只有当课内的阅读教学和整本书阅读教学活动形成一个整体时，学生的阅读活动方能一致用力。整本书阅读和课堂阅读教学链接方式主要有两种形式：一课链接一本和一单元链接一本。一课链接一本指由课本中的一篇课文延伸到相关的整本书阅读；一单元链接一本是指根据教材单元整合并确定单元阅读主题，扩大阅读空间。

2. 不同学段的整本书阅读内容的序列建构

整本书阅读内容的序列建构，可以从两方面着手，一是从内容的难易，二是阅读要求的高低。

2022年版《义务教育语文课程标准》“附录2 关于课内外读物的建议”中这样要求：义务教育阶段要激发学生读书兴趣，要求学生多读书、读好书、读整本书，养成良好的读书习惯，积累整本书阅读的经验。阅读材料包括适合学生阅读的各类图书和报刊，下列推荐的读物仅为举例，可作为整本书阅读等学习任务群的内容，也可推荐学生在课外阅读。

①童话，如安徒生童话、格林童话、叶圣陶《稻草人》、张天翼《宝葫芦的秘密》等。

②寓言，如中国古今寓言、《伊索寓言》等。

③故事，如成语故事、神话故事、民间故事、中外历史故事等。

④诗歌散文作品，如鲁迅《朝花夕拾》、冰心《繁星·春水》、《艾青诗选》、方志敏《可爱的中国》《革命烈士诗抄》、中外童谣、儿童诗歌等。

⑤长篇名著，如吴承恩《西游记》，施耐庵《水浒传》，老舍《骆驼祥子》，罗广斌、杨益言《红岩》，埃德加·斯诺《红星照耀中国》，斯威夫特《格列佛游记》，夏洛蒂·勃朗特《简·爱》，高尔基《童年》，奥斯特洛夫斯基《钢铁是怎样炼成的》等。

⑥科普科幻作品，如《十万个为什么》、法布尔《昆虫记》、儒勒·凡尔纳《海底两万里》等。

根据教学需要，语文教师可按照《中小学课外读物进校园管理办法》的规定，从中外各类优秀文学作品中选择合适的读物，特别是反映革命文化和社会主义先进文化的作品，向学生补充推荐、各类历史、文化读物，以及介绍自然科学与社会科学尝试的普及性读物等，课由语文教师和相关学科教师商议推荐。鼓励学生自主选择并相互推荐文质兼美的优秀作品。

以上要求体现了阅读内容建构的序列性，遵循由易而难的原则，根据学生的知识基础和阅读能力推荐相应的阅读书目。小学到初中，整本书的阅读难度加大，对思维要求提高了；到了高中，还增加了学术著作的阅读，显然难度更大了。

小学四年级推荐阅读《西游记》，五年级推荐阅读《水浒传》《昆虫记》《海底两万里》，六年级推荐阅读《三国演义》《钢铁是怎样炼成的》等，这些名著也是中学推荐阅读的，那么序列性体现在哪里？应该是阅读的要求不同，小学可能只需要学生了解情节人物，初中则要求在把握情节人物的基础上理解主题，了解写法和创作艺术，高中则在鉴赏方面有更高要求。

3. 不同学段的整本书阅读视角的共同建议

整本书阅读分为社会化阅读和专业化阅读，对于学习语文的学生和进行教学的语文教师而言，语文视角的阅读显得尤为重要。语文视角的阅读，要注重作品中语言形式的学习与运用，要关注语言背后承载的思维、文化，要透过语言进行理解、分析和鉴赏活动。不管是小学、初中还是高中，学生的整本书阅读都要从语文视角入手，通过阅读提升语文能力和素养，在文化理解与传承、语言建构与运用、思维能力和审美创造方面取得进步。

社会化阅读，主要是感知和了解，从书中获得情感的熏染和精神的影响。著名思想家培根说过："读书足以怡情，足以傅彩，足以长才"，意思是说，读书可以让人快乐；读书可以增添文采，可以美容，让人神采飞扬；读书可以增长才干。社会化阅读主要在"增知""怡情"方面，通过阅读获得身心的愉悦。比如：阅读《世界哲学史》，主要是对中西方哲学史有一个基本的感知，从中获得哲学的思考；阅读《万历十五年》，主要是了解明朝的兴衰，从中获得历史的启迪；阅读《科学的历程》，是要感知自然科学发展的基本历程，并从中获得科学的启发；《写给大家的中国美术史》，是要对中国美术史获得整体的认识，懂得"不能放弃了对美的信仰"。

而语文视角的阅读，除了感知了解、获得情感的熏染和精神的影响外，还有独特的学习内容，那就是语言建构和运用，思维发展和提升，审美鉴赏与创造，文化理解与传承。课程标准已经对语文课程性质做出了明确的界定："语文课程是一门学习语言文字运用的综合性、实践性课程。"

叶圣陶先生也直截了当地指出："语文这一门课是学习运用语言的本领的。"其实，如果我们关注《三国演义》的语言运用，就会发现，即使是体现封建大男子主义思想的对话如"兄弟如手足，妻子如衣服。衣服破，尚可缝；手足断，安可续"，也竭尽语言运用的智慧，把对比和比喻两种手法用得精准而巧妙。甚至书中的一个个回目名，也充满了语言运用的魅力，如"宴桃园豪杰三结义，斩黄巾英雄首立功""袁本初败兵折将，关云长挂印封金""诸葛亮舌战群儒，鲁子敬力排众议"等，对仗工整，言简义丰。

语文学习，就是要学习文本语言运用的艺术，提高自己语言运用的能力。语言表达能力欠佳的同学，随爸妈来到了山水甲天下的桂林，他可能只会这样表达："山好绿，水好清；花好多，柳好美；天气特别好，瀑布好壮观。多好啊！"语言非常贫乏，表达比较空洞。而语言表达能力好的同学，随爸妈来到了山水甲天下的桂林，他可能会这样写："遥山叠翠，远水澄清。奇花绽锦绣铺林，嫩柳舞金丝拂地。风和日暖，云雾飘飞。千峰竞秀，万壑争流。瀑布斜飞，藤萝倒挂。恰似青黛染成千块玉，碧纱笼罩万堆烟。"语言优美，用词典雅，句式齐整，富有表现力。

语文视角的整本书阅读，阅读过程大概是这样的：了解内容——知道作品写了什么；理解内涵——理解写作意图、作品主题等；梳理逻辑——清楚作品的整体架构、写作逻辑、内在联系等；品鉴欣赏——语言特色、艺术手法、文化印迹等；转化输出——发现交流、深度思辨、编演创作等，拾级而上，由浅入深，循序渐进，从"读进去"到"讲出来"。不管是哪个学段的学生，整本书阅读一般都是这样的。

下面我们以《西游记》为例，说明语文视角的阅读在梳理语言认知、促成思维优化、激发审美体悟、拓展文化探究等方面的内容确定。

语言认知：辨识并积累源自小说的具有代表性的俗语、谚语、联额、偈语、诗、词、曲等，感知文备众体的特点；初步把握生动形象、笔调诙谐、怡神悦目、启迪心志等语言风格；感知《西游记》的社会批判、世情调侃、人物塑造、叙事描写无不带有强烈的诙谐色彩；积极主动地进行语言积累、梳理和整合，在语言实践中自觉地运用。

思维优化：初步梳理并辨析小说中儒道释思想；感受作者基于广博知识和丰富生活经验之上的思维体验及灵感；体味作者在构建小说生活情态和文学形象时超凡脱俗的联想与想象能力；领略小说前后呼应、环环相扣的情节和人物性格发展的推理能力；能运用批判性思维审视《西游记》，探究和发现其中的语言现象和文学现象，提升思维的深刻性、灵活性、敏捷性、批判性、独创性。

审美体悟：赏析小说中诗词歌曲赋的艺术魅力及内容功能；多角度多层面挖掘以取经团队成员的性格特点，体验感受以孙悟空为代表的人物成长历程，探寻“定心猿”的文本密码；领略感知小说文本蕴含的“童真之美、神奇之美”的美学意蕴。

文化探究：探寻《西游记》作为举世公认的神话艺术的翘楚，《西游记》及其开创的神话小说流派彻底打破了中国神话的贫乏局面。纵观世界文坛，没有一个古典神话形象能与孙悟空相媲美，在今天或许只有J.K.罗琳的《哈利·波特》可以与《西游记》相抗衡。《西游记》打破了小说与文化关系的困境，开辟出一条既为主流文化认可，又能保持其艺术本体的途径：作为一部世代累积型巨著，在漫长的成书过程中，吸纳了不同时代的思想内容，儒释道三教杂处、融合，具备了前所未有的文化包容性。

二、不同类型的整本书教学内容的研究

1. 整本书阅读教学内容确定的一般原则

（1）语言为本。整本书阅读教学的有效开展，首先取决于教学内容的选择，因为“教什么”比“怎么教”更重要。整本书阅读需要紧扣语文视角，整本书的教学更需要遵循以语文为本的原则，即以语言文字为基础，进行内容感知、理解分析、语言建构和审美鉴赏，提升语言文字的运用能力，提升审美鉴赏能力。比如《骆驼祥子》的教学，可以让学生整体感知祥子的三起三落的情节内容，可以让学生品读老舍语言的特色，可以让学

生学习写出故事波澜的方法，可以让学生品析文字背后暗示的时代背景。

（2）促进阅读。整本书阅读教学，最终要实现叶圣陶提出的“不待教师教，学生会阅读”的阅读目标，培养更多的爱读书、会读书的好读者。如何促进学生的阅读呢？可以通过教学激发阅读兴趣，可以通过教学让学生掌握阅读策略，可以通过教学提升阅读能力。王文彦、蔡明在《语文课程与教学论》中提到，阅读教学的内容主要包括阅读习惯态度、阅读能力以及阅读方法。整本书阅读教学也可以在这几方面下功夫，提升学生独立阅读的能力。

（3）学生中心。整本书阅读教学，目的是提升学生的阅读能力与语文素养，因此必须遵循学生为中心的原则。学生不会读，就把阅读方法作为教学内容；学生读不好，就想方设法引导他们读好。如针对学生阅读碎片化问题，把“化零为整”作为教学内容；针对学生读得浅的问题，把深度理解作为教学内容。像《西游记》《水浒传》这样的古典章回体长篇小说，学生一般不会关注回目名，很难把握这本书的整体架构，教学时就可以把“回目名探究”作为教学内容。

2. 不同类型的整本书阅读教学内容的确定

整本书的类型很多，有科学、文学、哲学、音乐、美术等等。就拿课标推荐阅读的名著来说，也有不同体裁：有小说类，如《水浒传》《红楼梦》；诗歌类，如《艾青诗选》《泰戈尔诗集》；科普科幻类，如《昆虫记》《海底两万里》等；纪实作品类，如《红星照耀中国》等。就是小说类，又有古典小说，如《西游记》《三国演义》等；外国小说，如《简·爱》《复活》等；现当代小说，如《骆驼祥子》《平凡的世界》等。

不同类型、不同体裁的整本书，教学内容也有所区别，关注点也会不同。那怎样来确定不同书的教学内容呢？一是根据作品体裁的特点，二是根据学生的阅读情况，三是根据课标的要求，四是根据教材编者的提示。

纪实作品，如《红星照耀中国》，应该关注真实性和文学性。因为这是一部“用事实说话”的杰出作品，真实性和文学性使它成为纪实文学的典范。学生阅读这本书存在着“不爱读、读不懂、读不完”等问题，本着课标、学情、文本相结合的原则，再结合教材上的专题探究（领袖人物和红军将领的革命之路；关于长征；信仰和精神），本书的教学内容就大致清楚了。一要激发学生读书兴趣，让他们捧起书来读；二要引导学生理解文本内容，关注作者是如何体现真实性和文学性的；三要关注学生阅读经验的建构，使其获得以后能自己读懂的能力；四要总结纪实文学的读书方法，提升学生的阅读能力；五要加深对革命文化的理解，促进学生人格成长。统编教材的主编温儒敏先生曾在一篇文章中写道：“当然来自边区革命者的奋斗生活，也来自斯诺真实而细致的笔触。他写的是重大的历史，是堪称民族脊梁的伟大人物，大气而有味，如同《史记》。”可见，读这本书不仅可以让我们了解历史，了解历史中伟大的人物，还可以学习他独特的纪实写作手法。

科幻作品，如《海底两万里》，应该关注“科”与“幻”。“科”，即书中暗含的科学知识、科学态度和科学精神等；“幻”，即本书的小说笔法，想象与虚构艺术等。统编教材编者为《海底两万里》安排的专题探究是：①写航海日记；②介绍尼摩船长；③绘制潜水艇简易图。这里的①③都与“科”有关；②与小说的要素有关。阅读这本书，我们不能仅仅满足于读到惊险刺激的情节和个性独特的人物，因为这本书还具有思想价值、科学价值、科普价值和社会价值。比如神奇的鹦鹉螺号，它有着坚硬如铁的双层艇体，有着无穷的机械动力，不必担心爆炸和火灾，更不必担心碰撞和解体。它能够以每小时五十海里的速度航行，无论是狂风暴雨的海面，还是压力极强的海底，它都能穿梭自如，不受任何影响。连教授阿龙纳斯劝阻鱼叉手尼德·兰德都说：“这艘潜艇是现代工业的杰作，要是没有见到我会感到遗憾的！”那么它是怎样的结构，又是怎么同时具有这么多的功能的呢？我们是否可以还原鹦鹉螺号的原貌呢？又如大海在小说中是十分重要的，就连尼摩船长也说：“大海满足我的一切需要。”尼摩船长甚至还发现并开采了海底煤矿，用以产生给予鹦鹉螺号热量、光明和动力的珍贵能量——电。那么，尼摩船长一行人是怎样利用海洋的呢？这其中包含了哪些科学知识？再比如小说中的人物尼摩船长，虽然外表冷郁但内心情感丰富，不畏艰险，这样的一个人为什么不愿意回到陆地上，最终却归隐大海呢？作者塑造这个形象究竟是想表达什么呢？我们还要探究思考以今天“现代潜艇早已成型，人类对于海底的认知也越来越全面，那究竟是什么让这部作品还能长盛不衰”这个问题。由此可见，我们阅读这本名著阅读不仅仅是读情节，而是应该从还要思考主题和思想，更要关注语言和写法。

科普作品，如《昆虫记》，要关注“科”与“普”。“科”，即了解书中介绍了哪些科学知识，隐含着怎样的科学态度、科学方法和科学精神。“普”，即了解作者是如何介绍科学知识的，为什么可读性这么强。教材上安排的三个专题探究就暗示了这本书的教学内容：“跟法布尔学观察”侧重于科学方法；“跟法布尔学探究”侧重于科学精神；“跟法布尔学写作”侧重于写作方法和语言特色。《昆虫记》在世界经典名著系列中绝对是一个特殊的存在。它是一部严谨的科学著作，《昆虫记》法文原著副标题即为“对昆虫本能及其习俗的研究”。在数十年间，法布尔直接在田野里对法国南部普罗旺斯地区种类繁多的昆虫进行实地观察，或者将昆虫带回自己家中培养，详尽而生动地记录这些小生命的外部形态、生物习性、生存技巧和繁衍死亡等，然后再将观察记录结合思考所得，写成翔实的研究笔记。但《昆虫记》不同于一般学术著作的是它具有浓郁的文学气息。在法布尔的眼中，昆虫不是人类的对立面，昆虫世界是一个与人类密切相关的独立世界，他所做的，就是利用自身的学识、生动的笔触、深切的人文关怀，将昆虫世界化作让人类获取知识、趣味、审美和思想的文学经典。在法布尔笔下，博物学和文学完美地融合在一起。法国著名戏剧家埃德蒙·罗斯丹看完《昆虫记》后，称赞法布尔“这个大学者像哲学家一般地去思考，像艺术家一般地去观察，像诗人一般地去感受和表达”。《昆虫记》为法布尔赢得了极高的声誉，他被誉为“昆虫界的荷马”“昆虫界的维吉尔”，还曾于1911年获得诺贝尔文学奖提名。这样一部优秀的作品，是一部“既富于科学性的昆虫学著作，又是可读性很强的优美散文”，它的教学内容的选择是要慎之又慎的，不仅要“体会科普作品蕴含的科学思维、科学理念和科学精神”，又要“关注科普作品的艺术趣味”。

古典章回体小说，不能忽视“回目”。所谓“回目”就是每回的题目。一般来说，回目名是将本回的内容点化，具有高度凝练性，有画龙点睛之妙用，很考验作者的构思和创意。如，《红楼梦》第六回的回目名是“贾宝玉初试云雨情，刘姥姥一进荣国府”，风马牛不相及的两件事，怎么往一起连连看？想破脑袋往往也找不到路径，能把两起第一次连到一起。作者在四十一回给出了答案：“贾宝玉品茶栊翠庵，刘姥姥醉卧怡红院。”作者是把刘姥姥的第一次和贾宝玉的第一次放到了一起。刘姥姥第一次来到荣国府，对她很重要，这关系到家人过冬的吃喝寒衣，民生问题，很重要；贾宝玉的第一次同等重要。将章回体小说的回目名前后对照，可以发现这本书的整体架构。如《西游记》第一回的回目名是“灵根育孕源流出，心性修持大道生”，最后一回的回目名为“径回东土，五圣成真”，将首尾两个回目对照起来可以发现，这本书是有关成长和成功的书，一个是期望，一个是功果；将第一回与第九十九回的回目“九九数完魔灭尽，三三行满道归根”对照起来看，意思是在成长过程中需要经历九九八十一难，需要消灭外界的妖魔鬼怪和自己内在的心魔，最后才能“道归根”。将回目名进行分类汇总，可以发现作者的思维脉络。如《西游记》第一百回的回目名中有第十七回中直接提到“心猿”这个词，为什么要反复提到这个词呢？看完这本书就会发现，这本书就是在写“心猿归正”，是写孙悟空从“猿”到“佛”的成长过程。

外国小说，不能无视大量的“环境描写”和“内心独白”。外国小说，特别是西方小说，经常通过人物的内心独白和心理刻画来表现人物，注重通过环境描写来衬托人物。这是因为，中国的传统小说观念，是由东汉的桓谭和班固所确立的，以事件为中心；而西方小说，则以人的性格和人的精神表达为中心；外国小说的重要主题，往往是歌颂英雄，反映个人的寻求、冒险以及心灵历程等等；中国小说的主题，强调的不是西方式的个人主义精神，而更多地肯定了人在家族、群体、社会中的价值。所以，我们在进行外国小说整本书教学时，在选择教学内容的时候需要考虑进来。如《简·爱》这部小说，对世人极具影响力的应该是简·爱的精神成长，而她的精神成长多是通过内心独白和环境描写来呈现的。简·爱的精神成长贯穿在整部小说当中，随着环境的变化，她逐步成长为一个敢于反抗，不断追求平等自由的女性；她对待爱情的态度，完美诠释了她平凡而伟大的灵魂；简·爱大段大段的内心独白更是她灵魂深处的呐喊，喊出全世界女性独立的声音。教这篇小说可以时间线或场所的转变来探究简·爱成长的历程。再如《钢铁是怎样炼成的》这部书里最有影响力的一段话是："人最宝贵的是生命。生命对于每个人只有一次。人的一生应当这样度过：当回忆往事的时候，他不会因为虚度年华而悔恨，也不会因为碌碌无为而羞愧；在临死的时候，他能够说：'我的整个生命和全部经历，都已经献给了世界上最壮丽的事业——为人类的解放而斗争。'人应当赶紧地、充分地生活，因为意外的疾病或悲惨的事故随时都可以突然结束他的生命。"这是保尔的内心独白，表现他崇高的道德风貌和高昂的革命热情。

3. 不同类型的整本书阅读教学资源的开发

教学资源是为教学的有效开展提供的素材等各种可被利用的条件，通常包括教材、案例、影视、图片、课件等，也包括教师、教具、基础设施等支撑教学的和为教学服务的一切资源。2012 年以来，我们的团队进行整本书阅读的教学探索，开发了系列教学资源，具体如下：

（1）课程方案。我们进行了校本化的整本书阅读课程规划，阅读课程名称是"好望角"阅读，寓意阅读可以让学生走向更加美好的境地；课程理念是"种子向往春天时便成了花"，预示着孩子喜欢读书时才真正地长大；课程目标为"把阅读当作习惯，探航深度阅读"。我们还拟定了

图1-1

学生三年必读和选读的书目，编印了课程实施手册《“好望角”阅读日知录》（封面如图1-1），用“任务单”推促学生深度阅读，在读书中日有所获。《“好望角”阅读日知录》里面设有“屐痕处处”“心语串串”“故事片片”“感悟涟涟”等九个任务单和“津梁点点”阅读指导单，不仅可以助推学生逐渐养成良好的阅读习惯，而且还给他们的阅读提供必要的指导和帮助，使他们的阅读渐入“深”境。

图1-2

我们绘制了整本书阅读教学“词云图”（如图1-2），这是课程实施的蓝图。此图顶端的“会读与慧读、慧读与会写”是学生读书的目标，“学习者中心”是阅读课程实施纲领，“好望角”阅读是整本书阅读课程名称，“种子向往春天时便成了花”是课程理念，“深度阅读DELC模型”是课程实施路径图谱，“语文视角的阅读”是整本书阅读教学的专业化追求，“援疑质理”“一书三课”“学程设计”是整本书阅读课程实施的三个渐进的阶段。其中，“援疑质理”是教程和学程设计的基础，“一书三课”是具体的教程和学程的载体，学情调研是“一书三课”实施的关键。

（2）教学模型。模型是教育思想和操作要点的统一，它来源于实践，在实践中形成，又可以指导实践。在十多年探索中，我们逐渐建构了整本书阅读课程的实施模型“DELC”模型、“援疑质理”教学模型、“一书三课”教学模型、整本书课堂教学路径图和学程设计模型图等，将思维可视化、系统化，为整本书深度阅读教学提供新思路、新方法，为提升学生的语文核心素养提供重要支架。

“DELC”模型（如图1-3），是整本书阅读课程的实施模型，它是经验与理论之间的一个桥梁，是支持学生深度阅读的一种理论性的简化结构。此模型为“太阳花”造型，寓意“种子向往春天时便成了花”；七片绿叶代表深度阅读的指导线路，包括七个渐进的步骤：阅读课程规划，贴近学生推荐好书，师生共读，指导策略群，任务驱动，开展活动，效果评价。DELC 模型，针对阅读指导的“盲目化”“碎片化”“随意性”等现象，着眼顶层设计，以整体建构的方式思考阅读指导的目标和指导方式，并把实践与理论相结合，形成阅读指导的整体合力，提高指导的科学性、系统性和针对性，为提升学生的课外阅读品质服务。

图 1–3

“一书三课”模型（如图 1–4），由读前引导课、读中推进课、读后提升课三种课型构成，读前引导课，激发兴趣，消除隔膜，让学生愿意打开书来读，能够有计划地读；二是读中推进课，旨在让学生能顺利地、饶有兴趣地、有目标地读下去；三是读后提升课，深化阅读，提升能力，是在学生读完作品后，通过教学让学生的理解走向深入，让他们的思维再上台阶，使其语文能力和素养得以提升。这三种课型均以“学生”为中心，根据学生的阅读情况设计相应课程。

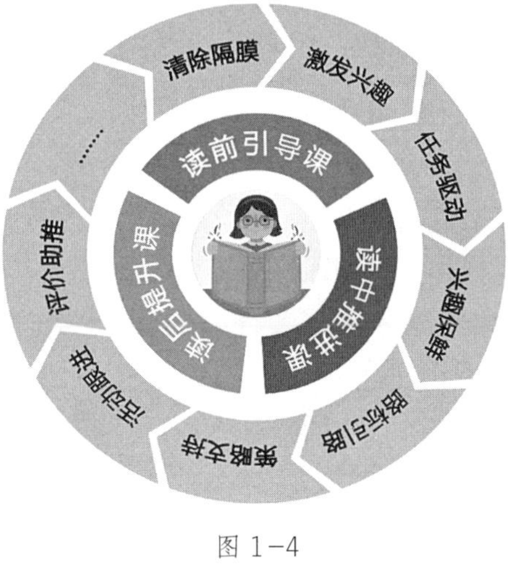

图 1–4

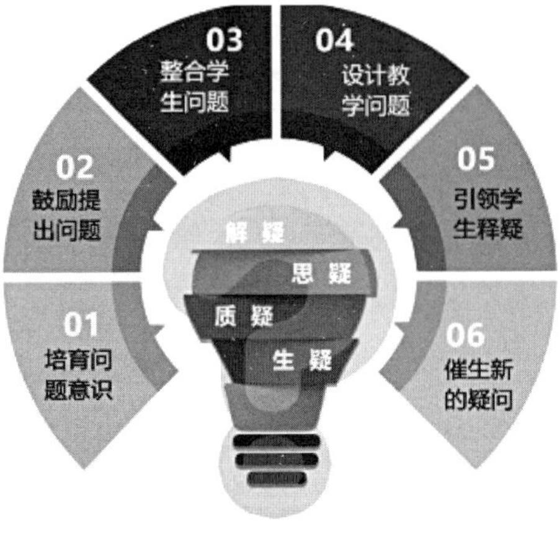

图 1-5

援疑质理模型（如图 1–5），宗旨为引导学生在阅读中发现问题、提出问题、解决问题，在问题解决中提升阅读能力和语文素养。该模型整体以一个电灯泡及周围的光晕构成，灯泡中隐含着一个大大的问号，寓意是问题意识具有巨大的能量；外围是教师的行为，内环是学生的行为。该模型图阐释了教师和学生在“问题导引”中的行为步骤，包括教师的培育问题意识、鼓励提出问题、整合学生问题、设计教学问题、引领学生释疑和催生新的疑问，还有学生的生疑、质疑、思疑和释疑。

“援疑质理”模型，需要教师和学生都要学“问”，都能带着有价值的“问题”进课堂。“教师缘疑而教，学生缘疑而学”，前者是指教师站在“理解学生”高度，以“问题”为抓手了解学情，并把学生的问题作为教学设计的起点，通过整合学生的问题来设计课堂教学活动，为促进学习而教；后者是指教师根据学生课前自主学习情况和课堂学习情况，提出相应的问题，引导学生深入学习，即让学生“缘疑而学”，探求真知，提升“学力”。

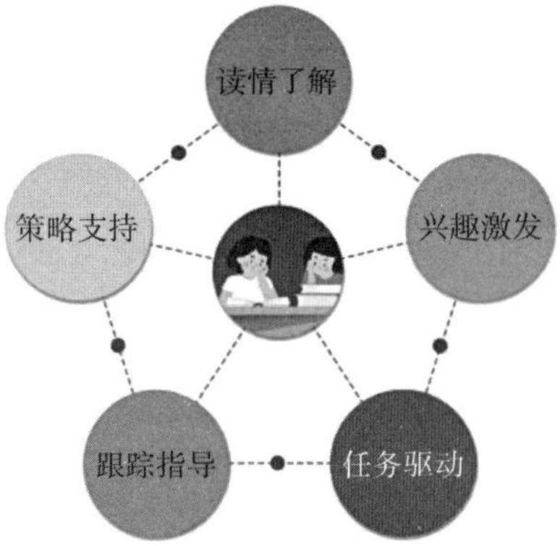

图 1-6

整本书课堂教学模型（如图 1–6）。整本书阅读的课堂流程一般是怎样的？这个模型可以告诉我们。它是个闭合的线路图，“读情了解”是课堂的起点，也是教学设计的基础；“兴趣激发”是在了解学生读情的基础上，寻找他们的学习期待，激发他们的探究兴趣；“任务驱动”是课堂的发动机，以问题、活动等形式让学生继续思考与探究，获得新的体悟；教师及时发现学生的学习困难，进行“跟踪指导”，提供相应的策略或材料，使学生获得启示或帮助，自己解决问题；一节课的结束并不代表所有的问题解决，最佳的状态是学生和老师都能带着新的问题出课堂，为下一轮的读情了解提供基础。

学程设计模型（如图 1–7），学程设计的核心是“学为中心”，根据学生的阅读进程及阅读水平设计相应的情境和任务，在学习程序、学习过程和学习进程上着力，通过引领阅读的问题串、优化阅读的活动单和深化阅读的策略群，引导学生经历“阅读—整理—探究”的思维过程，实现阅读的“了解内容—理解内涵—梳理逻辑—品读鉴赏—转化输出”逐步深入，让学生读有兴趣，读有目标，读有成效。学程设计的主要原则是遵循学生的阅读规律、契合学生的阅读现状、关注理趣结合的呈现效果。

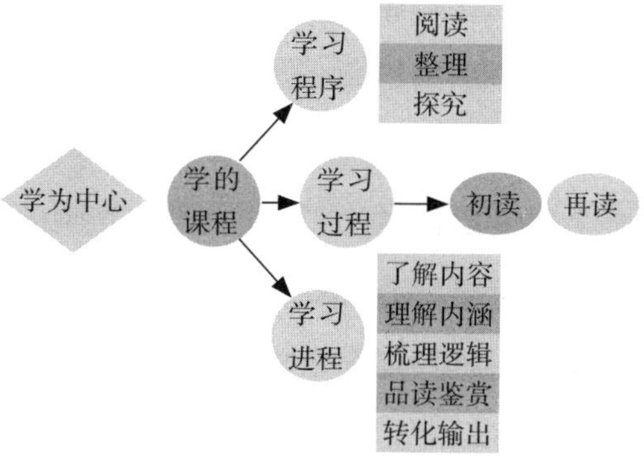

图 1–7

（3）教学策略。针对整本书“怎么读”的问题，总结出以下教学策略：①语文视角的阅读，引导学生从语言文字、语言文学、语言文化等角度开展阅读；②师生共读同赏，师生同读一本书，同伴同讲一本书，在交流分享中思维碰撞，丰富阅读体验，收获阅读成果；③加加减减。做减法，将厚书读薄，通过画情节结构图、人物关系图等方式，提升整体认知能力，解决整本书阅读碎片化问题；做加法，发挥想象，补充留白，将大书读深读透，解决整本书阅读浅表化等问题。

语文视角的阅读。详见第三节第一章的“3. 不同学段的整本书阅读视角的共同建议”，这里不再赘述。

师生共读同赏。阅读是很私密的事情，教师的阅读与儿童的阅读往往是两条平行线，没有交点，教师不理解学生，学生不懂得老师。这样，师生往往没有交流的话题，教师就不能以自己的体验激发学生的体验，以自己的感知影响学生的感知，以自己的思维碰撞学生的思维，从而对学生进行深入的立体化的阅读指导。邓鑫说：“如果学生们发现，每天催促着自己读书的教师居然处于零阅读状态，居然不能就课标推荐、语文教材推荐的某一部名著与自己对话，那学生还会‘亲其师而信其道’吗？”师生共读，可以树立教师的威信，可以让师生用有读书交流的契机与话题，在交流中点燃学生的阅读热情，可以营造浓郁的阅读氛围，使学生爱上阅读。师生同赏，教师可以教给学生品读的角度和方法，提升他们赏析的能力，让他们发现文章的妙处，让他们拥有读书的乐趣，培养读书的情趣；学生也可以带给教师教学指导的灵感，师生互惠共赢。苏霍姆林斯基说：“读书就是备课。”“读一辈子书就是备一辈子的课。”教师俯下身子读学生要读的书和学生爱读的书，这本身也是职责所在，也是在工作。

加加减减读书。整本书往往都是大部头，内容丰富，人物众多，情节复杂。如何才能读得透彻、理解深入呢？学做“加减法”也许可以解决。做减法，就是披荆斩棘，理出主要线索、人物和情节，理解整本书的思维脉络，从而理解作者的匠心；做加法，就是结合自己的经验，将书中隐去的内容重现，将略写的内容丰富，以读厚作品的内涵与意蕴。要想做好加减法，需要路标意识、任务驱动和跟单落实。如叙事类名著《红楼梦》《水浒传》《三国演义》《西游记》等，可以让学生读后画出情节结构图、人物关系图，可以画出情节链、人物链，这就是做减法，可将厚书读薄；可以让学生阅读时联系自己的阅读经验、生活经验，将书中隐去的内容（情节、人物等）通过想象挖掘出来，填补出来，或者将作品中略写的部分想象出来，思考为什么略写，以读厚作品的内涵与意蕴，加深对作品的理解与体悟，这就是做加法，可将大书读透读深。优秀的叙事作品，往往言有尽而意无穷。阅读时需要用两只眼睛，一只眼睛看文字的表面，另一只眼睛看文字的背后，这样可以让我们对作品有着更深的了解。阅读时做加法，需要在概括处细致化，在空白处做补充，在紧要处做阐述，在结尾处做想象。

（4）**典型案例**。在十多年的整本书阅读教学实践探索中，累积了几十个教学案例，光《一书三课：整本书阅读36课》中就有36个优秀课例，光《西游记》这本书，我们就开发了《那些妖怪》《瞧这一家子》《取经路上的师徒情缘》《从大闹天宫到三打白骨精》《神奇的金箍棒》等十几个课例；《学程设计：整本书阅读的强烈引擎》中收集至少120个学程案例，课标推荐的12本名著，每本名著都设置读前学程、读中学程和读后学程，每本书至少有10个学程案例。这些教程和学程案例为一线教师的教学提供了实实在在的帮助，深受老师们的喜爱。

（5）**学生问题**。我们积累了几百个比较有价值的学生问题，这不仅可以为教师的整本书教学提供帮助，还可以启发学伴提出有价值的问题，进而深入理解整本书。如《西游记》一书的问题：唐僧因不听孙悟空的话而吃了很多次亏，为什么依然执着地救那些妖怪？唐僧为什么能成为取经团队的首领？为什么行者恨人叫他弼马温？为什么沙僧的存在感这么低？为什么孙悟空已经学会长生之道还要在生死簿上勾名？孙悟空一个筋斗就可以把经取来，为什么还要那么麻烦，慢慢走过去？孙悟空识得妖魔鬼怪，为何没认出牛魔王变的猪八戒？为什么师徒五人身上都有不少缺点呢？唐僧看起来没有什么本事，为什么带领几个徒弟取经却成功了？唐僧师徒为什么要经历81难？为什么安排师徒五人而不是六人或七人？书中大量运用诗词，有何作用？这些问题，有的是关于人物形象的，有的是有关情节的，有的是有关主题的，还有的是有关写法的，能提出这些问题的学生是了不起的，能解决这些问题的人对作品有深入的理解。

三、整本书阅读教学内容的互文性研究

互文性理论是由茱莉亚·克里斯蒂娃1969年在《符号学》一书中提出的。互文性的基本内涵是：每一个文本都不是孤立存在的封闭体，它

总会同别的文本发生这样或那样的关联，从文本的生产开始直至被观照，都以其他文本为镜子，并在文本的符号形式形成后构成其他文本的参照体，每一个文本都同其他文本处于相互参照、彼此勾连的互动关系中，形成一个潜力无限开放的动态网络，并且不断地衍生和再衍生出以节点为纽带的文本系统。如果将“互文性”这一文学理论引入到整本书阅读，可以为整本书阅读教学革新带来新的思路。

我们可以引导学生进行互文性阅读，也可以利用互文性理论分析作家作品的内在创作规律，从而实现对文本的深层次解读。有些作品中，作者利用同一人物、情节、意象等进行叙事，如《西游记》和《镜花缘》中都有女儿国，其互文性往往会比较明显；有些作品，人物近似或互补，情节贯通或补充，如《儒林外史》和《围城》中的知识分子，互文性相对隐晦。

甚至有些作家写作发生突变，会出现很多新颖的、不同于以往的作品，比如巴金写作前后期风格发生的巨大转变，这与作者的生活经历、人格发展密不可分。但是一个作家的所有作品之间都是互相联系互相启发的，即使素材、手法发生变化，只要出自一人之手，皆具有互文关系。“互文性”的形态是多种多样的，大到章法，小到句法、字法，都可以发生“互文”。我们可以从这个视角引领学生进入作品，培养其艺术审美的鉴赏品位。

1. 人物形象的互文性

互文性理论认为，互文性是文学中的共性特征，不同文本中的艺术形象相互参照，相互印证，相互说明，共同生成。例如《西游记》中的猪八戒和《水浒传》中的李逵都是那种很“逗”的形象，让人又爱又恨；唐僧、宋江、刘备，同为团队领袖，本领都不是十分的强，给人感觉弱弱的，招牌动作都是“哭”；《儒林外史》和《围城》虽然相隔了二百年，但两部书把中国知识分子的愚昧和懦弱、虚伪和自私等卑劣的品行表现得清清楚楚，形神毕现。再如沈从文笔下的少女形象，在《三三》《边城》

《阿黑小史》等作品中相互呈现，共同生成“湘西少女”的独特形象。《边城》中的翠翠一直是中国现当代文学研究者们喜闻乐道的典型形象，但这一少女形象早在1931年沈从文创作的《三三》中就已经出现，甚至有学者认为三三这一人物就是翠翠形象的雏形，在三三身上的自然特征以及对人生世事的朦胧认知，对城镇生活的说不清道不明的向往与害怕，对爱情的混沌感受，都与后来的翠翠具有较多的相似性。从互文性视角分析理解人物形象，可以加深对作品内容及主题的理解。如唐僧、宋江、刘备作为团队老大，本领并不强大，似乎暗示了一个道理，那就是领导的艺术不在于“逞强”而在于“示弱”，领导的关键能力在于加强团队的凝聚力，在于激发团队成员的积极性。

2. 故事情节的互文性

茱莉亚·克利斯蒂娃认为，任何一个文本都是在它以前的文本的遗迹或记忆的基础上产生的，或是在对其他文本的吸收和转换中形成的，因为任何一部文学作品总是浸润在该民族的文学、哲学、宗教、传统、习俗、传说等构成的文化体系之中，同时又与世界上别的民族文化有着相互影响、借鉴、交融等千丝万缕的联系。很多文学作品的情节存在着互文性。如《钢铁是怎样炼成的》和《简·爱》都是自传性小说，小说中的许多故事都来自作者的亲身经历，读来更加真实可信，亲切感人，虽然一个采用的是第三人称写的，一个采用的是第一人称。《骆驼祥子》和《创业史》都是写普通劳动者的创业历程，前者主要叙写了人力车夫祥子为了买上一辆属于自己的车而人生三起三落的故事，后者主要写了梁生宝在党的号召下，通过建立生产互助组和合作社，带领贫雇农一起创业成功的故事。《朝花夕拾》和《城南旧事》两本书都充满“回忆性”色彩，从两书标题来看，“朝夕”“旧事”均有回忆过去之意。“打虎”的情节是学生在诸多小说阅读中的共同记忆：《水浒传》中有武松打虎、李逵杀虎、解珍解宝射虎，《西游记》中刘伯钦打虎、悟空杀虎，《儒林外史》有郭孝子的两次遇虎等等。它们的场景描写都有些相似之处，又各自呈现不同的精彩。这几部小说中遇虎的场景描写，都有着一些“互文”的元素，比如虎来时都会发起一阵狂风，所谓“云生从龙，风生从虎”。因为人的强弱不同，虎相各异，故而相遇的细节描写各有奇异和精彩：前两段中虎显强势，所以都是有力量地“跳出”，最后一段虎显弱象，所以“对面撞见”时“急回头就走”，都是以人与虎的较量，敷陈出一番奇异来。

3. 环境描写的互文性

环境描写是小说的三要素之一，作者常常通过环境来表现人物、展开情节、凸显主题。在互文性阅读中，读者通过与其他文本的互文阅读，可快速利用熟知的自然意象与作者产生共情，深入理解作者的写作意图。如《钢铁是怎样炼成的》和《简·爱》都善于渲染环境，构筑气氛，往往通过环境描写展现人物性格和精神风貌，表现人物在不同时期的心理状态，从而表现作品主题。《骆驼祥子》和《创业史》都有很强的地域特色，前者对老北京的人情风俗、市井生活、北京人独特的语言习惯等做了细致入微的描绘，后者对陕西关中地区的山川景物、民情风俗、方言口语等进行了充分地呈现，给读者以深刻的审美体验。

4. 主题的互文性

很多作品在主题上也呈现了互文性。如《钢铁是怎样炼成的》和《平凡的世界》两本书都以平凡人的不平凡——挣脱和超越为主题。前者赞颂无产阶级革命战士保尔，挣脱自我阶级束缚，投身革命，为国家奉献自己青春热血的高贵精神，后者赞颂了以孙少安、孙少平为主的平凡的小人物，挣脱自我家庭束缚、阶层束缚、社会束缚，以苦难为前行的动力，最后挣脱束缚，超越自我，绽放精神成长之花。《朝花夕拾》和《城南旧事》两本书中都包含了成长主题。《朝花夕拾》写的是鲁迅由童年、少年到青年的成长过程。童年时期的鲁迅喜爱自然，喜欢临摹、绘画、游戏，这是自然状态的成长，此阶段长妈妈的言传身教带给他诸如善良、勤劳的道德教育；少年、青年时期的求学经历，使他从传统教育中走出；后加以现代科学、文化的洗礼，他渐渐成长为一位思想深邃的民主战士。《城南旧事》的开头，英子是一个睡觉睡到艳阳高照都不愿起床的淘气孩子，她童心未泯，无论是对待遭人嫌弃的秀贞，还是人人喊打的小偷，甚至是与父亲关系不同寻常的兰姨娘，她都以好奇、纯真的眼光看待，但当秀贞、妞儿、兰姨娘、宋妈、爸爸等人都离开了之后，伤心不已的她也不得不成长起来，离别也都成了新的开始，“爸爸的花儿落了，我也不再是小孩子”，英子最终成长为家里的小大人。

5. 古典小说章法的“互文性”

明清小说是我国小说的鼎盛时期，多为章回体小说，它们在章法上具有“互文性”。章法，指修饰篇章的方法，它是小说谋篇布局的技巧。例如，《儒林外史》在章法上与明清小说有很多相似性的关联，从大的结构上来说，它们都采用了章回体的形式。读着《儒林外史》，学生会联想到九年级上册读过的《水浒传》，这两个文本在谋篇布局上有很多关联性。比如，它们都是写“男性世界”的事情，一个侧重“儒林”，一个侧重“武林”；第一回都是楔子，都有隐括全文、点明题旨的作用：《儒林外史》第一回是“说楔子敷陈大义　借名流隐括全文”，《水浒传》第一回是“张天师祈禳瘟疫　洪太尉误走妖魔”；《儒林外史》“全书无主干，仅驱使各种人物，行列而来”，《水浒传》前 70 回也是由一个一个相对独立自成整体的主要人物的故事连缀而成；小说中都有主要人物的总汇篇目，《儒林外史》第五十六回“神宗帝下诏旌贤　刘尚书奉旨承祭”，《水浒传》第七十一回“忠义堂石碣受天文　梁山泊英雄排座次”，前者有“幽榜”，后者有“忠义榜”，等等。这些都可见它们章法上的“互文性”，也由此可以看到明清小说彼此之间的关联和相互影响。

6. 章回体小说写法的互文性

章回体小说写法上还有很多互文性，比如神话叙事。明清小说中多有神话的叙事，教师可以引导学生探究其“互文性”的关联，激发他们对艺术品鉴的兴趣。比如，《儒林外史》开头有“星象”的暗示，由此点明了一部小说的要旨。第一回中写道：“此时正是初夏，天时乍热。

秦老在打麦场上放下一张桌子，两人小饮。须臾，东方月上，照耀得如同万顷玻璃一般。那些眠鸥宿鹭，阒然无声。王冕左手持杯，右手指著天上的星，向秦老道：‘你看贯索犯文昌，一代文人有厄！’话犹未了，忽然起一阵怪风，刮得树木都飕飕的响；水面上的禽鸟，格格惊起了许多。王冕同秦老吓的将衣袖蒙了脸。少顷，风声略定，睁眼看时，只见天上纷纷有百十个小星，都坠向东南角上去了。王冕道：‘天可怜见，降下这一伙星君去维持文运，我们是不及见了！’”这里“贯索犯文昌，一代文人有厄”成为全书的总揽。

《水浒传》开头有“误走妖魔”的气象，亦由此开启“水浒”一部大篇。文中写道：“那一声响亮过处，只见一道黑气，从穴里滚将起来，掀塌了半个殿角。那道黑气，直冲到半天里空中，散作百十道金光，望四面八方去了。众人吃了一惊，发声喊，都走了，撇下锄头铁锹，尽从殿内奔将出来，推倒攧翻无数。惊得洪太尉目睁口呆，罔知所措，面色如土，奔到廊下，只见真人向前叫苦不迭。”后文的“一朝皇帝，夜眠不稳，昼食忘餐”，“宛子城中藏虎豹，蓼儿洼内聚神蛟”俱因此起，令人深思。

而《西游记》和《红楼梦》的开头，都写到了“仙石”。《西游记》：“盖自开辟以来，每受天真地秀，日精月华，感之既久，遂有灵通之意。内育仙胞。一日迸裂，产一石卵，似圆球样大。因见风，化作一个石猴。”《红楼梦》：“只因当年这个石头，娲皇未用，自己却也落得逍遥自在，各处去游玩。一日来到警幻仙子处，那仙子知他有些来历，因留他在赤霞宫中，名他为赤霞宫神瑛侍者。”对仙石的叙事，使小说的形象具有了灵异的根基。神话叙事，为《儒林外史》等明清小说增添了神异色彩，把读者带入一种奇幻的境界中。学生在广阔的阅读背景之下进行文本的相似联想探寻，有助于在深层次的文化层面理解作品的意义，破解文本的隐喻内涵。

互文理论告诉我们，作家总会与前人或同时代的人的思想或话语发生种种直接或间接的文字姻缘，互文性包含了某一文学作品对其他文本的引用、参考、暗示等关系，互文关系包含了对于特定意识形态即文学传统的继承和回忆，以及对于文本作为素材所进行的改变与转换方式。罗兰巴特（Roland barthes）后来提出，任何文本都是互文本，“每一篇文本都是在重新组织和引用已有的言辞”。我们进行整本书的互文性研究，可以更好地拓宽视野，加深对作品的理解。

第二章　整本书阅读教学的价值意义

第一节　整本书阅读教学的重要性

一、整本书阅读的重要性

为什么要开展整本书阅读？这个问题的实质是对整本书价值的追问。整本书阅读是语文课程标准的要求，是学生成长和教师发展的必需，它对学生语文能力和素养的提升具有重要作用，对教师的专业成长也具有不可轻觑的作用，尤其是对语文教师的专业提升具有重要作用。

1. 整本书阅读是课程标准的要求

随着《关于全面深化课程改革落实立德树人根本任务的意见》的印发和统编教材的使用，以学科核心素养为导向的育人目标取代了传统的“双基”教育理念，对学生“读书意识”的培养有了更加明确的要求，“多读书、好读书、读好书、读整本书”已经成为语文阅读教学新趋势。特别是2017年版高中语文课程标准和2022版义务教育课程标准，都已经把整本书阅读作为独立的“学习任务群”，这就要求学生必须进行整本书阅读，这是重要的任务，因此整本书阅读特别是“名著阅读”显得势在必行。为什么课标如此重视整本书阅读呢?

（1）整本书阅读可以扩大阅读空间，养成阅读习惯。整本书阅读与单篇阅读相比，对阅读的要求更高，耐心、眼界、思维等的要求也更高。“试问，养成读书的习惯，不教他们读整本的书，那习惯怎么养得成？”从叶圣陶先生的这句话可以看出，他重视整本书阅读是因为读整本书阅读能够养成读书习惯。具体而言，读整本书可以扩大阅读空间，应用阅读方法，培养阅读的定力，从而养成阅读习惯。叶老还说，“所以欲求成功的教师，当从为儿童特设的境遇里，发展儿童的心灵，务使他们情绪丰富，思想绵密”。这句话中的“特设的情境”应该是指整本书，阅读整本书可以使儿童“情绪丰富，思想绵密”，阅读整本书可以使儿童喜欢学习语文。21世纪是信息化时代，数字化为我们带来了很多便利，但生活节奏也逐渐加速，而且越来越快，每天行色匆匆。阅读也由最初的细嚼慢咽转向了走马观花的快餐式阅读，看起来是饕餮美味，实则味同嚼蜡，毫无营养。这就需要学生养成良好的阅读习惯，在读什么和怎么读方面多思考。整本书阅读习惯的养成对语文学习有重要意义，如果学生能养成优秀的读书习惯，就可能真正实现阅读的快速化，在相对短的时间内抓取文本的思想，提高分析、理解、鉴赏的能力。

（2）整本书阅读有助提高语言、思维、体验等综合能力。阅读整本书能够让读者的语言能力、思维水平和体验能力得到提升。一是发展语言。整本书阅读让学生有机会接触到大量的作品，丰富的语言材料有利于读者根据自己的喜好进行吸收。读者遇到自己喜好的语言形式便会不自觉地模仿。在某一个阶段读某位作家的作品，读者的日记中就会有模仿的痕迹，而这种模仿是潜意识的。二是锻炼思维。不同作者类似作品之间的比较，同一作者不同作品的比较，不同作品中某类人物的比较，如比较童话作品中的“王子”“公主”，比较不同作品中的“智慧老人”等，读者能够通过材料的“重整”，对作品进行“评鉴”，最后实现“创意”阅读。读者能通过对比，做出新的思考和判断，使思维更加深入。三是丰富体验。整本书负载着丰富的文化信息，在阅读过程中，读者自然会受到文化的熏染。读者品味的语言越多，接受的文化越丰富，受到的影响也就越大。读者在发展语言、思维、开阔视野的同时，也能够在阅读中获取更多的情感体验。整本书阅读的过程必然包含智育和德育的因素，并且是始终伴随语言学习过程。不管就语言所承载的内容，还是语言本身，都具有不可抗拒的美的因素。语言承载的美与语言本身的美被读者分享、接受的时候，读者审美水平也会不断提高。

（3）整本书阅读具有培根铸魂、启智润心等育人效果。学生的成长离不开读书，因为读书可以启智润心，达到育人之功效；立德树人需要读书，因为读书可以培根铸魂，可以启迪人生，可以奠基未来。朱永新说："一个人的精神发育史就是他的阅读史，一个民族的精神境界取决于这个民族的阅读水平。"2014 年，《教育部关于全面深化课程改革落实立德树人根本任务的意见》特别强调："统筹各学科，特别是德育、语文、历史、体育、艺术等学科，充分发挥人文学科的独特育人优势，进一步提升数学、科学、技术等课程的育人价值。"根据国家对人才培养的新要求，随着语文教育教学改革的不断推进，整本书阅读在语文学科中的地位不断提高，语文学科的育人离不开整本书阅读。培根在《论读书》一文中写道："读史使人明智，读诗使人灵秀，数学使人周密，科学使人深刻，伦理学使人庄重，逻辑修辞之学使人善辩，凡有所学，皆成性格。"可见阅读对一个人成长的重要作用。

因此，整本书阅读，是一个能够有效帮助阅读者全面发展、提高综合能力的活动，它可以培养读者的语言理解和运用能力，尊重并发展读者的个性，进而促进读者的全方位发展。书籍是人类文化遗产的基础和主要的承载方式，是学习我国传统文化、培养家国情怀的有效途径。

2. 整本书阅读是学生成长的需要

整本书阅读对学生的成长非常重要，整本书阅读可以增大学生阅读量，拓宽学生阅读视野，促进学生独立阅读能力和语文素养的提升。

（1）陶冶品行，提高素养。与片段阅读相比，整本书阅读更利于学生真正地入情入境思考分析，在带领学生深入地走进文学作品的过程中感受作者的经历、明确阅读文本中的深刻内涵，继而深入理解和思考，更加全面地感受著作的整体思路。尤其是针对一些与作者经历相关或者包含了丰富的阅读素材的作品而言，紧跟时代发展的需求思考，找到适合学生成长的资源指导学生分析思考，带领学生在书籍中了解知识结构的因果关系和来龙去脉，从而让学生有更多的机会充分感受阅读文本的内容，并在高质量的阅读中陶冶品行。

（2）培养习惯，积累素材。在全民读“屏”和碎片化阅读盛行的时代背景下，教师要结合中学语文教学实际情况，主动融入整本书阅读素材分析，培养学生良好的阅读习惯，可以直接拓宽学生的知识积累量，让学生可以在丰富的阅读素材中积累文化底蕴，寻找适合自己的成长的学习方法，积累更多的知识。在学生自主阅读分析，并结合实际情况思考探索中，更利于学生在良好习惯的带动下积累更多的阅读素材，让学生在学习中思考，成为对社会和时代发展有用的优秀人才。

（3）语言浸润，提高能力。在阅读中读懂作品的语言固然重要，认识到语言的特性也是不可或缺的。在阅读引导中，如果只结合片段式或单篇阅读指导学生，不利于学生整体语感的形成和表达能力的培养。而融入整本书阅读之后，学生需要结合整本书阅读素材中丰富的资源分析，以合适的阅读方式和理念逐步理解整本书阅读中的内容，并主动拓宽阅读的层次，学生在阅读和思考中找到适合自己的成长的理念和方向，并在整本书阅读中丰富的素材浸润中充分了解每本书作者的行文方式，并在文学作家语言的浸润下产生更加全面、深层次的感悟。可见，在中学教学中融入整本书阅读指导学生，对学生养成良好的阅读习惯和提升语言感受能力等方面都有积极的影响。因此，在中学语文教学中，教师要认识到整本书阅读的必要性，并结合现阶段教学实际分析思考，寻找适合的教学途径有序开展教学引导。

3. 整本书阅读对教师发展的作用

整本书阅读不仅对学生的成长有着重要的作用，对教师的发展也有着重要的作用。

（1）阅读是提升教师道德素质的重要手段。身教重于言传，教师自己不阅读，培养不出会阅读的学生来；教师自己没有自主阅读的习惯和意识，很难为学生的终身阅读奠定扎实的基础。生活里没有书籍就好像没有阳光，智慧里没有书籍就好像鸟儿没有翅膀。教师阅读的局限性会极大地限制教师的专业化发展以及教师自身道德素质的提升。教育的目的之一，是培养学生自主学习的习惯和能力，让学生从搀着走、扶着走，逐渐实现自己走。教师的阅读好习惯，无形中也会影响着学生，学生们会效仿、跟随、追踪，成为爱阅读、会阅读的好读者。

（2）阅读是提升教师理论站位的重要途径。阅读是教师发展的重要源泉和重要标志。没有书籍的滋润，难以拥有深厚的学识和素养。阅读是教师职业生活须臾不可离的东西，阅读应该成为教师职业生活的基本成分。教育是面向未来的事业，需要较高的思想站位。每一个拥有阅读习惯、思考习惯的人，就会拥有比较前沿的思想，也就拥有了面向未来的钥匙。新一轮的课程教学改革，突出“以学生发展为本”的教育理念，强调要把立德树人作为教育的根本任务来落实，对教师来说，这是一次思想的革命，需要教师切实转变教育观念，并在教育实践中加以践行。思想和观念的转变不是一件容易的事情，教师要有变革的自觉，也需要“站在巨人的肩膀上”登高望远，而书籍就是教师登高望远的阶梯，阅读名著，阅读经典，可以提升教师的理论水平，让自己的教育实践走向科学。

（3）阅读是提升教师实践能力的重要方法。腹有诗书气自华，最是书香能致远。腹有诗书的教师，会使课堂充满活力、充满乐趣、充满文化的底蕴。上课照本宣科，已经不能吸引学生的眼球了，不读书的教师，他的语言单调，知识面狭窄，教学方法陈旧，以至于课上得枯燥无味，无法激发学生的兴趣，更不要说引导学生认知自己了。所以教师要丰富自己的学科知识，提高自己的实践能力，需要大量的阅读。信息对称所导致的本领恐慌也要求教师要加强阅读。伴随着互联网时代的到来，教师会发现自身的权威性受到了极大的挑战。首先是教学内容更新的节奏不断加快，教学要求也不断改变，给教师的教学带来了很多挑战；其次是教师不再是教学内容主要的信息源，学生可以通过各种新媒体和移动互联网获得最鲜活的学习内容信息。在这样的环境下做教师，你必须知道自己的优势在哪里，同时还要加强阅读，在名家的教育理论和一线教师的教育实践中寻找新的教育智慧，来提升自己的教学能力，应对“本领恐慌”。

二、整本书阅读教学的重要性

我国现代语文教育家夏丏尊先生和叶圣陶先生，都认为整本书阅读应该在教师的指导下进行，因为在学生阅读整本书时，语文教师的课堂指导起着关键作用。特别是语文视角的整本书阅读，更需要语文教师的指导，需要教师运用一定的教学策略。我们知道，在学期初，大多数学生会充满热情地将名著买回家，翻了几页之后发现没什么意思，就跳过去看看其他章节，又或者直接将书丢在一旁，束之高阁，逐渐成了压箱底的“无用之物”。初中生在学习上自主性不是很强，自控力有待提高，恒心毅力也很有限，他们在面对《西游记》《骆驼祥子》等长篇小说的阅读时，常常无法完成整本阅读，造成这种现象的一个很大原因就是缺乏教师指导和相应的督促；高中生虽然有较强的自主学习能力，但由于课业负担较重，阅读整本书往往举步维艰，也仍然需要通过老师的教学，推进学生的整本书阅读，提升他们的阅读能力。

1. 整本书阅读教学，可以让学生健康有益地读书

书籍的类型多种多样，个人的兴趣爱好不同，因此他们所选择的图书也就不大一致。综合来看，名著的受欢迎程度最高，还有不少读者钟情于中外文学、历史典籍以及人文著作。从年龄分布来看，年龄阶段不同，读者的喜好也有偏差，各具特色。“60 后”更喜欢读一些文学专著、人物传记，“70 后”则更加热衷于经济类著作，“80 后”喜欢看社科类作品，而科幻小说、言情小说等则是“90 后”的最爱。中学生所处的年龄阶段还无法对书籍内容的优劣进行全面甄别，因此应尽可能选择经典著作进行阅读。部分不负责的网络作家只顾一时点击率，选取一些具有爆炸性、吸引眼球的事件进行叙述，在得到一时心理安慰过后，精神往往会更空虚。丰富的精神生活需要中学生不断进行精神的学习与知识的充实，而中学生实现这一目的的基本途径就是阅读经典。阅读经典能够搭建起学生与大师们

精神沟通的桥梁，在思想和行动上受到他们的鼓励，实现情感的互通，思维的交互。丰富多彩的阅读能够让中学生的精神更加富裕。朱亿民教授指出：精神的丰富与一个人阅读量的大小有着最直接的关系。阅读能够帮人们摆脱烦恼和苦难的精神羁绊，获得精神世界的强大，拓宽他们的生命长度。所以，阅读会影响人一生的追求，为将来的人生奠定好基础。

2. 整本书阅读教学，可以让学生有兴趣地“读起来”

阅读危机和阅读障碍是当今的全球性问题，尤其是青少年不爱读书，不少国家都已意识到问题的严重性，所以从国家层面进行读书推动活动，如美国、英国、新加坡等。在我国，虽然广大教师也在倡导学生读书，但由于课业负担重、缺少有效的指导等原因，学生喜欢读书的不多。这就需要教师的介入，通过整本书的阅读教学，激发学生的阅读兴趣。

师生共读，交流引导，激发阅读兴趣。整本书阅读教学，需要从师生共读入手，教师俯下身子读书，阅读学生爱读的书以及学生要读的书，贴近学生的需求推荐好书，以此寻找与学生交流读书的兴趣点，激发学生的阅读兴趣，使学生想读；营造浓郁的读书氛围，使学生爱读。例如《儒林外史》这本书，它是清代著名小说家吴敬梓创作的长篇讽刺小说，语文统编教材九年级下册“名著导读”推荐了这部优秀作品。由于小说所写内容与现今学生距离较远，全书人物众多，学生阅读起来较有难度；再加上语言含蓄凝练，不是一望而知的，学生想读懂并不容易；另外这本书不是靠情节动人出名的，没有多少波澜起伏的动人情节；作者讽刺艺术高妙，写作不动声色，也给学生的品读带来了难度。这就需要教师的介入，来激发学生的阅读兴趣。那么，怎样激发学生的阅读兴趣呢？教师可以选择一些典型精彩片段，引导学生去发现人物的“形神毕现”，体会语言的“生动传神”，感知讽刺的“不动声色”。比如下面这个片段，教师选出来，引导学生读出它的可笑之处。

汤知县道：“那个刘老先生？”静斋道：“讳基的了。他是洪武三年开科的进士，‘天下有道’三句中的第五名。”范进插口道：“想是第三名？”

静斋道："是第五名，那墨卷是弟读过……"（节选自第四回）

上面这个片段，讲的是汤奉、范进和张敬斋三人聊起刘基（刘伯温）。作为读书人，作为政府官员，他们竟然不知道明初杰出的文学家刘基，竟然不知道明代的开国元勋刘基，这难道不是笑话吗？刘基是元代的进士（不是明朝的进士），在洪武三年被朱元璋封为"诚意伯"。作为饱读"四书五经"的读书人，应该谨遵《论语》中"知之为知之，不知为不知"的训诫，范进"不懂装懂，说是'第三名'"，张敬斋还恬不知耻地说他读过刘基的考场作文。范进、张敬斋他们是明朝成化年间的读书人，怎么会读到100多年前考生的考场作文？这些明显的落差和错位就是笑点，讽刺这些人只知道死读书，只知道应对八股文考试，别的一概不知，还"吹牛不打草稿"，这就很好笑。"片段赏读"这个活动，针对初中学生的心理特点和学习方式，通过教师的身教言传影响学生，改变他们对《儒林外史》的印象，在阅读兴趣上进行补偿，让学生能够顺利地读起来。

互文视角，前后对照，激发品读兴趣。像《儒林外史》这样的伟大作品，还可以通过文本前后形象的互文性探究，激发学生对人物情节的品读趣味。教师可以提示学生从"文本相似性阅读"的视角，进行文本前后形象的互文性探究，帮助学生读懂故事情节，明晰人物形象，激发他们品读的兴趣。比如书中的杜少卿与虞育德是作者着力赞誉的人物，他们有着一些相似的特点，如为人豪爽、极重孝道、宣扬礼乐、富有才情、彼此欣赏等，在文本内有多处的相似关联：例如房子白给别人住，住房的人把房子弄没了又没处住，再上门讨银子要房子住，杜少卿和虞育德又都爽快答应，拿出银子解决他们的住房困难，由此可见他们的慷慨和同情帮助贫弱之人的品格。书中还有其他一些人物形象也具有互文性：严贡生与张静斋，是两个灵魂扭曲、鱼肉乡里的读书人，读着令人厌恶；娄公子和杜慎卿，是两个附庸风雅却精神空虚的望族弟子，读着令人发笑；匡超人与牛浦郎，是两个本质不坏却一步步走向堕落的年轻人，读着令人痛心；周进与范进，是两个终其一生追求科举，又都因科举而失态、发疯的穷秀才，读着让人不禁笑中有泪，陷入沉思……通过这样“互文性”的探究，可以激发学生的阅读兴趣，让学生一步步读懂人物，进而读懂整个儒林的群体形象。

加强认识，培养习惯，真正阅读起来。整本书阅读教学，可以减少学生的虚假性阅读。虽然课标已作出明确要求，但由于多种因素的影响，学生“伪”读书的情况屡禁不止，即学生根本没有读完整本书，只不过是通过一些训练，看似了解了一些作家作品简介、书籍故事概要、人物评价等，还有部分学生能够自行解决部分问题，他们的回答甚至是十分精彩的，然而，鉴于这些学生阅读水平还不够高，与改革的基本理念是相互背离的，学生的时间没有被有效利用起来。教师在进行阅读教学时必须意识到整本书阅读的关键意义，防止学生陷入假阅读的误区，以至于失去阅读整本书的能力。

教师有责任承担起这个重任，告诉中学生什么是经典？什么是真正意义上的精神食粮？新课标把“整本书阅读”作为学习任务群，目的就在于引导学生在这个过程中实现视野的拓展，形成对于整本书的一种系统观念，养成优秀的阅读习惯，对于华夏文化、红色文化和先进文化能够自觉传承，对于世界形成较为健康的自我认知。让他们在学生阶段就养成终身学习的优秀习惯，在学生今后的数十年生活中，他们无论喜逢幸事、抑或遭受灾难，都能从容应对，像范仲淹一样不以物喜不以己悲。疫情的突然席卷让我国人民更加感受到了在书籍的世界中寻求慰藉的重要性，在此期间中学生有没有主动读书？而不是为了考试、为了完成老师留的任务而读书？在武汉方舱医院里，有青年躺在病床上静心读书的场景；在舒适的家中，有少年手捧游戏机恣意玩耍的画面，愿天下学生都懂得腹有诗书气自华的道理，愿天下少年心中都有一本立身的书。由此观之，“语文教师怎样教整本书阅读、学生如何进行整本书的阅读”都是我们在实际教学中应该关注的重要课题。倪文锦教授曾说过：“经典之所以能够成为经典，就在于它的方式触及、思考和表达了人类生存的基本问题，这种方式是独特的无与伦比的，经典所要表达的深度和广度为后世难以超越，对人类具有永久的魅力。它能经受时间的考验而历久弥新。”

3.整本书阅读教学，可以让学生有方向地“读下去”

没有教学引导的阅读是“社会化阅读”居多，阅读者获得的往往是这本书的内容，至于这本书的整体架构、思想内涵、艺术特色等往往一无所知，这就需要教师的引导，引导学生从语文视角进行阅读，着眼于语言文字的理解与运用，从整体感知、分析理解、品鉴欣赏、迁移运用的角度去阅读；引导学生通过阅读包括封面、作者简介、前言、目录、书评等内容，完整地阅读一本书，从而了解书中的每一个细节，对作品的内容有更加全面的认识，对作品的意义有更加深刻的理解。这个过程不仅能锻炼学生的逻辑思维能力，还能培养学生主动思考的习惯，更为重要的是能够让学生建构并运用语言，发展并提升思维，进行审美鉴赏与创造，提升语文的关键能力。

学生在与书本对话、与同学分享的同时，也能让自己的思维更加活跃，读到文字背后更丰富的内涵。例如阅读《红楼梦》这本书，没有老师指导时，学生可能就是看看情节，有了老师的指导，很多学生可能会去关注语言文字背后的深刻内涵。如林黛玉刚进贾府所拜访人物的住处，可以看出人物的性格特点：贾母处轩峻壮丽，热闹非凡；贾赦处小巧别致，却充满淫靡之风；贾政处堂皇气派，庄重严谨。再比如，关注人物的出场方式，较为出彩的是王熙凤的出场，“未见其人，先闻其声”，既可以看出她性格的泼辣放肆，也可以看出贾母对其的宠爱。

整本书阅读教学，经常会从方向、方式和方法上作系统的研究。方向，是教学的意向，是教学价值选择的结果，关系到最后要达到什么目标；方式，是分类实施教学的样式，决定了教师用什么样的教学行为进行课堂教学；方法，是具体实施策略的分解，体现了不同方式的功能，既包含教师指导方法，也包含学生个人阅读理解和表达交流的方法，是落实整本书教学的重要部分。目标决定了方向和方式，而方法因方式而异，也因人而异，在不同的情况下可作相同的选择，在相同的情况下也可作不同的选择。教师的阅读指导主要在“读什么”“怎么读”“怎么读更好”等方面着力，能够对学生的阅读问题进行纠正与改进，让他们读有方向，不至于南辕北辙，读无所获。

在“读什么”方面进行引导。当今社会出版业异常繁荣，出版物鱼目混珠；再加上数字化阅读盛行，网络读物，良莠不齐。对成长中的孩子来说，选择什么样的书来读很重要。初中的学生，他们会有自己的阅读喜好，如男孩子往往喜欢《盗墓笔记》《斗罗大陆》这类的作品，它们是情节动人的带点悬疑或玄幻类的作品，女孩子往往喜欢言情类的网络小说，跌宕起伏的故事、富有个性的俊男靓女往往让她们爱不释手。这类作品，情节很好看，但语言表达、思维质量、审美趣味往往不是上乘，对成长中的孩子来说没有多少营养，这就需要教师适时引导，让他们读一些质量高、有品位的作品，用阅读照亮他们的成长之路。学生往往会抵触课标推荐的名著，不想读、不爱读、不会读，这也需要教师做引导，从语文学习和成长发展的需要角度跟他们讲道理，说明阅读这些名著的重要性。

在“怎么读”和“怎么读更好”方面进行引导。当前时代迅猛发展，教师可以引导学生通过研读书籍内在价值并建立起自己独有的认知，最终选出最适合自己的方式去进行阅读，这样才能知晓，在今后漫长的人生中怎样依靠书籍的力量渡过难关。如从语文视角指导学生阅读。

（1）做减法，将厚书读薄。做减法，就是理出主要线索、人物和情节等，形成整本书的“思维网络”，从而理解作者的匠心。比如《西游记》，通过梳理“妖怪”，明白“神魔皆有人情，精魅亦通世故”，了解这本大书的思想和艺术特色，妖怪有 34 组，成百上千，可是没有一个相同，就是同一个妖怪两次出现也各不相同。

（2）做加法，将文字读透。结合自己的体验，将书中隐去的内容重现，将略写的内容丰富，读出文字中的留白，读出言语中的空隙，还原人物的神情、动作和活动情境，以读厚作品的内涵与意蕴。比如《儒林外史》中的马二先生游西湖时，看美女、垂涎美食、看到仁宗皇帝的御书抽出扇子当笏板的行为背后有哪些深意？看美女，马二先生是偷偷地，因为书上教导“非礼勿视，非礼勿听，非礼勿言”，我们饱读诗书，深受儒家教导的马二先生怎么能偷看女客更衣换装呢？于是马二先生心生羞愧，红着脸，赶忙低着头走了过去，不曾仰视。这就把马二先生迂腐可笑表现得淋漓尽致。

（3）定路标，使理解深入。整本书，体量大，头绪多，阅读时，可以选择角度设定路标，进行专题探究，使理解深入。比如，探究《平凡的世界》中的婚恋观，孙少安、孙少平、兰花、兰香，一个家庭出来的，婚恋观也不相同，思考平凡世界中的不平凡，探寻婚恋观中的文化因子和时代烙印。

（4）作比较，使认识深广。整本书阅读给我们提供了更多的比较空间，如不同作者的同类作品、同一个作者的不同作品、同一作品的不同人物、不同作品的同类人物的比较等等。通过对比辨析，可以更好地提升思维的深刻性、敏锐性和融通性。如萧红的《呼兰河传》与刘绍棠的《蒲柳人家》，两部作品中都写到童养媳，一个叫小团圆，一个叫望日莲，两个人生活的年代相差不多，地域相差不远，为何命运天壤之别呢？沿着这条线，我们可以探寻到作者的写作意图和思想。

4. 整本书阅读教学，可以让学生有深度地“读进去”

整本书阅读教学，可以减少学生的碎片化阅读。短视频软件的出现加重了人们对碎片化阅读的依赖，似乎总在急急忙忙地窥探下一个，而非抓住眼前。现在越来越多的学生进行着快餐式的、碎片化的浅阅读，这样的阅读除了获取一点信息外没有其他的好处。相比经典名著，学生更愿意接受无脑的鸡汤文，因此加强整本书阅读指导刻不容缓，不能让新时代的学子停留在肤浅甚至片面的阅读之上，他们理应在书籍的海洋里徜徉，与作者进行深度交流，探求作品背后的文化内涵。每一部经典的文学作品背后都是一个独立且具有人格魅力的作者，重拾经典唤醒学生对华夏文字的高度热爱，对中华文化最深沉的爱。中华儿女具有勤劳的品质和鲜明的民族特色，在阅读文学作品时需要学习中国人勤劳的美德，要有高度的责任意识，将文化复兴作为一项奋斗终身的事业去拼搏，去努力。

什么叫深度阅读呢？如何才能让学生读得深入呢？

深度阅读应该是这样的：阅读一本书后，不仅是了解这本书的内容，更是理解文字背后的丰富内容，如整体架构、思想情感、艺术特色、语言风格等；不是仅仅在“识记”层面，更重要的是能理解、转化、迁移。不仅建构语言，还学会运用语言；不仅触及思维，还发展并提升思维。要让读书不仅成为学生能力增长的“凭借”，也能成为他们精神发育的“载体”。

那么，如何才能使学生的阅读走向深入呢？教师可以设计富有挑战性的阅读任务。要想让学生在阅读的基础上再进一步，理解得再深一点，需要教师设计深度阅读的任务，甚至是任务链。在这些任务的驱动下，更好地达成教学目标。比如笔者教授《傅雷家书》时，设计了如下几个任务：整理《傅雷家书》的难忘细节；探寻傅聪成长的家庭环境（父母特质、教子方式、家风家训）；探寻《傅雷家书》中的“动之以情、晓之以理和劝之以法”。以上三个任务，可以“化零为整”，解决学生整本书阅读“肤浅化”“碎片化”等问题，让他们对这本书有个整体的把握，能够从“难忘的细节”中体悟文字背后的意蕴，看到傅聪成长的深厚的家学渊源，看到傅雷治家的“中西结合”，聆听傅聪兄弟决定将家书公开出版的“心声”。这几个任务，有的在课前完成，如“整理难忘的细节”；有的在课堂完成，如“探寻傅聪家庭环境”；有的留到课后，如任务中的“劝之以法”。

让学生走向深度阅读，还需要教师进行习惯的培养和方法引导，让学生能够养成沉静阅读、静心思考的习惯，努力减少快餐式阅读，深入思考，化零为整，改进碎片化的浅阅读，让他们成为真正的好读者，深刻理解每一本阅读过的书，从每一本阅读过的作品中收获更多，获取更多养分。比如，关于《儒林外史》的主旨，小说第一回中便明白告知。第一回目为“说楔子敷陈大义，借名流隐括全文”，这“大义”是什么呢？小说借“名流”王冕的言行思想来传达。由于作者的行文风格较为冷静客观，完全由小说中的人物自身去表现，这给阅历不深的初中学生带来了理解上的难度；王冕又是个历史人物，学生在小学的古诗《墨梅》和初中的课外文言阅读中已有接触，但小说中的形象和历史所述又存在一些差异，这又给学生的解读带来了困惑。如何破解这样的难题，解决学生的困惑呢？在引导学生阅读时，可以从小说与历史“互文见义”的视角进行探究，使学生能够比较容易地触摸到小说所蕴含的“大义”。静心思之，关于王冕，小说人物与历史形象不同的方面，应该也是作者所思想的所在。作者为何改编王冕的故事呢？回目说得很明白，他是要“借名流隐括全文”。不难看出，作者是要借“名流”王冕给“儒林”树立一个理想的标杆，表明对功名富贵的否定，小说中的王冕这样彻底的隐居不仕是作者心目中读书人理想的人生境界。

总之，整本书阅读教学，给学生的阅读和思考提供一些可以凭借的抓手，可以激发学生对文本探究的趣味，提升他们艺术审美的鉴赏力，使学生在更开阔的视野中获取思维的创新，在更包容的层面上感受传统文化的博大与精深，由此培育学生的语文核心素养，实现语文教学的育人目标。

5. 整本书阅读教学，可以让学生有感受地“讲出来”

整本书阅读教学，目标是让学生从会读到会写，即从输入到输出，从有方法地读进去到有感受地讲出来。笔者一直坚持的整本书阅读展示活动为“同讲一本书”，即一段相对集中的时间段，让同学们集中讲某一本书的阅读发现。老师给出讲的要求与方向，引导学生经历“阅读—整理—探究”的思维过程，实现从“了解内容—理解内涵—梳理逻辑—品读鉴赏—转化输出”逐步深入。如《西游记》这本书，让学生讲讲“九九八十一难”，要求用情节链展示；《水浒传》这本书，让他们讲讲梁山好汉，一人讲一个或讲兄弟或讲夫妻，要求讲出这个人物的出场、退场、主要故事、人物印象等；《朝花夕拾》这本书，让他们讲难忘的美景、有趣的故事、温暖的回忆等；《红星照耀中国》这本书，讲重点人物、重点事件或作品的真实性等；《儒林外史》这本书，讲真名士、假名士、腐儒、陋儒、昏官、清官、百姓等；《简·爱》这本书，讲中外小说的阅读比较、讲这本书为何是自传体小说、讲这本书的幸福观等，这些“路标”的提供体现了教师的引导作用。

学生展示的方式多种多样，可以采用线上展示与课堂讨论相结合的方式。如今数字化技术发展、自媒体发展，微信平台不仅是一个通信工具，更可以利用其开放性展示教学成果，学生也可以拥有更多展示的机会。教师也可以创建一个整本书阅读展示成果的公众号，让同学们将自己的思维导图、读书心得等成果上传到公众号中。通过这种方式可以让所有的学生更加方便快捷地查阅不同学生的阅读成果，不仅能增加同级学生之间的相互了解，还能增进跨年级的沟通，让学生从不同角度分析问题。甚至升入高中、大学，当他们再次阅读后，有了新的感受仍然有一个空间可以供他发表言论。当然除了借助网络平台，也可以让学生自行编写舞台剧、小品等，在课堂或者读书汇报会上进行展示，还可以锻炼学生的组织能力。

学生在展示整本书阅读成果的同时也是在锻炼语言表达能力，教师应该鼓励学生勇敢地将自己的观点讲述出来，实行读写一体化教学，切忌养成学生不知如何表达心中所思的习惯。在展示这一环节，教师更要注重培养学生发散的思维。例如，在中学必修上册读完《乡土中国》后，姜烨老师在教学中向学生推荐费孝通先生的相关著作《江村经济》《生育制度》《乡土重建》等等，使学生对学术著作、社会学、费孝通先生等有进一步的了解，还推荐了沈从文写的《边城》这本小说，从乡土情结出发，了解湘西地区独特的风土人情。当学生对某些地区的风俗有所了解后，又抛出下一阶段的教学任务，这些习俗的形成与所处地区有何关联等问题，让学生独立挖掘其中的内涵，思考作者通过怎样的语言将每个地区描述得各有千秋，感受祖国的大好河山。

在展示过程中，学生能够结合自身的感受对书籍进行多角度的思考。在教学活动中，可以采用小组合作的形式，学生有了小组成员之间团结协作、共同完成一项任务的经历，不同组别之间对于活动的完成情况不同，侧重的方向不一，多角度的思考可以互相碰撞。学生通过阅读包括封面、作者简介、前言、目录、书评等内容，完整地阅读一本书，从而了解书中的每一个细节，对作品的内容有更加全面的认识，对作品的意义有更加深刻的理解。在这个过程中不仅能锻炼学生的逻辑思维能力，还能培养学生主动思考的习惯。学生在与书本对话，与同学分享的同时，能够让自己的思维更加活跃，知识储备更加丰富。采取整本书阅读交流的方式，学生能够找到增强自信、完善自我的方向和方法。因此，增加小组合作的整本书展示活动是有重要作用的，可以让学生的思维更加活跃，思考方式更加多样化，对每个要点都进行研究，最后对组内成员的想法进行整合，体验合作与信息整合。

第二节　整本书阅读教学的必要性

学生成长离不开读书，立德树人需要读书，阅读启迪人生，阅读奠基未来。2001 年语文课程标准就提出要增加阅读量，要读整本的书；2011 年语文课程标准再一次强调要读整本书，要求中学生每年至少阅读 260 万字；2017 年高中语文课程标准和 2022 年版义务教育课程标准更加重视整本书阅读，把整本书阅读作为独立的学习任务群，高中课标把它放在 18 个学习任务群之首，2022 年课标把它作为六个学习任务群之一，这说明整本书阅读非常重要，也说明整本书阅读教学已经到了迫在眉睫的地步，必须引起教育者特别是语文教师的重视，要把整本书阅读当作重要的教学内容。

一、整本书阅读的现状与思考

虽说整本书阅读已经引起了多方的重视，但 2001 年版课程标准颁布

20年多年来，整本书阅读还存在不少问题。

1. 读而无痕。不少学生的阅读只为看热闹，消磨时间，满足好奇心，书漫无目的地看过了，不久也就忘了，没有留下什么痕迹，更不谈吸收了什么营养。没有记忆的阅读是无效的阅读，没有留下痕迹的阅读是“白读”。青少年是阅读的黄金时节，也是记忆的黄金时代，要口读心记，适当摘抄，适量记诵，多积累一些终身受益的文化知识，丰富自己的语感。

2. 读而无思。阅读的过程应该是质疑问难、联想比较的过程。有的文本较深，有疑难，自然要质疑；有的文本深入浅出，一读就懂，似乎没有疑难，其实是有疑难但学生还没有发觉。不妨引导学生“于无疑处生疑”，不能浅尝辄止，满足一知半解。

3. 读而无写。在边读边思的过程中，会有很多感受、体会、心得与灵感，这些思维的火花稍纵即逝。有的同学却没有动笔习惯，未能及时写下，非常可惜。阅读产出是最好的深度阅读，阅读的最终目的还是要落实到“写”上，建构语言，运用语言，提升思维和审美。

4. 读而不深。许多同学的阅读只求读懂，不求深悟，不能把作者的人生经验化作自己的心灵体会，或者只有感觉而没有理性认识，没有对人生对社会的深层审察。这样的阅读，就不能完成从“有字书”向“无字书”的转换，就不能提升学生的能力素养。

5. 读而不择。学生读书，往往是逮到什么读什么，毫不选择，随波逐流，率性而读，这是初中生阅读易犯的通病。现代社会信息多元，书海茫茫，读之不尽。故学生的阅读一定要在老师和家长的指导下进行，严格筛选阅读书目。就是一本书该读什么，也是需要选择的。不仅要提取信息、感知内容，还要理解写作意图，领会作者思想，分析写作方法，鉴赏艺术特色，这样去阅读才能收获更多。

6. 读而不博。阅读的深度和广度都很重要。中学生的阅读还有单凭喜好和只讲功利的“偏食症”，偏爱武打、言情小说，偏爱网络小说，怕读古代文言文，怕读现代科技文。其实读书不妨内容杂一点，面广一点，博约结合，这样才能文理兼通，全面发展。

总之，纷繁的世界、快节奏的生活和繁重的学业负担等，使大多中学生只能利用零星时间阅读整本书，“非文字化”“快餐式”“娱乐化”“碎片化”等“浅表化”阅读居多，学生读书之后，往往“理不清”“读不深”“讲不出”，这些情况亟需教师的引导与指导，因而整本书阅读教学迫在眉睫。

二、整本书阅读教学的困境与对策

近年来，整本书阅读受到语文教师和学校的广泛重视，整本书阅读的课程化、课内化和教学化实验已经在不少地区展开，但总体情况参差不齐。2017 年统编版教材倡导教读、自读、课外阅读“三位一体”，将整本书阅读教学纳入正常的语文教学范畴，整本书阅读的重要性日益凸显。可是，整本书阅读教学的现状是：个性化的教学探索已经广泛展开，如吴欣歆、余党绪、李煜晖、张小兵等老师率先实践，成果丰硕，不少一线教师也在积极尝试，异彩纷呈，但在这表象之下存在着各种问题。

1. 整本书阅读教学的困境

（1）氛围有待优化。阅读氛围是督促学生完成整本书阅读的源动力，但是在日常教学中发现，现阶段中学语文整本书阅读的过程中，由于整本书阅读引导仍旧在探索阶段，学生畏难情绪比较强，课堂教学的氛围非常不理想。加上部分学生面对中高考的压力，无论是在语文课堂还是在课后学习中，多选择“快餐式”阅读方式，尝试着在教师的指导中阅读应考素材，很少自主阅读整本书。在开展教学的过程中，很多教师也认识到了语文阅读引导忌讳急于求成，但是在高强度的工作下，整本书阅读多停留于教师推荐书或者学生自行阅读过程中。长此以往，学生很难形成良好的阅读习惯，阅读的氛围也不佳。

（2）存在多种矛盾。整本书阅读与语文课堂教学之间矛盾重重：整本书的大容量与课堂教学时间有限的矛盾，整本书阅读兴趣的多样性与课堂教学任务的限定性之间的矛盾，整本书阅读的个体参与性与课堂群体统一性的矛盾等等。这些矛盾很大程度上影响甚至阻碍了整本书的阅读教学。

（3）缺乏操作系统。由于受到教学课时、考试方式与教学内容等诸多因素的影响，学生的整本书阅读存在着碎片化、零散化、喜快餐、轻经典等问题；教师的阅读教学存在着重单篇、轻整本等现象。不少教师对整本书不会教、不愿教，很多教师觉得整本书无法教，一是没有专门的整本书教学时间，也不知整本书阅读如何进行教学，甚至有点畏惧心理，对整本书教学缺少整体规划与目标价值的定位，对阅读过程缺少引导与跟踪，对学生阅读后缺少进阶提升和成果输出等措施。

（4）缺少实践指导。教学安排，缺乏结构化的整体设计；学生阅读，缺乏针对性的阅读策略；教师指导，缺乏普适性的教学示范。因此，当前整本书阅读的表征是碎片化的，本质是阅读系统的缺失，读、教、学三者割裂。不少教师的整本书阅读指导，仍然停留在应试阶段，考什么就教什么，不考就不教。因而只教必考书目，而且会把一本本书肢解为一份份试题。有些教师不知如何指导读书，更不知整本书阅读教学如何进行；有些教师虽然知道一点，但缺少系统性，缺少整体思考和具体设计，往往是随意的、零星的，指导比较粗略，望天收、粗略化、功利化等问题比较普遍。

（5）教学策略不佳。要想提高阅读指导的效果，必须立足课程标准和学生个体情况确定教学指导策略，从而为学生搭建更多适合的阅读平台，提高教学的效率。但是，目前的整本书阅读教学中，受教学时间、教师素养和学生素养等多方面影响，整本书阅读教学策略并不是非常理想，尤其是在师生交流、课堂教学等方面。例如，整本书阅读教学精读和略读并重才更利于达到理想的教学效果，但是由于受惯性思维影响，教师往往重精读轻略读，他们仍然用单篇教学的方式去教整本书。

2. 整本书阅读教学的对策

整本书阅读教学是新时期语文阅读课程的新要求，但现阶段整本书阅读教学效果不是非常理想，需要教师紧跟时代发展的需求分析思考，立足问题对症下药，从而在多举并行科学引导中，科学地开展整本书阅读教学，及时改善教学的不良现状，全面提高整本书阅读教学的有效性。

（1）针对整本书阅读氛围不佳的问题，可以多方联动。教育主管部门、家庭、学校与教师多方联动，一起发力，努力改变现状。教育主管部门可以开展读书宣传活动、读书评比活动、书香校园建设活动等来营造良好的阅读氛围，甚至通过素养测评来倒逼学生、家长、教师来重视读书；家庭要营造读书氛围，父母是孩子的第一任老师，父母爱读书，身教重于言传，会对孩子起到很好的示范作用；学校更是要努力营造重视读书的成长环境，通过书香校园建设、读书活动的开展、阅读课程的建设、阅读教学的评比等方式来促进读书氛围的营造。

（2）针对整本书阅读教学时间紧的问题，进行学程设计的实践探索。语文学习与教学的任务都比较重，每周的语文课时有限，能用于课外阅读的时间和教学整本书的时间非常有限，所以我们可以思考运用学程设计缓解时间紧张的问题。学程是一段相对独立的学习进程，是将某些目标或任务过程化，通过问题串、任务链、活动单等来推动学生的阅读。通过设计学程，让学生“做中读”“读中做”“做中悟”，节约了教的时间，提升了读的质量。学程，给学生以时间线，分散阅读时间，落实课外阅读；通过引领阅读的问题串、优化阅读的活动单和深化阅读的策略群，引导学生经历“阅读—整理—探究”的思维过程，实现“了解内容—理解内涵—梳理逻辑—品读鉴赏—转化输出”等逐步深入的阅读目标，提高了阅读效果。

（3）针对整本书阅读浅表化问题，采用“一书三课”等教学策略。学校可以将整本书阅读纳入课程计划，拿出专门的课时，由专职的教师进行授课，探索出整本书阅读教学的策略，如我校就尝试通过读前引导课、读中推进课、读后提升课三种课型，将阅读指导落到实处，让学生好读、读好、读透。读前引导课，激发兴趣，消除隔膜，让学生顺利地捧起书来读；读中推进课，推动阅读，适时续航，让学生继续有兴趣地读下去；读后提升课，深化阅读，提升能力，让学生读有成效，有兴趣重读经典。三种课型既相对独立又有内在关联，能够让学生的阅读渐入佳境，兴趣渐浓，逐渐深入地亲近母语，提升语文能力和素养。

（4）针对整本书阅读指导功利化问题，采用培训和引导相结合的方式。教育主管部门或学校可以通过培训、研修等方式，帮助语文老师厘清整本书阅读与语文核心素养之间的关系，让老师们明白，要想提高学生语文能力和素养，不是做题做题再做题，而是读书读书再读书。“引导”则是通过评价方式的变革来改变老师们的观念，在评价试题的命制上让那些重视引导学生读书的老师尝到成功的快乐。

（5）针对整本书阅读指导粗略化等问题，建构教学模型帮助一线教师。模型是经验与理论之间的一个桥梁，是在实践基础上的理性归纳，可以帮助教师更好地开展教学。如笔者建构的模型组包括整本书阅读教学“DELC”模型、“援疑质理”模型、“一书三课”模型、学程设计模型等。这组模型，针对阅读指导的“盲目化”“碎片化”“随意性”等现象，着眼顶层设计，以整体建构的方式思考阅读指导的目标和指导方式，实践与理论相结合，形成阅读指导的整体合力，提高指导的科学性、系统性和针对性，为提升学生的课外阅读品质服务。

总之，针对目前整本书阅读教学普遍存在的问题，可以从教程和学程入手，明晰思路，建设校本特色的整本书阅读课程，梳理出合适的课程实施策略和教学策略，进行不断的实践探索，开发支持学生整本书阅读的策略群和工具箱，构建整本书深度阅读的教程设计及学程设计模式。

第三节　整本书阅读教学的可行性

一、整本书阅读教学的理论依据

整本书阅读不是新时代的产物，也不是哪个国家哪个民族的专利，而是有悠久历史和优良传统的，它是一种阅读方法和一种精神历史。中国古代的孩子们从积累的学习中获得了完整的阅读经验，并通过对不同书籍的广泛阅读，不断完善自己的知识结构，从《百家姓》《三字经》到《论语》《中庸》等经典中，汲取了成长的营养，打好了精神的底色。外国的教育也很重视整本书阅读，从孩子抓起。整本书阅读教学也不是无源之水无本之木，它们是在古今中外的相关理论基础上生长出来的。

1. 叶圣陶先生的整本书阅读思想

说到整本书阅读就不能不谈叶老的整本书阅读思想。他的整本书阅读的思想主要包括以下几个方面：整本书为主体的教材编写构想；“自能读书”的培养目标，即学生“不待老师教，自己能阅读”；师生双向交流合作的教学过程；侧重阅读技能训练的方法观等。使学生的阅读由学到用，熟练掌握整本书阅读方法。

2. 苏霍姆林斯基的阅读增智说

苏霍姆林斯基曾经说过：“让学生变得更聪明的方法不是发明课程，不是增加作业数量，而是阅读、阅读和再阅读。”教师要提高自己的教育能力与素养，就要读书，读书，再读书。要把读书当作第一精神需要，当作饥饿者的食物。要有读书的兴趣，要喜欢博览群书，要能在书前坐下来，深入地思考。阅读是发展学生智力的主要方法，阅读是学好各门学科的基础，阅读应成为学生的乐趣和精神需求。

3. 艾德勒、范多伦等的阅读层次论

美国学者艾德勒、范多伦在整本书阅读方面颇有研究，他们在 1940 年出版了合著的《如何阅读一本书》，这本书深受人们的喜爱，畅销了 80 多年。书中告诉我们，阅读分为四个层次，即基础阅读、检视阅读、分析阅读和主题阅读。基础阅读是扫盲式阅读，知道每一句话的字面意思；检视阅读强调在规定时间抓住重点，需要整体把握内容，可以筛选掉不值得细读的内容；分析阅读，就是要咀嚼与消化一本书，理解内容，挖掘内涵，鉴赏美点；主题阅读，需要读很多书并列举出这些书之间相关之处，提出一个所有的书都谈到的主题。

4. 托马斯·福斯特的解码阅读法

美国密歇根大学教授托马斯·福斯特在文学作品阅读方面很有研究，他提出了“解码阅读法”，主要有对作品主题的解码、写法的解码等。他的著作《如何阅读一本文学书》，可作为一本经典的文学阅读指南。他认为，文学作品中的“常物”背后常常隐藏着密码，解开了这个密码，进而可以品味作家作品的丰富内涵与魅力。他的《如何阅读一本小说》《文学课：如何轻松理解伟大作品》等著作也是解码阅读法的重要成果，从阅读方法与创作实践等方面进行剖析，让更多人真正理解伟大作品更深层次的意义，爱上文学阅读，学会文学阅读。

5. 伊格尔顿的叙事学理论

英国的文艺理论家伊格尔顿在他的《文学阅读指南》一书中提出，应用英美新批评、叙事学、西方马克思主义等理论解释文学作品，可以采用叙事视角理论进行文本分析，在理论与实践、艺术与真实、形式与感情等文学理论基本问题上展开新的思考。书中通过引证《尤利西斯》《格列佛游记》《威尼斯商人》《呼啸山庄》等几十部不同题材不同时代不同品位的文学作品，全面而细致地解读了“全知视角”“限知视角”“不可靠叙事”等各种概念的不同呈现方式以及理论限度问题，丰富的例证可以让不同阅读基础的读者都能较好地理解书中谈及的理论方法。

6. 奥野宣之的笔记读书法

日本作家奥野宣之《如何有效阅读一本书》中，提出运用笔记读书法可以把书读懂读透。作者从如何选书、购书、读书，到如何记录（笔记）、活用（转化应用）等五个层面，系统详尽地做了叙述，倡导积极主动的笔记方式管理读书生活。他在书里谈及自己的读书体会和相关的种种，通过读书笔记改变读书方法、借助读书笔记来深化阅读的记忆和思考，最终将读过的书变为自己的精神财富，这是一个日益精进的过程。

以上只是部分“大家”的整本书阅读及教学方面的理论，这些理论为我们的整本书阅读教学提供坚实的基础，是我们开展整本书阅读教学的重要源泉。

二、整本书阅读教学的基础分析

书籍是成长的营养品，语文教学改革呼唤整本书阅读。2011版语文课程标准把“读书”提到了语文学习的重要位置；2015版统编教材主编温儒敏教授提出要把学生培养成“好（hǎo）读者”，从国家层面倡导让学生好读书、多读书、读好书；2017版高中课标和2022班义务教育课标都把整本书阅读作为学习任务群，进一步彰显了读书的重要。通过语文教育专家与广大一线教师的努力，整本书阅读教学已经具备了一定的基础。

1. 统编教材的编写专家给出了阅读方法和教学方向的引导。

如“名著导读”模块突出了“读书方法”的指导和专题探究的提示。初中教材对必读的12本名著提供“一书一法”（详见下表），即每本书推荐一种合适的阅读方法，如《朝花夕拾》的阅读方法是“消除与经典的隔膜”，《骆驼祥子》的阅读方法是“圈点与批注”；教材编写专家还为每本书设计了至少3个专题探究（详见下面的专题统计），这为一线教师的整本书阅读教学提供了方向，如《骆驼祥子》有4个专题，分别是“给祥子写小传”“探寻悲剧原因”“话说洋车夫”“品析京味儿”，教师可以引导学生开展探究活动，撰写探究报告。

统编教材七～九年级名著阅读方法一览表

书　名	方　法	书　名	方　法
《朝花夕拾》	消除与经典的隔膜	《西游记》	精读与跳读
《骆驼祥子》	圈点与批注	《海底两万里》	快速阅读
《红星照耀中国》	纪实作品的阅读	《昆虫记》	科普作品的阅读
《经典常谈》	选择性阅读	《钢铁是怎样炼成的》	摘抄与做笔记
《艾青诗选》	如何读诗	《水浒传》	古典小说的阅读
《儒林外史》	讽刺作品的阅读	《简·爱》	外国小说的阅读

统编教材七～九年级名著“专题探究”统计

1.《朝花夕拾》：（1）鲁迅的童年；（2）鲁迅笔下的那些人物；

（3）鲁迅的儿童教育观念

2.《西游记》：（1）取经故事会；（2）话说唐僧师徒；（3）创作新故事

3.《骆驼祥子》：（1）给祥子写小传；（2）探寻悲剧原因；（3）话说洋车夫；（4）品析京味儿

4.《海底两万里》：（1）写航海日记；（2）介绍尼摩船长；（3）绘制潜水艇简易图

5.《红星照耀中国》：（1）领袖人物和红军将领的革命之路；（2）关于长征；（3）信仰和精神

6.《昆虫记》：（1）跟法布尔学观察；（2）跟法布尔学探究；（3）跟法布尔学写作

7.《经典常谈》：（1）和朱自清一起“谈”经典；（2）我向大家介绍经典；（3）经典的意义

8.《钢铁是怎样炼成的》：（1）保尔的成长史；（2）保尔的形象分析；（3）“红色经典”的现实意义

9.《艾青诗选》：（1）探讨诗歌的意象；（2）分析诗歌的艺术手法；（3）举办诗歌朗诵会

10.《水浒传》：（1）探寻《水浒传》中的情节；（2）为《水浒传》人物立传；（3）分析章回体小说的艺术特点

11.《儒林外史》：（1）故事会；（2）《儒林外史》讽刺艺术探究；（3）续写故事

12.《简·爱》：（1）探究简·爱的形象；（2）思考爱的真谛；（3）欣赏与排演

温儒敏教授在《“部编本”语文教材的编写理念、特色与使用建议》中提到，名著导读的学习方法或训练目标等提示，目的是引导学生重点学习某一种读书的方法。如浏览、快读、读不同文体等，都各有方法引导。

2. 一线语文教师的教学思考与实践探索。

2011年以来，尤其是2015年以来，各地语文教师也开始把整本书阅读指导提到教学的重要议事日程上来，努力引导学生读整本书，在“好读”“多读”“读好”等方面都进行了不懈的探索。2017年以来整本书阅读成为研究者持续关注的话题，其主要原因有两点：一是整本书阅读受到统编版语文教材的重视，语文教材中的名著导读、整本书节选单元及古诗词诵读3个栏目要求学生阅读整本书；二是新课标设置“整本书阅读”学习任务群，为教学实践提供了操作建议。立在整本书阅读实践探索潮头的主要有余党绪、吴欣歆、李煜晖、吴泓、吴国富等，详见下图所示。这个图是重庆师范大学文学院梁旭娇老师借助Cite Space信息可视化软件生成核心作者图谱。图中的名字越大，表明他发表的研究文章越多，如余党绪近5年发表的整本书阅读教学研究的文章最多。这些老师主要在整本书阅读的教学方法、教学模式、阅读指导、课程建设、课型等方面进行研究。

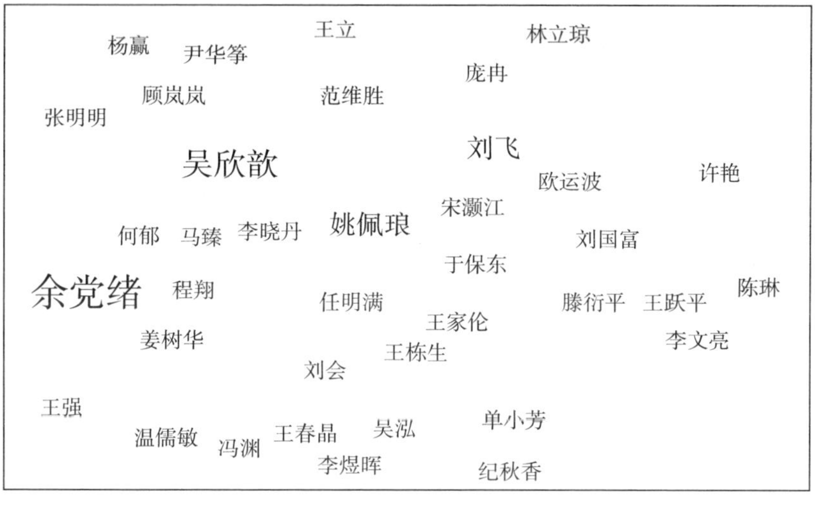

整本书阅读教学的课型研究。黄厚江老师将整本书阅读分为启动、推进、分享及读写共生4种课型；来凤华将阅读过程分为读、思、议、写、拓5个环节，将课型规划分为自读课、导读课、写作课等；李煜晖建构了专题阅读、主题讲座和自主研修等课型来指导经典名著的阅读教学；

蒋雁鸣将整本书阅读课型分为阅读指导课、阅读研讨课、阅读展示课。当前课型研究中导读课是常见课型，建议教师整合资源、解读文本的同时为学生提供方法指导。

整本书阅读指导策略研究。整本书阅读教学需要师生开展同读共赏、合作探究活动，教师是阅读活动的指导者，教师的指导直接影响着学生阅读能力的提升。李金云、李胜利认为整本书阅读研讨策略有创设环境、设置问题、搭建框架等；余党绪认为整本书阅读的指导范式是以母题、议题、问题层层推进；李华平、汤敏通过项目式学习方式推进整本书阅读，利用项目驱动消解“阅读疲劳感”、利用核心任务消解“阅读无力感”、利用情境学习消解“阅读颓废感”；闫功根据思维导图的3大功能（记忆、分析和联想迁移），创新了阅读指导教学的3大思维导图技术；周会民、陈薇认为，对巴金的《家》进行整本书阅读教学应依次厘清表层、深层、潜藏、应然四大结构；杜洋运用深度学习理论，引导学生通过整体感知、信息整合、理解阐释、鉴赏评价、批判探究五个层次，层层深入，逐步推进，对整本书的内容、语言、思想感情、价值引导等方面进行深度学习，通过举办辩论会、“鲁迅文化月”等系列活动，加强学生与经典文本的共鸣，通过阅读评价单进行阅读测评，将教学目标落到实处。

以上专家和一线教师的整本书阅读教学的思考与实践探索，都为我们的整本书阅读教学提供强有力的保障，是我们开展整本书阅读教学的重要基础。

三、整本书阅读教学的环境保障

1. 政策环境

自古以来，我国就有“整本书”阅读的思想，随着科举考试制度的发展，明清时期，开始将考试内容限定为“四书五经”，私塾教育以此为基础传授整本的儒家经典。

20世纪40年代，叶圣陶先生在《论中学国文课程的改订》中提出了“国文教材似乎该用整本的书，而不该用单篇短章”，这一改革建议进一步明确了整本书阅读的主张，即“把整本书作主体，把单篇短章作辅佐”，这是我国语文教育史上，第一次明确地提出“整本书”这一概念。

1949 年，叶圣陶先生在《中学语文科课程标准草稿》中，结合教学实践对先前主张进行修改，提出“中学语文教材除单篇的文字外，兼采书本的一章一节，高中阶段兼采现代语的整本的书。”对高中阶段学生的整本书阅读作了明确强调。

2001 年，教育部制定的《全日制义务教育语文课程标准（实验稿）》，在“教学建议”这一部分中提出“培养学生广泛的阅读兴趣，扩大阅读面，增加阅读量，提倡少做题，多读书，好读书，读好书，读整本的书。鼓励学生自主选择阅读材料。”从这里可以看出，整本书阅读已经开始受到了重视。

2011 年，教育部制定的《义务教育语文课程标准（2011 年版）》，对原有实验稿的“教学建议”进行了进一步的修订，提出“要重视培养学生广泛的阅读兴趣，扩大阅读面，增加阅读量，提高阅读品位。提倡少做题，多读书，好读书，读好书，读整本的书。关注学生通过多种媒介的阅读，鼓励学生自主选择优秀的阅读材料。加强对课外阅读的指导，开展各种课外阅读活动，创造展示与交流的机会，营造人人爱读书的良好氛围。”从这里可以看出，整本书阅读不只是存在于理论层面，已经逐渐落实到具体的实践教学行为中。

2015 年，初中语文统编版教材试用，提出“三位一体”的理念，即教读、自读、课外阅读“三位一体”，倡导整本书阅读课程化、教学化。2017 年，《普通高中语文课程标准（2017 版）》颁发，明确地将“整本书阅读研讨”列入高中语文学习十八个学习任务群之一，整本书阅读教学课程化、教学化势在必行。2022 年，《义务教育语文课程标准（2022 年版）》颁发，明确把整本书阅读作为六个任务群之一，引导一线教师要切切实实地开展整本书阅读教学。

以上这些有关整本书阅读教学的政策法规，提醒地方教育部门、中小学领导以及广大家庭重视整本书阅读，为一线教师顺利开展整本书阅读教学提供了保障，比如教育主管部门通过开展活动或者教育评价引导广大学生读书，中小学把整本书阅读当作课程排进课表等，使得整本书阅读教学这项工作能够顺利进行。

2. 教学环境

教学环境包含学校、教师、学生等要素。

目前背景下，中小学普遍重视整本书阅读，绝大多数学校都开展了书香校园建设行动，不少学校还辅以“读书节”等活动；学校领导大多意识到读书对学生发展的作用，甚至已经把整本书阅读作为一种课程排入了课表，安排专人进行授课，这是整本书阅读教学的大环境，有利于整本书阅读教学的开展。

从教师方面来看，阅读整本书、研究整本书教学的人逐渐变多。特别是语文教师，在大学读书的时候，整本书阅读就已经得到了重视，被纳入到了大学课程体系当中，这使得他们积累了一些整本书阅读的经验，为他们今后的教学奠定了基础。参加工作后，作为整本书阅读教学的组织者和指导者，他们在任务驱动下对整本书阅读教学进行了研究，并且主动或被动地开展了一些教学实践，积累了一些整本书阅读教学的经验。近几年，很多学校或区域举行了整本书阅读教学的竞赛活动，拓展了教师们的眼界，提升了他们的整本书阅读教学水平。

从学生方面来看，由于新课程标准的颁布，特别是教学评价的变革，他们已经把整本书阅读当作是一件必要的任务，绝大多数同学能够把课标规定必读的名著读完，有些同学的阅读量已经远远超出课标推荐的 36 本书，特别是城市的学生，由于大环境的影响和家庭的重视，读书比较多，笔者做过几次调查，初中三年读书最多的同学读了 303 本书。综上，当前整本书阅读教学的环境相对比较好，便于老师开展教学。

四、整本书阅读教学的技术支持

整本书阅读教学并非无源之水无本之木，自古以来，我国就有以整本书作为基本单位进行阅读教学的方式，这是今天进行整本书阅读教学的重要的技术支持。孔子整理六经，推行典籍教育。《论语·季氏》中记载了孔子对儿子孔鲤说的“不读《诗》，无以言”。此后，一些古代文人对典籍阅读的方法有了一些研究，这为整本书阅读积累了不少的方法和经验。比如宋代理学家朱熹主张读书要“循序渐进”，即“凡读书，先读《语》《孟》然后观史，则如明鉴在此，而妍丑不可逃。若未读彻《语》《孟》《中庸》《大学》便去看史，胸中无一权衡，多为所惑。”这些古代文人的观点及著作为整本书阅读教学提供了借鉴，奠定了基础。

到了近代，叶圣陶先生最早提出“读整本的书”的主张。1942 年，叶圣陶在《论中学国文课程的改订》中明确提出了“以整本书为主、单篇文本为辅”的教材编写思想，还为教材编写给出了相对明确的建议。然而叶圣陶提出了“读整本的书”的主张，却很少得到践行。不过，作为一个教育大家，他的前瞻理念对后来的教育产生了深广的影响，很多一线教师或教育专家潜心研究叶老的整本书阅读思想，用以指导语文教学，对现今的整本书阅读教学产生了较大的影响。特别是 2015 年启用的统编本教材，就是贯彻了叶老的整本书阅读思想。

到了现代，特别是 2011 年以来，关于“整本书阅读教学”的研究成果不断涌现，这些都是当今的整本书阅读教学的技术支撑。在中国知网上，以“整本书阅读教学”为主题进行检索，可见 2656 条结果，最早的文章是郑飞艺 2011 年 5 月发表在《语文学习》中的《“整本书阅读交流”：特点与教学策略》一文，探讨整本书阅读交流的特点，以及促进阅读交流有效开展的教学策略，主要有“提出帮助学生有话可说的问题”“适时组织微型课程，教给学生有效分享的方法”等。2016 年，在拟定新的《普通高中语文课程标准》时，将“整本书阅读研讨”列入高中语文学习的十八个任务群。自 2016 年下半年起，在期刊中可以看到许多与之相关的研究成果。杨吉娣在《浅谈整本书阅读的教学》一文中，提出将阅读与图书漂流相结合，发挥学生间的督促作用，增强学生的阅读积极性。吕珈臻、蔡宏敏在《整本书阅读的四个导学点》一文中，强调阅读导学的精彩点、个性点、情节点和关键点对激发学生阅读兴趣的重要性。张红萍、杨军在《整本书阅读的方法和策略》一文中，提出教师要在阅读前、阅读中和阅读后给学生进行指导，从而培养学生的阅读兴趣，提高阅读的质量。黄鸣鸿在硕士论文《高中整本书阅读教学策略研究》中，根据不同文本类型给出阅读方法指导，还以《边城》为例进行阅读教学设计。张敏在硕士论文《小学语文整本书阅读教学研究》中，根据小学生身心发展特点制定教学目标，建构阅读教学课型并对师生给予评价。此类文献大多数是一线已经在职的教师对自身具体教学经验的记录和总结，它们为整本书阅读教学提供了很好的借鉴。

另外，国外关于整本书阅读的研究较为成熟，涉及领域广，为我国整本书阅读的理论研究和教学实践提供了一些范例和经验。例如，美国的课程标准明确规定了学生必读的“文学著作”。斯蒂芬·克拉申教授在《阅读的力量》中将枯燥数据和生动结论相结合，提出的自由自主阅读是提高语文能力最有效的手段，不论阅读什么类型的文本，阅读这个行为本身就对提高语言能力起到关键作用。书中还讨论一些落实读书的方法，这些方法就是要解决书的问题、阅读时间的问题、指导方法的问题。作者还对漫画书、青少年浪漫文学、电视等这些大家认为不利于阅读效果的事物提出了新的见解。再如，英国在《英国国家课程·英语》中，对作家需要阅读的作品要求是十分明确的，明确规定了戏剧、小说、诗歌的阅读数量，但对于具体作家作品有明确的选择性。又如，苏联著名教育实践家苏霍姆林斯基从“读整本书”的课堂内实践出发，在帕夫雷什中学列出 119 本书让学生阅读，并给学生提出阅读要求，进行必要的阅读指导，此举成效显著，取得重大成功。

第四节　整本书阅读教学的紧迫性

2015 年的统编版语文教材把“整本书阅读教学”放到了十分重要的

位置，提出“教读—自读—课外阅读”三位一体的理念，倡导课外阅读课内化，课外阅读课程化，希望通过教师的引导来培养学生整本书阅读的能力，探究整本书阅读的门径，使其构建起属于自己的阅读经验，从而为以后的阅读生活作好铺垫，提升阅读的续航能力。2017 版高中语文课程标准把“整本书阅读阅读和研讨”作为一个重要的“学习任务群”，2022 版义务教育课程标准也把“整本书阅读”作为六个学习任务群之一，已经把学习目标与内容、教学提示规定得比较清楚，可见，整本书阅读教学已经迫在眉睫，是每一个语文教师都要把它提上议事日程的重要工作。另外，因为学生的阅读状况不容乐观，急需要教师进行整本书阅读的指导。

一、中学生整本书阅读动力不足

动机是激发和维持有机体的行动，并将使行动导向某一目标的心理倾向或内部驱力。主动进行阅读和被动接受阅读的区别很大，直接影响阅读的成效。当学生对某一文本材料产生阅读兴趣，强化了阅读动机时，在阅读过程中便会“手不释卷”；相反，当学生对某一文本材料没有产生阅读兴趣，未强化阅读动机时，在阅读过程中便会“如坐针毡”。由此可见，阅读动机是学生积极主动参与整本书阅读活动的重要因素。所以，了解学生整本书阅读的现状要从学生的阅读动机入手。针对学生的阅读动机，笔者先对所在学校 600 名初中生的整本书阅读兴趣进行了调查，调查结果如下：33%的学生选择“比较喜欢阅读”，36%的学生选择“一般喜欢阅读”，18%的学生选择“非常喜欢阅读”，13%的学生选择“不喜欢阅读”。从这些数据中，我们可以发现喜欢阅读的学生数量总数超过五分之四，不喜欢阅读的学生数量只占总数的近五分之一。因为笔者所在的初中是城市的生源比较好的学校，还有 13% 的学生不喜欢阅读，可以想象农村中学或偏远地区的学生阅读状况。

针对学生的阅读动机，笔者还对 600 名学生整本书阅读的主动性进行了调查，调查结果如下：当学生对“你会在什么情况下阅读整本书？”这一问题的答案进行选择时，26%的学生选择“因考试的需要而进行整本书阅读”；21%的学生选择“在老师的要求下进行整本书阅读”；37%的学生选择“主动阅读整本书”；16%的学生选择“在家长的监督下进行整本书阅读”。从这些数据中，我们可以发现初中生进行整本书阅读带有很强的被动性，需要在老师的要求和家长的监督下进行。从中可以发现，初中生进行整本书阅读的动机带有很强的功利性，阅读目的偏离，阅读动机不足。因此，在整本书阅读教学中要指导学生端正阅读动机，发挥学生的内部驱力。

二、中学生整本书阅读能力低下

整本书阅读能力的高低，也会直接影响阅读的成效。当学生的整本书阅读能力较强时，在阅读过程中遇到问题，会凭借自己以往的经验解决或者主动寻求帮助，选择“迎难而上”；相反，当学生的整本书阅读能力低下时，在阅读过程中遇到问题，会无计可施，选择“知难而退”。由此可见，阅读能力也是学生进行整本书阅读活动的重要条件。所以，了解学生整本书阅读的现状也要了解学生的阅读能力。

针对学生的阅读能力，笔者先对所在学校600名初中生的整本书阅读数量进行了调查，调查结果下：当学生对“你每学期阅读几本完整的书？”这一问题的答案进行选择时，47%的学生选择“每学期阅读3—5本”，33%的学生选择“每学期阅读5本以上”，19%的学生选择“每学期阅读2本以内”，1%的学生选择“从来没有阅读过整本的书”。义务教育课程标准规定初中生每学期的阅读量为必读两本读物，荐读4本。从这些数据中，我们可以发现，我校学生阅读整本书的数量基本达到课标要求。

针对学生的阅读能力，笔者还对学生整本书阅读的方法掌握情况进行了调查，调查结果如下：当学生对“你是否了解或掌握整本书阅读的方法？”这一问题的答案进行选择时，80.2%的学生选择“了解一部分”，3.4%的学生选择“完全不了解”，16.4%的学生选择“完全了解”。从这些数据中可以发现，我校学生对于整本书阅读的方法是比较好的，但农村学校或偏远地区的学生情况可能不容乐观。因此，在整本书阅读教学中要对学生的阅读方法加以指导，以便提升他们的阅读能力。

三、中学生整本书阅读效果不佳

整本书阅读所期待的效果是通过对整本的书的阅读产生获得知识、发展思维并获得审美体验的结果。中学生整本书阅读的动机带有很强的功利性，阅读目的偏离，阅读动机不足；并且，在整本书阅读的过程中方法欠缺、能力不足，这些都直接影响着整本书阅读的效果。另外，中学生的年龄处在青春期，这个阶段的学生在人生阅历和情感经历上还不太成熟，这也就致使他们在审美体验上显得不够全面、深刻。

针对学生的阅读效果，笔者先对所在学校 600 名初中生对整本书阅读效果的主观认可度进行了调查，调查结果如下：当学生对“你认为整本书阅读对你今后的学习和生活有帮助吗？”这一问题的答案进行选择时，71% 的学生选择“有帮助”，29% 的学生选择“没有帮助”。从中我们可以发现，大多数学生对整本书阅读效果的认可度较高，认为整本书阅读能带来积极意义。接着，笔者设计了单项选择题进行了调查，调查结果如下：当学生对“你读完整本书会有印象吗？”这一问题的答案进行选择时，62% 的学生选择“有的印象深刻，有的印象模糊”，10% 的学生选择“印象模糊”，22% 的学生选择“印象深刻”，6% 的学生选择“没有印象”。对比上一个调查题，学生对整本书阅读效果的主观认可度和整本书阅读效果的客观实际之间存在差异。这反映了，虽然初中生对整本书阅读效果的主观认可度很高，但仅有五分之一的学生能做到对所读文本材料的印象深刻，这说明了初中生的整本书阅读效果不是很好。因此，整本书阅读教学亟需相应的解决办法和策略去改进和完善当前的教学现状。

第三章　整本书阅读教学的通用策略及案例

目前，中学生的整本书阅读情况不容乐观，主要表现在：一是阅读兴趣不高，为考试而读的功利性很强；二是浅表化、碎片化现象严重，缺少思维含量；三是偏爱快餐类作品，不喜经典作品。这些情况对其语文学习和成长发展非常不利，因而整本书阅读非常需要教师的指导。整本书阅读教学的通用策略主要有“援疑质理”“一书三课”“学程设计”等。“援疑质理”是整本书阅读教学“思”的研究，“一书三课”是整本书阅读教学“教”的研究，“学程设计”是整本书阅读教学“学”的研究，“援疑质理”和“学程设计”是教学的重要凭借和组成部分。

第一节　整本书阅读教学“思”的研究

整本书阅读教学“思”的研究，主要指运用“援疑质理”的方法来了解学生的阅读情况，为课堂教学奠定基础。整本书阅读教学与单篇阅读教学一样，都要先了解学情。整本书则要了解学生整体的读书情况，阅读水平如何，某本书读得怎样，读到了哪些东西，阅读中有哪些困惑，有哪些障碍，有哪些需求……了解了读情，教师才好选择教学内容，确定教学起点，进而展开教学。

一、整本书阅读“援疑质理”的概念内涵

1.“援疑质理”的概念阐释

“援疑质理”一词来源于宋濂的《送东阳马生序》，原意是“提出疑难，询问道理”，后来成了笔者的教学主张，倡导教师在了解学情的基础上实

施教学，支持学习，提升学力。“援疑质理”教学，主张教师和学生都要会“问”，都能带着有价值的“问题”进课堂，再带着思考、带着问题出课堂，教师缘疑而教，学生缘疑而学。学生在学“问”的过程中学会学习，学会阅读；教师在引导提问、整合问题的过程中提高教育教学水平。

“援疑”，即提出问题，要思考的是：问题由“谁”提出？是教材编者，教师，还是学生？如何理解这里的“问题”？在“援疑质理”教学中，更强调让学生提出问题，教师根据学生的问题再设计问题或活动。教师的设问是为了让学生更好地理解教学内容，教师的设问需要做到目中有人，要结合学生的情况，要结合学生的问题；文本作者也会在文中设问，那是为了让读者更好地走近文本；教材编者也有设问，如课前导语和书后“研讨与练习”等，这是为了让教师和学生更好地教与学，往往对师生的提问有启发有帮助。这里的“问题”有两方面的含义，一是学生本身存在的问题，包括学习基础、学习能力、学习习惯等方面的不足；二是学生自主学习后产生的疑问，包括词句的理解、文本内容和写法的把握等方面的困惑，可分为感知类问题、理解类问题、赏析类问题和评价类问题等几种类型。

“质理”，即询问道理，探寻问题解决的方法、路径或方式。它包括教师和学生两个视角：从学生角度来看，指学生通过自主阅读发现问题，提出问题，并寻求解决问题的途径，学生可以调动自己的经验或知识解决自己的疑问，也可以向同伴或老师寻求问题解决的途径；从教师的角度来看，指教师在充分备课的基础上，通过学生呈现的问题来进行新的问题设计或活动设计引导学生解决疑难问题，加深对教学内容的理解，从而促进学生的学习。

2. 关于整本书阅读的“援疑质理”

整本书阅读的“援疑质理”，是指借助学生的阅读问题了解他们的阅读状况，这是整本书阅读教学的基础，是上好课的前提。读书是很私密的事情，教师如何才能知道学生读了没有、读得怎样？通过他们的阅读问题可以了解这些情况。比如《儒林外史》这本书部分学生提出以下问题，我们可以看出他们的阅读水平和阅读状况。

（1）第三回目名中有“拔真才”三个字，但范进真的是真才吗？

（2）后文与王冕没有任何联系，为何出现王冕这一人物？

（3）王冕与后面出现的人有什么联系？写王冕有何深意？

（4）《儒林外史》写作的主要目的是什么？

（5）《儒林外史》的每一回之间有何关系？

（6）周进和范进名字中都有“进”，两者有何联系？

（7）周进没有认真看魏好古的卷子，只是看看就填了个20名，他真的是一个好官吗？

（8）王举人和梅玖这两个人物有何作用？

（9）周进揣摩再三才看懂范进的文章，这样写有何用意？

（10）为何安排周进与梅玖的对话，梅玖为何敢对周进肆意侮辱？

从这些问题可以发现，这些学生阅读得比较好，阅读能力比较高。提出问题（1）~（6）的同学，思考比较深入，能够着眼整体来思考问题，这些同学都有比较好的阅读整本书的习惯和思维。他们不仅能了解故事人物等表层内容，还能思考情节的架构、人物的关联、写作的目的等深层内容，思维习惯比较好，能够进行关联思维。提出问题（7）~（10）的同学，阅读比较细致，能够关注一些关键细节，思维习惯好，思考有深度。他们如果能带着这些问题继续阅读下去，探究下去，收获一定是不小的。

二、整本书阅读“援疑质理”的操作策略

在《义务教育课程方案（2022年版）》中明确指出：“引导学生参与学科探究活动，经历发现问题、解决问题、建构知识、运用知识的过程，体会学科思想方法。加强知识学习与学生经验、现实生活、社会实践之间的联系，注重真实情境的创设，增强学生认识真实世界、解决真实问题的能力。”这里强调了发现问题的重要性。爱因斯坦也曾指出：“提

出一个问题往往比解决一个问题更重要。因为解决问题也许仅是一个数学上或实验上的技能而已，而提出新的问题，却需要有创造性的想象力，而且标志着科学的真正进步。”在整本书阅读教学中，增强学生的提问意识，引导学生通过自主学习，发现问题，主动提出问题，使学生养成敢问、善问、乐问的习惯，对于提高阅读能力，促进学生创新能力的培养起着积极的作用。

陆九渊曾言：为学患无疑，疑则有进，小疑则小进，大疑则大进。阅读过程中，学生会遇到各种各样的疑问；阅读的深入也是在不断地发现问题和解决问题中完成的。但是，有不少同学视而不见，读而无问，一本书读完就读完了，没有留下一些痕迹，往往也没有思考和提问的习惯，这就需要教师的引导和帮助。如何让学生能够就读书提出有价值的问题呢？

1. 鼓励质疑，让学生敢问

我们发现，学生读书不会提问、不愿提问，不问，“病”在学生身上，“根”在教师身上。学生“不敢问”“不会问”，原因是教师“不给问”。不给问的原因是有二怕：一怕学生提不出问题，二怕自己驾驭不了。要使学生敢问，教师先要给问。引导学生对文本进行质疑，提高质疑问难的能力。

要想让学生学会提问，教师首先应该营造民主的教学氛围，给学生质疑的时间和空间，鼓励他们提问。给学生提问的时间，相信学生有提问的能力。好问原是孩子的天性，是孩子的好奇心使然。对此陈鹤琴先生说得最清楚：“有一个5岁的小孩子，天天把园里所种的红萝卜掘起来，看它怎样生长的。又有一个小孩子把一只钟拆得粉碎，要看看这个钟究竟为什么会响的。小孩子不但有这样的动作，也发种种问句。他常要问你‘这是什么东西，那是什么东西；这个东西从哪里来的，那个东西怎样做的；这个东西为什么是这样的’。他看见不懂的东西，就要来问你。这些问句也是一种好奇的表现。”只要常和儿童接触，就会发现，他们最常问的是：为什么呢？然后呢？这两个问题非常有价值。为什么呢，是问原因；然后呢，是问过程和结果。问题产生于好奇心，这种好奇心如果得到很好地保护，给以正确地引导，就会激发出强烈的求知欲。可令人遗憾的是，随着年龄的增长，孩子提问的热情越来越低，初中生不如小学生，高中生不如初中生，大学的课堂上几乎没有提问。保护激发孩子好奇心的办法之一，就是允许并鼓励学生提问。给学生提问的自由，别担心驾驭不了。前提是要学生读的书，教师得先读，而且要读得比较透彻，那就不会怕学生提问了。教师克服种种顾虑，提升自身水平，给学生提问的时间、机会和自由，尊重每一个学生的提问，学生自然就敢问了。

2. 引导质疑，让学生会问

会问，就学生而言，要勤思考，会思考；就教师而言，要重启发，善启发，师生合作，学生便可从不会问到会问。帮助学生学会问，教师要从以下三方面入手。

（1）提供支架，养成读思结合的习惯

读而思，思而读，在读书进程中随时思考。要学会读前思考、边读边思和读后再思。读前思考什么呢？如何“思”？可以进行猜想型思考，如从书名来看，这是一本怎样的书？会写哪些内容？再从目录或回目来看，这一章可能写什么？怎样写？如看到《平凡的世界》这本书，从题目来看，是写平凡的世界，还是平凡人的世界？是侧重于世界万象，还是平常人家？再如《窗边的小豆豆》这本书，书的封面是一个坐在窗边的小女孩，可以通过封面、标题问：猜猜这本书是关于什么的？

读中怎样思考呢？可以进行理解式思考，如读《平凡的世界》开头写孙少平的学校生活，可以想：为什么这本书从这里开始写？它与全书有什么关系？也可以进行鉴赏式思考，如读《平凡的世界》写到田晓霞的牺牲，可以思考：田晓霞这个形象给读者哪些审美感受？她的哪些事情让人赞叹不已？读中还可以进行联想式思考，如读到《儒林外史》中的杜少卿，可以想：这个人的“孝”让你想到曾经读过的哪个作品中的形象？

这个人的“义”让你想到作品中的哪些人？这个人的反叛精神让你想到哪个形象？

读后如何思考提问呢？可围绕读后的印象、书中的主要内容进行提问。如：这个故事里你印象最深刻的是哪个章节？它讲了什么事情？你能说说这本书讲了一个什么故事吗？你从这个故事中学到了什么道理？可以按照语文视角的阅读来提问，如这本书写了什么内容？为什么要写这些内容？作者是怎样写的？作者为什么这么写？可以进行比较式思考，如读完《儒林外史》，可以提问：范进与周进有何异同？虞育德和庄绍光有何不同？秦老和成老爹有何不同？书中有很多兄弟，他们的情况可分几类？还可以进行鉴赏式思考，就情节、人物、叙述视角、艺术特色、语言特色等进行赏读。

（2）组织分享，提升发现问题的能力

首先，教师自己可以在课上分享读书的思考过程，给学生思考方法的示范。因为学生的质疑能力不是天生就有的，需要教师的引导与培养。如何教会学生质疑呢？教师的示范引领很重要，通过探究让学生掌握一定的质疑方法也很重要。

其次，教师还可以组织同学分享提问的方法技巧，运用“兵教兵”的方式，达到以一带多的效果。阅读能力强的同学分享自己读书的体会、方法，特别是有意识地让他们分享发现问题、表达问题的技巧，为其他学生提供学习的范例，效果一定非常好。因为，学生与学生之间接触最多，他们之间更了解彼此，有他们喜欢的话语系统和沟通模式，可以利用这个优势，让学生分享，学习起来更快捷。

还可以家校联合，邀请喜欢阅读的学生家长分享阅读思考的经验。家长是孩子的第一任老师，他们喜欢读书，这对孩子有身教重于言传的效果。请这样的家长来分享，对别的家长是一种榜样作用，对听讲的孩子来说也很有新奇感，学习的效果可能很好。

无论是教师的分享，还是同伴或家长的分享，教师应有一定的规划和导向，要根据学生的情况不断改变或升级，这样才能逐步深入，保持学生学习的兴趣。比如可以按照作品类型进行分享，文学类作品、实用类文本、学术类文本等的提问技巧；也可以按照阅读过程进行分享，读前、读中、读后的提问技巧；还可以按照阅读的进程进行分享，把握内容、理解内涵、分析写法、品析语言方面的提问方法。整本书阅读教学永远不是单独一方的责任，更不仅仅是学生的责任。在探索和引导过程中，学生、教师、家长相互配合，通过勤沟通多交流才能取得优良效果。

（3）探索规律，锤炼提问语言的质量

如何提问、用什么样的语言表达其实很见功夫。有的同学语言匮乏，有的学生语言啰唆，往往言不达意，因此建构提问模式、锤炼提问语言显得非常重要。

如何帮助学生选择准确清晰的语言，把问题表达清楚呢？教师可以引导学生关注书后“思考与探究”问题的话语系统，或者关注中考试卷、高考试卷上的提问模式，提炼总结出提问的话语系统，主要有以下几类：

预测型提问。引导学生对文本内容进行预测。如：猜一猜《海底两万里》主要写什么内容呢？

回忆性提问。对读过的内容提问，帮助他理解文本内容。如：《水浒传》主要事件发生的先后顺序是怎样的？人物的出场顺序有什么规律？

提炼型提问。就是我们经常说的“3W”提问法（What，Why，HOW）这是语文视角的提问，如：夏目漱石的《我是猫》写了什么内容？为什么写这些内容且为什么这么写？用什么样的结构写的？

开放型提问。就是没有标准答案的提问。如读了《简·爱》这本小说，你是如何理解“爱的真谛”的？

探究型提问。使阅读从广泛的内容进入到特定细节，可以得到更多细节，如例子、说明、解释。如：《儒林外史》这本书对“孝”大加赞赏，你从哪些地方可以发现呢？

在提问的语言表达上，需要注意的是简明扼要，一般是疑问词＋具体对象即可，其他无关紧要的内容省略不要。如：《儒林外史》中，杜少卿和杜慎卿是兄弟，他们的性格有何不同？

如何锤炼提问的语言呢？一是多学习，多研究。学习研究优秀的提问，揣摩提问的语言特点。二是多练习，多展示。提问的语言表达能力也不是一蹴而就的，需要不断地练习，教师可以鼓励学生将自己的提问写出来反复琢磨修改，再通过任务驱动和交流展示的方式，提升学生提问的语言水平。

3. 提供机会，让学生乐问

学生敢问，会问，不是一朝一夕的事，需要教师不懈努力。让学生问，启发学生问，学生敢问会问了。那么，怎么才能让学生好乐于提问呢？

建立课堂提问机制，激发学生的提问动机。课堂上，老师可以安排专门的提问环节，给出时间让学生提问，或者在课的开始，或者课的中间，或者在快要下课的时候。这样，每节课都有提问环节，学生就会逐渐把提问当作学习中的稀松平常的事了。光有提问环节还不行，教师的行动也要跟上，理答机制、激励机制要建立。苏霍姆林斯基说：“没有欢欣鼓舞的心情，学习就会成为学生沉重的负担。”认知心理学也指出，积极的情感体验能够使学生对学习产生积极的影响。重视情感的诱发和融入，对学生的提问给予充分的认可和肯定，对某些问题上自己的失察甚至无知绝不掩饰，采取平等、开放、诚实的态度，使学生树立提问的信心，产生乐于提问的情感体验。

我们知道，学生发现了问题，但不愿提出来的现象很普遍。根据对600名学生的调查显示：92%以上的学生有过向教师提问的意向，但只有30%的学生向教师提出过问题，从来没有向老师提出过问题的占36%。其中怕说错了被同学们讥笑的学生占调查人数的20%；其中怕说错了被老师批评的学生占调查人数的14%。从统计数据来看，学生有问题不向老师主动提出的原因，除缺乏提出问题的能力和独立思考的品质外，还有一个重要原因就是学生的害羞心理，怕同学讥笑，怕老师说笨。总之，就是缺少提问的信心。学生提问的信心，来自教师的肯定和鼓励。学生提出问题后，教师的反应是决定学生能否继续提问的关键。如果你对提问的学生不给予热情的鼓励，如果你对学生的问题不加理睬，如果你在学生提问题时，表现出不耐烦的情绪，如果你对其他学生的嘲笑不加以制止，那么，你给学生传达的信息就是：问题不好，不该问。这样做的结果必然是学生逐渐失去提问的信心，变得沉默，进而排斥学习。

搭建平台，提供机会，培养学生的提问习惯。教师可以让学生上讲台当小老师，促进他们提问。学生讲，学生问，学生答，学生提的问题更多，效果更好。学生要当好“老师”，学生就必须钻研文本，发现更多的问题，思考解决办法，以防被其他学生的问题难住；而其他学生在课堂上的发言也可能更积极，都想把这位“老师”难住，看“老师”的反应。这样，学生的顾虑少了，课堂气氛活了，学生的思路开了，提的问题也就多了。老师还可以督促学生设立“问题卡”，把学习中产生的问题，写在“问题卡”上，要求学生把“问题卡”夹在作业本中交来，或者由老师在课前收集卡片，这样教师便能够及时地了解学生掌握知识的情况，使教学的针对性更强一些。同时让性格内向，不愿在大庭广众下提出问题的学生，也有了提问题的机会；对于不愿提问题的同学，也起到了督促作用。老师也可将竞争机制引入学生提问中，比一比谁的问题提得好，或举行辩论会，有效提高问题质量，增强提问乐趣。比如，利用 QQ、微信等交流平台，开展读书“每日一问”展示评比活动。师生同读一本书，规定时间就这本书的阅读情况提问，大家投票选出最佳问题，给予表扬或奖励。这样的活动可以激发学生的提问兴趣，长期坚持，可以养成提问的习惯。

我们知道，促进学生提问，不是教师多问几个“为什么”就能办得到的，教师应该在提供有助于学生发现问题的感性材料上多下功夫，应该在营造学生提问的氛围上多下功夫，应该在如何回答学生提问才能促进学生思维方面多下功夫。只有学生问的多了，学生提问的能力才有可能提高，学生的思维能力才能得以发展，学生的综合素质才会真正提高。

三、整本书阅读“援疑质理”的案例举隅

整本书阅读教学与单篇阅读教学一样，在了解学情的基础上开展教学，更能贴近学生的需求，学生的课堂表现更为主动积极，课堂教学更为有效。通过收集、整理学生的读书问题来了解学生的阅读情况，从而选择教学的内容和教学起点，这就是整本书阅读的“援疑质理”。

1.《十里不同风》——《呼兰河传》与《蒲柳人家》比较阅读

这是笔者2017年3月22日上过的一节课。接到上课任务是在寒假前，我便布置初二（11）班的学生利用寒假阅读这两本书并提出自己的阅读疑问。学生提出的问题很多，有思考书名而产生的疑问，有思考“主题思想”而产生的问题，可喜的是，还有思考“怎么写”而产生的疑问，其中有一些类似的或重复的，我进行了如下梳理：

★思考书名而产生的问题：

（1）小说的题目是“蒲柳人家”，但书中怎么没提到“蒲柳”呢？

（2）“蒲柳”是什么意思？

（3）“小团圆媳妇”中的“团圆”指的是什么？

★思考“主题思想”而产生的问题：

（1）《呼兰河传》和《蒲柳人家》所描述的时间段相隔很短，为什么人却相差如此之大？

（2）《呼兰河传》和《蒲柳人家》想表达的主题有何异同？写作目的分别是什么？

（3）这两本书的主人公分别是谁？

（4）《蒲柳人家》这部小说到底是写革命的故事，还是写小村人的淳朴？

★思考“怎么写”而产生的问题：

（1）《呼兰河传》为何不以大人更直白成熟的笔调而是以小孩子的视角来描写呢？

（2）《蒲柳人家》中的环境描写有什么意义或作用吗？

（3）《蒲柳人家》在描写乡下生活的同时穿插了“革命人物”有何用意？

（4）小团圆的婆婆打她打得很凶，但为什么当小团圆得病时又花重金救她？

（5）“人们从来没想过把呼兰小城中的大泥坑填上”这个情节有什么作用？

（6）为什么作者要写呼兰河的那么多习俗？

从以上这些提问可以看出，这个班的学生阅读是比较认真的，基本上把两本书通读了一般，有些同学还读得比较细致，比如关注到某个情节或细节的作用；有些同学读得比较深入，比如关注到了叙事的视角和笔调等写法。总体看来，这个班同学的阅读水平比较高，理解能力是比较强的。但从以上问题也不难看出，能将两部作品进行关联思考的问题只有2个，说明这个班同学在关联思维方面还需要提升，因此课堂教学中我就选择了“童养媳”这个关联点展开探究，我设计的任务是：为什么同样是童养媳，小团圆媳妇和望日莲的命运截然不同？请画出人物关系图来解说。

通过活动交流，学生们明白了，小说是通过塑造人物形象来反映社会生活的。人物的悲欢离合、喜怒哀乐和兴衰荣辱，往往折射出时代和社会的世态人情与精神风貌。两本书中都写到了童养媳，《蒲柳人家》中的叫“望日莲”，《呼兰河传》中的叫“小团圆”。同样是童养媳，都是苦命的孩子，都受到婆婆的百般虐待，为什么望日莲最终走向了幸福美满，而小团圆却悲惨地死去了呢？望日莲之所以有美满的结局，是因为她周围有很多爱她的人和帮她的人，用今天的话来说是她“人脉好”；而小团圆周围几乎没有爱她的人，连一个帮她的人也没有，她的丈夫始终没有出面，没有为她说过一句话，“我”虽然同情她的遭遇，但“我”只是个六七岁的孩子，根本不知怎么帮她，心有余而力不足；祖父虽然不是帮凶，不是看客，虽然也觉得她婆婆家做得过分，但从没有想过要去制止，竟然几次说“让他们搬家”，原因是小团圆夜晚被打哭喊太吵，影响了他们家睡觉休息。为什么两个人的命运截然不同呢？是她们所处的环境不同，一个开放淳朴，一个愚昧闭塞。

从上面的问题我们还发现，很多同学的疑问集中在作品“思想”的理解上。有同学在自己的读书笔记上写道：“读过两本书后，便觉得《蒲柳人家》比《呼兰河传》多了一些欢快和绿林人的豪气，而少了一些淡淡的悲愁和忧伤。读《呼兰河传》，心情十分沉重，越往后读越沉重；而《蒲柳人家》则充满传奇色彩，越读越觉得心情舒畅。”因此我在课堂上设计了这样一个问题让学生探究：刘绍棠为什么要在1980年写这样一个发生在1936年前后的故事？萧红为什么在1940年写《呼兰河传》这种个人化的、调子灰色沉郁的作品？萧红可是一个热血青年，在那样一个轰轰烈烈投奔革命圣地和热情四溢书写抗战文学的时代，她不仅舍延安往香港，还不以抗战为题，这到底是为什么呢？学生探讨交流后，我总结道：刘绍棠在1980年写了《蒲柳人家》这部小说，也许是为了表达他对中国改革开放的讴歌和赞美；萧红在1940年写出《呼兰河传》这本小说，也许是为了呼唤改革，希望唤醒民众，能改变她的家乡封闭落后的状态。两本书都表达了对美好生活的向往，只不过切入点不同。

2.《水浒传》——师生共读同问

师生共读一本书，然后分别提出问题，问题可以是自己的疑问，也可以是自己的思考，提出来之后可以引出别人的进一步的思考。教师则可以结合学生的疑问和自己的问题确定整本书阅读的教学起点。如阅读《水浒传》，学生和老师提出的问题如下：

★学生的问题：

（1）每一回的开篇诗有什么含义和作用？

（2）为什么梁山好汉身上都有这样那样的缺点？为什么不把他们塑造成完美的人呢？

（3）智真长老说鲁智深的四句偈语“遇林而起，遇山而富，遇州而迁，遇江而止”如何理解？这与后面的情节有何联系？这是否具有迷信色彩？

（4）书中对打斗场面的描写多用三国典故，这是为什么呢？

（5）小说中多次描写酒店，各有什么区别？有何用意？

（6）本书中为什么要写108个性格各异的好汉？为什么不是80个？

（7）作者为什么要写那么多算不上好汉的好汉？

（8）柴进主要做了哪些事情？这表明他是个怎样的人？

（9）为何作者不对书中人物进行美化而是经常出现随意杀人这样的情节？

（10）有哪些战斗用了“里应外合”之计？

（11）《水浒传》中的108位大将分别代表了民间什么样的英雄？

（12）本书为什么要写好汉上梁山之前的行为？

（13）这本书中的人物是否都有原型？

（14）好汉的绰号在书中有何作用？

（15）李逵为什么一心向着宋江？即使被宋江毒死也无怨无悔？

（16）为何本书在最后将情节定为被招安了，这与明朝当时的情形有关系吗？

（17）为何长相平平、武艺不精的宋江能够担任梁山头领？

（18）作为什么要写“火烧瓦罐寺”这一似乎没有太大关系的情节？

（19）林冲棒打洪教头这一情节有什么作用？

（20）林冲逼上梁山前后的性格变化说明了什么？

（21）吴用拉三阮入伙为何不直接挑明来由，而要先说买鲤鱼？

（22）林冲为什么被吴用说了一番话后就火并了王伦？

（23）呼延灼为何一开始对梁山好汉“誓不罢休”，后又归顺？有何心理活动？

（24）宋江将各个将领排次时，有何顺序，有何考虑，为何如此排？

（25）为何宋江执意让卢俊义当一寨之主？为何他不想当？

（26）写李逵做梦可破田虎有何好处？有何作用？

（27）宋江为何要改“聚义厅”为“忠义堂”？

（28）王进不是108将中的一员，却为何第一个写他？

（29）好汉们的悲剧是注定的吗？可以避免吗？

（30）鲁智深多次破坏寺规，长老为何能容忍他？

★老师提出的问题：

（1）为什么《水浒传》开篇写“张天师祈禳瘟疫，洪太尉误走妖魔”，而不写好汉的故事？

（2）本书是写“好汉的故事”，为什么却从反派人物高俅写起？

（3）为什么要把本书的结局写成悲剧的？为什么安排大多数人都死得很惨？

（4）《水浒传》这个书名是什么意思？

（5）书中的好汉分别是如何出场的？又是如何谢幕的？作者这样安排与他们的性格有关系吗？

（6）书中的人物链是怎样的？这样安排好吗？

（7）小说中出现了很多女性的形象，可以分为几类？从中可以看出作者怎样的女性观？

（8）本书的情节是如何安排的？有何匠心？

（9）这本书的语言有何特点？它与《西游记》相同吗？

不难看出，以上教师的问题主要从书名、主人公、叙事线索、情节安排、人物链、语言等方面提出，引发学生的思考；学生的问题则主要从文字障碍、情节安排、思想感情、细节作用等方面的问题，提出来询问同伴或教师，以期问题的解决。

3.《王冕专题探究》——问题成为探究专题

2019 年 12 月 26 日，笔者应区里安排在十三中红山初级中学上一节整本书阅读的展示课《儒林外史》。当时临近期末考试，考试安排的名著是《简·爱》，《儒林外史》这本书教学计划中安排在九年级下，学生还没有读。考虑到学生期末复习很紧张，我就决定让学生先阅读一下前三回并研读回目名，提出自己的疑问。过了几天，该班语文教师把学生的问题整理成电子稿发给了我，我按照一定的标准进行了整理。问题如下：

★有关书名

（1）我认为王冕是一位儒家人，一生也都以儒家思想为主，但范进等人追求功名利益，处事圆滑，他算儒家人吗？为何把他写进“儒林”？

（2）《儒林外史》为什么叫“外史”？它与其他史书有什么区别？

★有关科举考试

（1）为什么范进已经54岁还叫做童生？

（2）为什么吴敬梓认为科举制度是错误的，难道科举没有优点吗？

（3）科举制度不好之处在哪？为什么作者要花这么多笔墨去批判？

（4）前三章都以科举考试为主来展开，这三章为什么都写读书人？

★有关回目名

（1）回目名中大多有赞美之意，但《儒林外史》是讽刺小说，为什么从回目名中看不出来呢？

（2）回目名中多为褒义词，是不是想借此突出对比，凸显他的讽刺之意？

（3）回目名有些会看不懂，感觉和内容略有不同。

（4）第三回目名中有“拔真才”三个字，但范进真的是真才吗？

★有关王冕

（1）王冕学画，后来闻名远近，可以当官，可因为母亲的原因隐居山林到去世，这样做作者是批判还是赞美？

（2）这部小说所有的章回都有批判色彩吗？王冕、周进也是批判吗？

（3）为什么第一回写王冕而不直接从周进开始？

（4）后文与王冕似乎没有联系，为何出现王冕这一人物？

（5）王冕与后面出现的人有什么联系？写王冕有何深意？

（6）《儒林外史》为讽刺小说，但第一回是赞王冕不爱名利，这是否与全书的中心相冲突？

（7）王冕在隐居前看到流星落下时说的话，有何深意？

（8）为何王冕见用四书五经八股文取士，就说一代文人有厄？

★其他问题

（1）《儒林外史》写作的主要目的是什么？

（2）《儒林外史》的每一回之间有何关系？

（3）周进没有认真看魏好古的卷子，只是看看就填了个 20 名，他真的是一个好官吗？

（4）王举人和梅玖这两个人物有何作用？

（5）周进和范进名字中都有“进”，两者有何联系？

（6）周进揣摩再三才看懂范进的文章，这样写有何用意？

（7）为何安排周进与梅玖的对话，梅玖为何对周进充满敌意？

学生的提问中，有关王冕的问题最多，因此这一节课就带领学生进行了“王冕专题探究”，学生的问题成了这节课的教学基础。这节课围绕王冕让学生思考了几个问题，完成了几个任务：

○思考下列问题：

（1）为什么要把王冕放在最前面写？如果把周进放在开篇呢？

（2）第一回回目与后面的哪些回目有关？有怎样的关系？

（3）书中的王冕与历史上的王冕有哪些不同？为什么作者要改编王冕的故事？

4. 作者想借王冕的这几句话表达什么意思？

此一条之后，便是礼部议定取士之法：三年一科，用五经、四书、八股文。王冕指与秦老看道：“这个法却定的不好。将来读书人既有此一条荣身之路，把那文行出处都看得轻了。”

王冕左手持杯，右手指著天上的星，向秦老道：“你看贯索犯文昌，一代文人有厄！”话犹未了，忽然起一阵怪风，刮得树木都飕飕的响；水面上的禽鸟，格格惊起了许多。王冕同秦老吓的将衣袖蒙了脸。少顷，风声略定，睁眼看时，只见天上纷纷有百十个小星，都坠向东南角上去了。王冕道：“天可怜见，降下这一伙星君去维持文运，我们是不及见了！”

这几个问题是笔者从学生的问题中提炼出来的，目的是引导学生自己解决自己提出的问题。

任务1：撰写王冕小传（根据下表中的“填写说明”填写）

表 3–1　“儒林人物小传”填写说明

姓名	填写姓名，也可填绰号等，如“严贡生”“马二先生”等
身份	写出此人属于“科举文人、理想文士、市井众生”中的哪一类
主要故事	分条概括此人的主要故事
朋友圈	用图示法，梳理此人的主要来往对象，包括朋友和不睦者
人物印象	用句子或短语概括

任务2：进行片段赏读

一日，母亲吩咐王冕道：“我眼见得不济事了。但这几年来，人都在我耳根前说你的学问有了，该劝你出去做官。做官怕不是荣宗耀祖的事，我看见这些做官的都不得有甚好收场。况你的性情高傲，倘若弄出祸来，反为不美。我儿可听我的遗言，将来娶妻生子，守着我的坟墓，不要出去做官。我死了，口眼也闭。”

示例：知子莫若母！王冕之母，区区农家老妪如此见识，非此母不生此子。观后文范进之母子，方知乃家学渊源如此。功名富贵，人所必争。王冕不仅不要，且唯恐避之不及，真性情！天地之大，何所不有？读楔子方知世上真有如此不重名利的磊落之人！此类高洁者于古于今，难与世人同此嗜好，唯其避世而居，才能成其美。知子且为之计深远，是真爱大爱。（联想式赏读）

从学生的问题中不难发现，这个班同学的整体水平比较高，因此教学起点是比较高的。这个片段赏读任务是需要高阶思维的，我精选了几个片段让学生撰写赏读小语，交流后再出示教师的赏读，师生智慧碰撞。

第二节　整本书阅读教学“教”的研究

整本书阅读教学，可以促进学生的阅读，提升阅读的续航能力，加深其对作品的理解。相对于单篇文本而言，整本书教学的难度要大得多。到底怎么教呢？很多语文专家和一线老师都在持续地研究探索。笔者在实践的基础上，总结出“一书三课”教学模式，在学生读书之前，通过“引导课”让他们顺利地捧起书来读；在阅读的过程中，通过“推进课”让他们能够顺利地读下去；在读完一本书后，通过“提升课”引导他们深入理解作品。

一、“一书三课”的概念内涵

“一书三课”不是说一本书只上三节课，而是指每本书设计三种阅读指导课型，即“读前引导课”“读中推进课”“读后提升课”，这三种课型就叫作“一书三课”。三种课型均以“学生”为中心，根据学生的阅读情况设计读前、读中和读后的指导方案。

“读前引导课”是在学生读书之前，以激发兴趣、消除隔膜或任务驱动等恰当的方式，有效地引导学生打开书来读，有计划地读。此阶段的内容以作品趣点展示、作家作品介绍、阅读方法建议等内容为主。读前引导课一般来说 1 ~ 2 节课即可。

读前引导课，关键在一个“引”字上，这里的“引”有“吸引”“指引”“引入”等意思，“引”什么和怎么“引”是教学的着力点。这需要根据每本书的特点和学生的阅读状况来决定。比如对初一学生来说，《朝花夕拾》《湘西散记》等名著读起来有点“隔”，感觉读不懂，读前引导课的设计应该在消除隔膜上着手；对初二学生来说，《经典常谈》《给青年的十二封信》这样的书他们可能不感兴趣，不想读，读前引导课的设计应该重点在激趣上想办法；对中学生来说，《西游记》《水浒传》等作品家喻户晓，情节内容很多学生都知道，他们不愿意再捧起书来读，读前引导课可以通过一些任务的设计让他们顺利地打开书来读。但不管是什么作品，读前引导课都要让学生对这作家作品有所了解，这也是激趣的一种途径；另外阅读方法、阅读规划和作品趣点都是可以在第一节课呈现的，这样可以为后面的顺利阅读打下基础。

读前引导课，还需要提醒学生，初读阶段宜快不宜慢，对整本书的阅读时间需要尽可能地压缩，快速浏览，以了解作品大体内容为主，把一切疑问都笔记存留，不必过多纠结，因为学生对文本还没有一个整体性的理解，所谓的思考也往往停留在对某个人物形象、某个点的预设和粗浅并毫无依据的“臆想式”评价上，故而只有把整本书读完了，才会对先前的问题有个大概的理解。

“读中推进课”是在学生读书过程中，以兴趣保鲜、路标引路、提供阅读支架等策略，让学生能饶有兴趣地读，有目标地读，顺利地读。读中推进课数量的多少根据需要决定，主要看学生的阅读情况，只要他们的阅读遇到障碍、遇到瓶颈就需要教师来“推进”“推动”，让学生能继续好好地读下去。

读中推进课的教学内容如何选择？应该在了解学生阅读情况的基础上，特别是在学生的阅读障碍的基础上确定。教师可以通过各种途径了解情况，如访谈、问卷、任务单等，课中主要以解答疑问、扫除障碍、提供支架、续航引领等策略为主。比如《西游记》这样的厚书，学生读着读着可能就没有耐心，不想读了，老师如果了解到这个情况就要想办法进行阅读续航，通过一两节推进课再次激发他们阅读的兴趣，让他们继续读下去，把书读完。

“读后提升课”是在学生读完作品后，以成果展示、感悟分享、专题研讨、问题研究等活动，让学生的阅读看得见，让他们的理解走向深入，让他们的思维再上台阶，让他们的语文能力和素养得以提升。

此阶段的教学内容，主要以路标式细读、主题式探究、特色鉴赏、语言品读等为主。关键是要了解学生阅读到了什么，然后在此基础上进行提升，因为阅读是有深浅之分的。如果学生阅读后只是感知了内容，那就通过提升课让他们理解内涵；如果他们不仅感知了内容，还理解了内涵，那就通过提升课让他们鉴赏，鉴赏叙述视角、艺术特色或语言特色等。

路标式细读，是指教师给学生一定的“路标”，让学生进行归纳整理。路标的选择可以从主要内容（情节人物、难忘细节等）、思想主题、语言写法等角度进行。让学生在整理归纳的同时，将文本中的内容和思想与自己原有的思想和价值观进行碰撞和融合，在碰撞和融合的过程中，又对作品内容、思想乃至结构主题等进行反刍式的思考，从而对作品有了更新的认识，形成了属于自己的体悟和见解。

路标式的整理归纳，可以让学生从作品情节中游离出来，能以冷静的态度从作品全局的角度去审视作品本身，乃至对作品背后的作者的创作心理进行探索。如果没有这样的阅读体验，只是简单地重复阅读内容，只能算作“熟读”，即熟悉故事情节而已，很难对作品本身的价值有更深的认识，更不用说从作品中获得营养了。所以高质量的阅读需要教师对学生进行启发和引导，使他们挣脱作品情节和外在的情感因素对自己的束缚，从更高的层次去整合作品所给予的信息，从中去窥探到文字之外的内在含义及复杂情感，进而帮助学生对作品进行时代性的解读。如小说类的作品，整理归纳可以从如下几个方面进行：

一是对整本书的结构进行梳理，如圆形结构、链式结构等；二是对人物、情节进行梳理，如人物链、情节链、人物关系图、情节结构图等；三是探究作品情节设置中的关隘，探寻作品的情节艺术。

整本书阅读教学，如果能将阅读前、阅读中、阅读后三个教学阶段落实，阅读指导定能取得一定的成效，学生阅读能力、语文素养也能得到真正的提高。

二、“一书三课”的实操策略

（一）“一书三课”课堂教学线路图

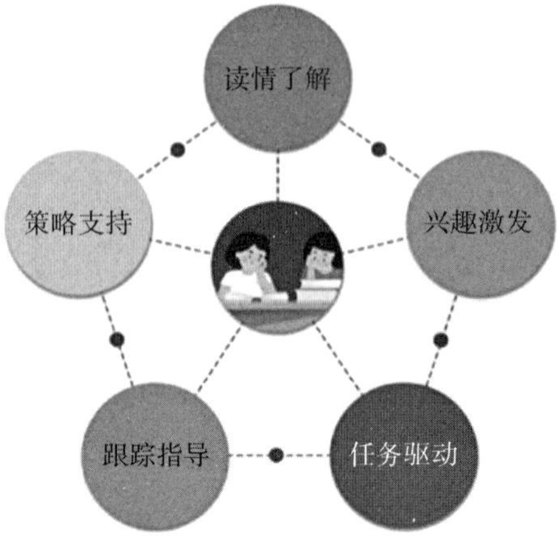

图 3-1

上图便是整本书阅读“一书三课”的课堂教学线路图，它是一个闭合的结构：“读情了解”既是一节课的起点又是它的终点，在它的基础上教师寻找“激趣点”展开教学，通过“任务驱动”适时点拨指导，提供相应的策略，以说话、写作、画图等思维可视化手段输出阅读成果。图的中间坐着两个学生模样的人，表明这是以学生为中心的教学模式，无论是上课的哪一个环节，都是为学生的学服务的。

“读情了解”是上课的首要环节，无论是读前引导课、读中推进课，还是读后提升课，都必须建立在了解读情的基础上。了解读情这个环节可以在课前完成，也可以在课堂进行。了解读情的方式也有很多，可以是访谈、问卷，还可以用布置任务或设计活动。读情了解是选择教学点、确定教学内容的基础。

“兴趣激发”是“一书三课”课堂教学成败的关键。不管是哪一种课型，教师都要尽可能地激发学生的兴趣，让他们带着热情投身到课堂，参与课堂的活动。如何激发兴趣呢？首要因素还是学生，考虑学生的兴趣特点、阅读基础、内在需求等；其次从作品中寻找能激发学生兴趣的元素，如《西游记》读中推进课选择“从大闹天宫到三打白骨精”，学生可能就很有期待感。

“任务驱动”是课堂推进的常用手段，它是重要引擎，可以引导，可以推进，可以助推提升，无论是读前引导课、读中推进课，还是读后提升课，都需要设计合适的任务，让学生在完成任务的过程中进步。如《儒林外史》读前引导课中，让学生为一些精彩片段撰写赏读小语；读中推进课，让学生仿照示例为某个人物写“人物小传”；读后提升课，让学生仿照示例参与“猜猜我是谁”活动，加深其对人物的理解。

“跟踪指导”是指课堂上教师的适时点拨，针对学生表现出来的一些疑难、困惑或错误进行指导。如学生撰写娄焕文这个人物小传时，认为娄焕文是一个奸诈小人，老师不能坐视不管，可以让别的同学讲一下娄焕文的主要故事，再让这个同学说说这样的人到底如何。这种引导学生同伴互助解决问题也是指导的一种方式，指导并不一定就是讲解、告诉。

“策略支持”这个环节必不可少，整本书阅读指导的课也要让学生有看得见的收获，能够达到培养好读者的效果，让学生自己会阅读。比如教给学生“做减法，将厚书读薄”“做加法，将大书读透”等阅读方法，让学生在读书中提升思维。

下面以《西游记》为例加以说明。

读前引导课：《西游记》的故事家喻户晓，怎么让初一学生能够捧起书来读呢？教师可以设计一些富有挑战性的问题或者有趣的任务激发学生的阅读兴趣。如：大闹天宫中的孙悟空真是英雄吗？《西游记》中到底有多少妖怪？有没有两个相同的妖怪？这些妖怪出场的先后顺序是怎样的？为什么这么安排？布置任务，要求学生按照西天取经的顺序梳理先后出现的妖怪，仿照示例填写梳理表格，这样他们也许就能顺利地打开书来读了。

读中推进课：第一步还是要了解学生阅读的情况和任务完成的情况，寻找出教学的切入点，在此基础上进行兴趣的激发和任务的检查与推进，重点解决学生的阅读困难，交流阅读情况和成果；还可以引导学生画出作品的情节链、人物链、情节结构图、人物关系图等，解决阅读内容和阅读时间碎片化的问题，把握作品思维脉络，将厚书读薄。这样，可以为学生提供不竭的阅读动力。

读后提升课：学生读完《西游记》到底收获了什么？是情节人物，是主题思想，还是写法语言？老师还是需要了解读情，在此基础上进行新的“兴趣激发”和“任务设计”，开展活动以便使学生的理解走向深入。笔者在提升课《那些妖怪》中设计的问题是：“假如如来佛主让观音菩萨再选一个妖怪加入取经队伍，她会选谁？”“如果唐僧要将取经团队裁员，你觉得他会裁谁？”“斗战胜佛到底战胜了谁？”“《西游记》的文本密码是什么？”这些问题会让学生从情节、人物这个表层内容走向思想、写法、语言等深层次理解，还要看到作品的文学价值、哲学价值、美学价值和教育学价值等。

（二）三种课型的设计方略

1. 读前引导课的设计策略

读前引导课主要目的是激发阅读兴趣或消除隔膜，让学生能够顺利地捧起书来读。消除隔膜的课比较简单，找出学生阅读的隔膜点对症下药即可。学生阅读某本书有隔膜，有的是缺少对作品背景的了解，如初中学生对《朝花夕拾》这本书的隔膜；有的是缺少相关的知识，如学生阅读《儒林外史》有隔膜，是因为缺少有关明清科举的知识；有的是因为语言文字有障碍，如初中生读《史记》《三国演义》等古典名著。下面主要介绍激趣类的课怎样上。

（1）从一篇到一部

如何激发学生阅读整本书的兴趣呢？可以从教材中那些名著节选的文章入手，借助这些文章，设计特别的教学，激发学生阅读原著的热情，这种方法就是从“一篇到一部”。比如教学《蝉》，让学生想读《昆虫记》；教学《范进中举》，让学生想读《儒林外史》。教材中的这样的课文还有很多，比如《动物笑谈》《大雁归来》《刘姥姥进大观园》《我爱这土地》等等。

那么，“从一篇到一部”的教学具体如何进行呢？

首先，要认真研读“那一篇”，寻找它与“那一部”之间的契合点和触发点。比如《杨修之死》这篇课文在《三国志》上只有111字，课文却有1602字。多出来的近1500字是怎么来的呢？仔细比较会发现，作者用了虚构的方法，改编并扩充了故事。《三国演义》是在《三国志》（纪传体史书）的基础上写成的历史小说。《杨修之死》与《三国志》上的这一段是什么关系？两者的契合点是杨修死了，也有“鸡肋事件”；触发点是“虚构”。所以教师上课时就可以抓住“虚构”这个点进行，虚构使情节更丰富，虚构使形象更丰满，虚构使个性更鲜明。这样可以从一定程度上激发学生阅读原著的兴趣，看看原著中还有哪些精彩的虚构。

其次，要处理好“这一篇”和“那一部”之间的主次轻重。从一篇到一部，重点在“这一篇”，课堂上，教师要尽量引导学生品出这一篇的“味道”来，在这种味道的吸引下想去读“那一部”。比如笔者上《绿色蝈蝈》这一课时，首先引导学生从一个“小小昆虫爱好者”的视角，筛选提取有关绿色蝈蝈生活习性的内容，整理成一段说明性的文字，感受科普作品的科学性；再引导学生从“小小科学家”的身份再读文章，读出法布尔科学观察和研究的方法，读到法布尔的科学精神和态度；接着又让学生从一个“写作爱好者”的身份再读课文，探寻文章综合运用说明、记叙、描写等表达方式，使得文章不仅具有科学的精神，而且具有文学笔调，生动亲切，富有情趣，字里行间包含着作者对一个个昆虫的喜爱之情。

（2）先尝后买法

教师将书中的精彩片段择取出来，引导学生品出趣味，从而喜欢这本书，很想一睹为快。这个构想来源于以前走村串乡卖麦芽糖的货郎，为了让过往的人买他的糖，他先切一点糖给人尝尝，觉得好吃，自然就会想买。现在有些商家也用这种营销方式，先尝后买。比如统编教材将《儒林外史》作为学生的必读名著，很多学生比较陌生，教师就可以先从书中挑一些精彩片段让学生欣赏，激发兴趣。笔者曾经挑选了这样几个片段：

片段1：严贡生道：“后来倒也不常进去。实不相瞒，小弟只是一个为人率真，在乡里之间，从不晓得占人寸丝半粟的便宜，所以历来的父母官都蒙相爱。汤父母容易不大喜会客，却也凡事心照。”……的小厮走了进来，望着他道：“老爷，家里请你回去！”严贡生道：“回去做什么？”小厮道：“早上关的那口猪，那人来讨了，在家里吵哩。”严贡生道：“他要猪，拿钱来！”小厮道：“他说猪是他的。”

——《第四回　荐亡斋和尚吃官司　打秋风乡绅遭横事》

这个片段用对比的方法刻画了严贡生心口不一的劣绅形象，说起来为人率真，不占人家半点便宜，实际上是什么便宜都想占，上面这个事情姑且叫作“小猪事件”。我跟学生说后面还有严贡生的“借约事件”“云片糕时间”，大家想一睹为快吗？

片段2：梅玖方才慢慢的立起来和他相见。……众人道：“这是我们集上在庠的梅相公。”周进听了，谦让不肯僭梅玖作揖。……周进再三不肯。众人道：“论年纪也是周先生长，先生请老实些吧。”梅玖回过头来向众人道：“你众位是不知道我们学校规矩，老友是从来不同小友序齿的……”

……梅玖道：“我因先生吃斋，倒想起一个笑话，……有个做先生的一字至七字诗。”众人都停了箸，听他念诗。他便念道：“呆，秀才，吃长斋，胡须满腮，经书不揭开，纸笔自己安排，明年不请我自来。”念罢说道：“像我这周长兄如此天才，呆是不呆的了。”又掩着口道：“‘秀才’指日就是，那‘吃长斋，胡须满腮’，竟被他说一个着！”说罢。哈哈大笑。众人一齐笑起来。周进不好意思。

——《第二回　王孝廉村学识同科　周蒙师暮年登上第》

片段3：梅玖道：“现任国子监司业周蕡轩先生，讳进的，便是生员的业师。”……梅玖道：“你后生家那里知道？想着我从先生时，你还不曾出世。……先生最喜欢我的，说是我的文章有才气，就是有些不合规矩。方才学台批我的卷子上，也是这话。可见会看文章的，都是这个讲究，一丝也不得差。”

……只有堂屋中间墙上，还是周先生写的联对，红纸都久已贴白了。……梅玖指着向和尚道："还是周大老爷的亲笔，你不该贴在这里。拿些水喷了，揭下来裱一裱，收着才是。"

——《第七回 范学道视学报师恩 王员外立朝敦友谊》

上面片段2和片段3对比鲜明，把梅玖前倨后恭、热衷功名的形象刻画得淋漓尽致；而且语言细腻，描写生动，如"方才慢慢的立起来和他相见""又掩着口道"等画面感很强，人物形象鲜明，还能让人想到文字背后丰富的内容。选择这样的片段，不仅是为了激发学生的阅读兴趣，还提示他们这本书的语言很有嚼头，需要细细品读。

（3）路标导引法

针对名著自身特点和学生可能出现的阅读障碍，教师锁定一些激趣的目标，采用路标导引法激发学生阅读的兴趣，如问题设计、任务驱动、活动安排等。

可以设计一些激发兴趣的问题，激发阅读的动机，让学生很想捧起这本书来读。如故事家喻户晓的《西游记》，可以设计这样的富有挑战性的问题，激起学生的探究欲："你知道《西游记》是一部有关成长与成功的书吗？能否从书中找出依据？""你知道书中一共有多少妖怪吗？能否按照出场的顺序整理出来？"再如《水浒传》，学生大多看过电视剧，大概了解了故事，以为这本书就不用读了，老师可以提出这样的问题："为什么《水浒传》第一回写张天师、洪太尉？为什么要写王进这个人？"类似的问题学生一般不会关注，用这样的问题可以激发他们阅读探究的兴趣。问题设计的方式，适合那些学生了解大体内容但没有深度思考的书。

还可以设计有趣的任务来激发学生阅读的兴趣。如让学生按要求整理《西游记》中出现的妖怪，画出"西行线路图"，标出各站妖怪；再如让学生按照表格栏目整理《傅雷家书》中的书信，并写出自己的发现；让学生按照要求填写"昆虫档案袋"，分析本书分类的标准；让学生按照要求撰写"儒林人物小传"，感知人物形象；让学生画出《骆驼祥子》

中的人物关系图，特别是对祥子影响巨大的人等等。这些具体活动，需要教师对文本了如指掌，能随时根据学生的阅读障碍进行设计，或者是统计分析，或者是梳理分类，或者是画图探究等。

闽南师大的陈慧彬老师为了让学生更好地阅读《所罗门王的指环》，他按照章节设计了一些问题，让学生带着问题阅读，激励学生从书中去寻找答案，带着问题去阅读。陈老师设计此活动的目的是：第一，初中年级的学生在进行阅读时常常带有盲目性，他们不知道为何而读，以为阅读就是从书的第一页看到最后一页，从第一个字看到最后一个字。通过问题的设计，学生带着任务进入阅读，阅读具有目的性。第二，通过问题的解决，推动学生对整本书的理解与思考，在问题解决的过程中同时进行着思维训练，在思维训练中达成问题的解决。第三，每一周的阅读涉及几个章节，问题的设计涉及章节的许多细微之处，如果没有阅读，是找不到答案，从而敦促学生去阅读。下面是他设计的问题：

表 3–2 《所罗门王的指环》问题一览表

阅读章节	设计的问题
第 1—4 章	1. 作者家的动物给他带去了什么麻烦？他和妻子是如何看待这些麻烦的？
	2. 为什么一个鱼缸不能有太多鱼？如果要在鱼缸里加入新成员，需要做些什么工作，才避免出现鱼死亡的情况？
	3. 鱼缸里的两位暴行者是谁？它们是如何施暴的？
	4. 鱼真的如谚语所说是“冷血动物”吗？
第 5—8 章	1. 被误解的狮子，人类对狮子有什么误解？
	2. 在学者看来，动物园中困在笼中最可怜的是哪一类动物？
	3. 如果你是一个孤独的人，作者建议你饲养什么动物？为什么？
	4. 作者的狗狗提托能够准确理解作者的情绪，靠的不是心灵感应，是什么？作者是如何进行解释说明的？
第 9—12 章	1. 训鹋记中作者描写了几件关于水鹋的事情？请分别概括出来。
	2. 狗对主人忠贞不渝的原因是什么？狼性犬和豺性犬的关键区别是？
	3. 作者家长年的住户指谁？讲了哪些趣事？
	4. 两只斑鸠打架与两只狼打架结局有什么不同？

我们发现，陈老师设计的这些问题，主要是从语文视角设计的，有感知内容、理解主题思想、分析写法等方面，这样的问题可以引导学生更好地阅读，提升语文阅读能力。

2. 读中推进课的设计策略

（1）跟踪了解阅读情况，寻找推进内容

读中推进课到底“推”什么？这需要精准把握学生的读情，根据阅读情况选择推进点。那么，如何跟踪了解学生的读书进度和阅读质量等情况呢？教师可以通过提问或汇报等形式开展，如让学生就阅读的内容提出问题；或者让学生介绍自己的读书故事、读书感悟、读书收获，讲讲书中的精彩片段、精彩故事等；或者通过座谈、问卷等形式，直接了解学生的阅读情况；或者通过布置作业，从作业完成情况中了解学生的阅读困惑及存在问题。

如笔者应邀去给雨花台中学的初一学生上一节《西游记》的读中推进课，他们已经读到第三十回。学生这三十回到底读得怎样呢？笔者布置了这样的课前任务：用短语概括前四至三十回中孙悟空的故事，每个短语不超过6个字；提出自己的阅读疑问，每人不少于2个。学生作业上交后，我发现他们的主要问题是缺少关联思维，因此这节课的推进点就选择提升关联思维。

（2）设计阅读推进活动，补偿阅读缺陷

选择了推进点以后，如何进行课堂教学呢？如何真正地达成推进的目标呢？需要精心设计教学活动，补偿学生的阅读缺陷，让他们在活动中习得阅读方法，提升阅读能力。

仍然以上面的雨花台中学的那节课为例。笔者所定的课题就定一个隐含关联意识的“从大闹天宫到三打白骨精”。课的开始展示“连连看”游戏的图片，告诉学生在阅读时也要“连连看”，杜绝阅读的碎片化；接着，让学生评论同伴课前提出的问题（笔者将学生问题整理后打印在A4纸上，发给学生），看看哪些同学的问题有前后关联意识；课中的主题活动为“证明孙悟空在大闹天宫到三打白骨精的过程中成长了”，这个活动也是为了提高学生关联思考的能力。就拿“打”这件事来说，大闹天宫时，悟空是为自己打，自己明明犯了错误，却不认错，还跟别人死打蛮缠；在三打白骨精时，孙悟空是为别人打，为团队打，这就是一种进步，一种成长。

（3）总结阅读推进策略，助力后续阅读

教师是学生阅读的帮扶者，让学生从认识肤浅到深度理解，从功利化碎片化到常态化统整化，甚至从一筹莫展到拨云见日。努力让每一堂课学生都有收获，这就需要对课堂上开展的活动或学生完成任务进行总结提炼，归纳出一些策略供学生使用，形成一些程序性知识便于学生掌握，总结人可以是教师，也可以是学生。

比如在《儒林外史》的一节推进课中，教学内容是“理解讽刺手法，感知讽刺艺术”。课堂上主要运用案例探究法，借助文本片段让学生思考其所用的讽刺手法，每个案例一小结，课终老师进行了汇总如下图 3–2：

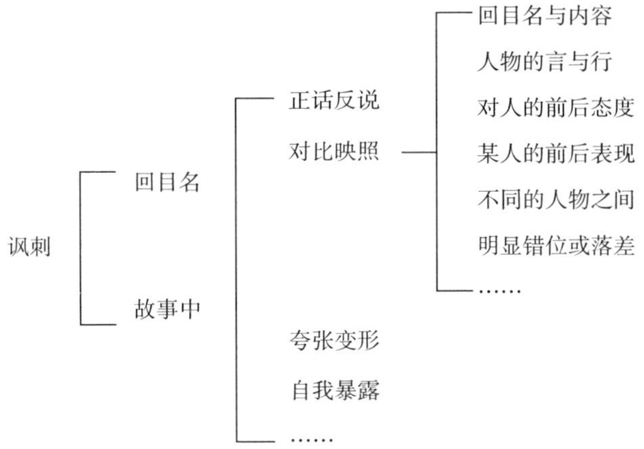

图 3–2

以上这个结构图，能够让学生整体把握这本书的讽刺手法，再去阅读其他讽刺小说时，如夏目漱石的《我是猫》、钱钟书的《围城》、吴趼人的《二十年目睹之怪现状》等，能够有意无意地思考它们所用的讽刺手法，提升阅读能力。

3. 读后提升课的设计策略

（1）着力于学生似懂非懂的内容

学生读完作品后，认为自己已经完成任务了，甚至觉得万事大吉了。其实他们可能还有很多似懂非懂的地方，这就需要教师拥有“火眼金睛”，有一双慧眼，通过问卷问题、汇报交流等形式了解学生的阅读情况，也可以借助名著导读的提示，对那些学生似懂非懂的内容进行梳理归纳，寻找阅读提升点。

比如学生读完《骆驼祥子》后，对于这本书的“北京味”，学生似乎知道一点，但不是很清楚。教师可以就“北京味”专门上一节读后提升课，从文化理解的层面加深学生对这本书的理解。让学生明白，“京味”作为一种风格现象，有两层含义：“一是题材的京味，即传神地描绘北京地区的文化风俗；二是语言的京味，即使用纯正地道的北京口语。”老舍是京味小说的奠基人，《骆驼祥子》是京味小说的代表，这不仅体现在其取材于北京城区大杂院内的下层市民，更体现在其对北京语言技巧的驾驭上，“他写的北京话，既保持了民间口语的朴素、生动，又筛选掉那些粗陋的杂质，确实烧出了京韵的香气，精妙传神。这使他的京味作品从内容到形式都达到了前所未有的高度。”语言的京味主要表现在两个方面，一是儿化词的大量使用。据统计，书中儿化词语词例共有 772 例，其中名词儿化后形成的儿化词数量最多，如“瓜子儿”“锅盖儿”等，共 417 例；量词、动词其次，如“趟儿”“挑儿”等，分别为 134 例、97 例；代词、形容词如“咱儿”“高兴儿”，分别为 76 例、38 例；数词如“三儿”等，4 例。适当地运用儿化词语，不但可以帮助突出作品人物语言风格，表现人物性格，烘托语境气氛，还有不可忽视的语法和语用功能；二是北京口语词汇的使用，如“怎着”“体己”“块儿八毛”“咱俩”等，北京口语词汇的大量使用是老舍京味小说最为明显的标志，它可以用生活化的词语表现人物性格和生活景象。

（2）着力于学生普遍困惑的问题

学生读完一本书后，总会有一些疑问，教师可以通过问题问卷、作业任务、汇报交流等形式做一些了解，对学生存在的问题进行梳理与归纳，找出他们普遍感到困惑的内容，进行提升课的教学，加深他们对这本书的理解，甚至想重新捧起书来阅读，获得更多的东西。

例如，学生读完《简·爱》后，提出了以下问题：

1. 哪些人在简·爱的成长中起了关键作用？

2. 简·爱是一个孤女，为什么能在逆境中成长？

3. 为什么作者把罗切斯特和简·爱的外貌都设计成比较普通，而不是帅哥靓女？

4. 为什么要塑造罗切斯特的疯妻子这个形象？

5. 简·爱的人生经历了哪些挫折？

6. 哪些事件是简·爱人生关键的转折点？

7. 简·爱为什么一开始坚决拒绝了罗切斯特的挽留，后来却还选择和他在一起？

8. 为什么作者安排最后简·爱和罗切斯特能在一起？

9. 简·爱最终和罗切斯特结婚了，这是最为理想的结局吗？

10.《简·爱》这部书是在宣扬女权主义吗？

11. 作者设定罗切斯特先生的出场为他从马上摔下来，有何好处？

12. 这部小说没有像《骆驼祥子》《钢铁是怎样炼成的》一样大量描写社会环境，算不算小说的一个不足？

13. 第一人称的视角有什么作用？

14. 小说中出现了大量的环境描写，有哪些作用？

分析上述问题可以发现，学生的阅读方法在不断优化，阅读经验在不断积累，他们对于小说中情节架构特色，人物形象的设计等常识性、规律性问题具备了初步的思维建构。比如，学生对小说作品主要情节已经比较熟悉，他们大多能够意识到《简·爱》的故事是一部“女性成长史”，集中关注于对这样一位女性在成长过程中自身及周围人物、环境的互动过程及意义。他们的主要困惑在于，这部以爱情与成长为主题的小说，为什么会在世界文学史上拥有一席之地？通俗小说与经典小说之间究竟有什么距离？外国小说和中国小说写法语言上有何区别？为何会有这样的不同？这样的问题使他们的批判性思维能力、创造性思维能力有所提升。

（3）着力于学生必须掌握而没有掌握的内容

我们应从学生立场思考整本书阅读教学，从学生成长需要的角度来思考名著教学，着力于那些对学生发展有用的内容，这是课标推荐学生阅读整本书的重要意图。教师要不断地拷问自己：这本书中，学生应该汲取哪些营养？此书的最大艺术价值是什么？学生是否能够从中得到语文素养的提升？哪些是学生应该掌握的内容？

教师可以仔细研读课程标准，如课标的教学建议中要求：通读整本书，了解主要内容，关注整体与局部、局部与局部之间的关系；重视序言、目录等在整本书阅读中的作用；交流读书心得，分享阅读经验。比如，《儒林外史》不是一部靠情节跌宕起伏、扣人心弦来打动读者的作品，而是一部以人物塑造见长的小说，那么，它主要塑造了哪些类型的人物？王冕与这些人物是什么关系？这本书的回目名有何特点？回目名中是如何体现讽刺意味的？这本书的语言简练准确，生动传神，常以三言两语，使人物“穷形尽相”，可谓是“句句生动传神，字字深入骨髓”，是否可以举例来阐释论证？这本书的阅读，与其他小说类作品的阅读方法一样吗？

另外，也可以认真研究教材中的“名著导读”（新教材中改为“整本书阅读”）内容，揣摩教材编者的教学建议，如统编教材一共有12本名著的导读内容，每本名著都设计了至少三个“专题探究”，这些可以作为学生必须掌握的阅读内容。比如，《昆虫记》的名著导读中有三个专题探究，分别是“跟法布尔学观察”“跟法布尔学探究”“跟法布尔学写作”，其实就是提示学生阅读这本书要从科学性、文学性、语言特色等角度阅读。

综上所述，不管是读前引导课、读中推进课，还是读后提升课，共通的策略有：通读全书，梳理关键内容，寻找教学点；基于学生情况，确定读前引导课方案；跟踪了解读情，设计读中推进课方案；读情了解，确定读后提升课的教学内容。

三、“一书三课”的案例举隅

《艾青诗选》读前引导课

【教学目标】

1. 初步感知艾青诗歌的风格特点。

2. 学习阅读艾青诗歌的基本方法。

【重点难点】

重点：感知艾青诗歌的风格特点。

难点：学习阅读艾青诗歌的基本方法。

【教学过程与内容】

（一）导入

1. 同学们，这学期我们学习了艾青的《我爱这土地》这首诗，我们一起背诵一下。下面请同学来说说自己对诗人艾青有哪些了解。

（学生交流，教师补充）

明确：艾青（1910 年 3 月 27 日 ~ 1996 年 5 月 5 日），原名蒋正涵，字养源，号海澄。浙江金华人，现当代文学家、诗人、画家。1928 年中学毕业后考入国立杭州西湖艺术院。1933 年第一次用笔名发表长诗《大堰河——我的保姆》，后来这首诗成了他的代表作。1932 年在上海加入中国左翼美术家联盟，从事革命文艺活动。1935 年，出版了第一本诗集《大堰河》。1957 年被错划为右派，曾赴黑龙江、新疆生活和劳动，创作中断了二十余年。1979 年平反后，任中国作家协会副主席、国际笔会中心副会长等职。1985 年获法国文学艺术最高勋章。

2. 刚才我们了解艾青的主要生平经历，那么人们是怎么样评价艾青及其诗歌的呢？大家翻开语文书，文中有两段著名作家对艾青的评价。

我们一起来读一读，

在中国新诗发展的历史当中，艾青是个大形象。（牛汉）

艾青的诗，好在那雄浑的力量，直截了当的语言，强烈鲜明的意象。（聂华苓）

同学们能说说自己对这两句话的理解吗？

（学生交流）

明确：牛汉是从新诗发展的历史角度来评价了艾青的重要地位。聂华苓是从艾青诗歌的艺术特点来进行高度的评价。牛汉是现代著名诗人、文学家和作家；聂华苓是著名的华裔作家，艾青的诗歌得到了他们的高度评价，可见诗歌的分量和影响，我们一定要好好阅读。

（二）初步感知艾青诗歌的内容

1. 梳理艾青的诗路历程

（1）市面上的《艾青诗选》版本非常的多，我们推荐人民教育出版社的《艾青诗选》，请大家打开目录，看看编者是如何给编排这些诗歌的。

明确：此版本按照年代来编排，收录了艾青于二十世纪三十年代、四十年代、五十年代、七十年代创作的诗歌，共 98 首。这四个时期是艾青诗歌的创作高峰，其诗作能够充分体现其诗歌的特点。

（2）我们经常说，读诗要知人论世，下面，我们来看一看这些时期的社会背景。同学们可以根据自己的了解来说说吗？这些时候的艾青有怎样的经历呢？

（生畅言）

明确：写作背景

二十世纪三四十年代：1932 年，艾青从巴黎回国后，因具有强烈的“左倾”倾向被捕入狱。1935 年艾青出狱。1937 年抗日战争开始后，日本侵略军连续攻占了华北、华东、华南的广大地区，所到之处疯狂肆虐，妄图摧毁中国人民的抵抗意志。中国人民奋起抵抗，进行了不屈不挠的斗争。

《我爱这土地》就是这一时期创作的。

五十年代：1957 年，诗人被打成“右派”，被送往新疆石河子等地劳动改造。

七十年代：1979 年，艾青重返诗坛，经过了二十多年的沉寂，诗人“归来”，久被压抑的情感澎湃高涨，开始了他诗歌创作的另一个高峰。

（3）我们可以翻看一下每首诗后面的写作时间，看看哪些诗分别写于 1932—1935 年，1935—1945 年，1957 年左右，1979 年左右。

明确：

第一阶段（1932—1935：法国与归国）《当黎明穿上了白衣》到《小黑手》。

第二阶段（1935—1945：抗战时期）《梦》到《献给乡村的诗》。

第三阶段（1957 年左右：在新中国）《给乌兰诺娃》到《帐篷》。

第四阶段（1979 年左右：新时期的诗歌）《鱼化石》到《光的赞歌》。

（4）初步感受艾青诗风的变化

诗人所处的时代、经历的变化等都会影响到诗歌风格，下面我们以两首诗歌为例，大家一起来探讨一下。

请同学们自由朗读《北方》和《鱼化石》，从内容和形式两方面探究艾青诗歌风格的变化。

（学生自由讨论）

明确：《北方》是艾青在抗战时期写的一首自由体诗，呈现出散文化、口语化的风格，语言简洁明快；句式长短错落，不求押韵。全诗感情真挚，传达出极为深厚的爱国之情。

《鱼化石》是艾青在新时期写的一首哲理诗，诗歌自觉追求音乐性，出现了格律化倾向。诗句变得更整齐，注重押韵。与《北方》相比，诗情更深沉，诗意更警策。通过鱼化石引发对生命本质的思考，字里行间饱含哲理。

2. 根据诗歌题目分类

让我们再来迅速地浏览一下这些诗歌的题目，如果让你根据题目重新给诗歌分类，你会怎么分呢？

（学生交流、研讨）

明确：

（1）从题目上，写了很多和“土地”有关的诗歌，如二十世纪三十年代的《死地》《复活的土地》《雪落在中国的土地上》《我爱这土地》《我们的田地》，四十年代的《土地》等。

（2）有很多与“季节”景色相关联的诗歌，如二十世纪三十年代的《我的季候》《春雨》《秋日游》《冬日的林子》《秋》《秋晨》，四十年代的《愿春天早点来》《初夏》《秋天的早晨》等，当然这里还可以根据季节的春夏秋冬等进一步分类。

（3）有很多的题目中都提到了“太阳”，如二十世纪三十年代的《当黎明穿上了白衣》《阳光在远处》《黎明》《晨歌》《太阳》《黎明》《向太阳》《黄昏》《秋晨》，四十年代的《太阳》《太阳的话》《给太阳》，五十年代的《下雪的早晨》等。

（4）题目中还有“火”，如二十世纪四十年代的《火把》《篝火》等。

（5）还有直接以“人”为题的诗歌，如二十世纪三十年代的《大堰河——我的保姆》《芦笛——纪念故诗人阿波里内尔》《画者的行吟》《小黑手》《乞丐》《吹号者》，四十年代的《农夫》《城市人》《刈草的孩子》《我的父亲》《少年行》，五十年代的《年轻的母亲》等。

（6）还有直接以“物”为题的诗歌，如二十世纪三十年代的《窗》《春雨》《浪》《浮桥》《手推车》《吊楼》《桥》《低洼地》等，四十年代的《冬天的池沼》《树》《岩壁》《青色的池沼》《鸫》《灌木林》《水鸟》《鞍韀店》《公路》《高粱》《古松》《河边诗草》等，五十年代的《礁石》《马头琴》《启明星》《帐篷》，七十年代的《鱼化石》《伞》《镜子》等。同学们，你们有没有发现这里的“物”有自然景物，也有人造景物啊？

总之，我们读一首诗，首先要读它的题目，根据题目我们可以去大致揣测一下诗歌的内容，也可以从中发现诗人的个人偏好。比如经过上面的分析，我们发现艾青喜欢写土地，写太阳，也发现了他诗歌选材非常的广泛，涉及了生活的方方面面。

（三）制定朗读计划

同学们，经过上面的学习我们知道了，在阅读《艾青诗选》时，可以用两种方式，第一种是根据年代顺序来阅读，大致进程如下表；第二种是根据自己制定的诗歌分类进行阅读，但作为初读者，我还是建议大家可以先按年代读，再进行分类阅读。

诗歌是一种需要朗读的文学作品，请同学们每周选择一首自己感觉朗读得比较好的诗歌，配音朗诵，发到班级微信公众号。

表 3–3

第一周	1932—1935 年
第二周	1935—1939 年
第三周	四十年代
第四周	五十年代到七十年代

（四）布置作业

1. 朗读诗歌，选择你最喜欢的一首录成音频，上传到班级微信公众号里。

2. 摘抄你喜欢的诗句，在书上作批注，写出自己的阅读感悟。

【优秀作业】

（1）世界要是没有光，等于人没有眼睛，航海的没有罗盘，打枪的没有准星。（艾青《光的赞歌》）

批注：在诗人的眼中，光是不可缺少的，具有重要地位。它代表着希望、动力、目标、方向。这句诗用排比的修辞手法，强调了光的重要性。

（2）在你拿起了今天的第一颗鸡蛋之后，你用你厚大的手掌把我抱在怀里，抚摸我。（艾青《大堰河——我的保姆》）

批注：诗人用“抱”“抚摸”两个连续的动词，表现了“大堰河”忙完家务后，对儿时的“我”的细致的照顾，语言质朴却充满深情，体现“我”对“大堰河”的感激和怀念。

（3）仅是一个平面 / 却是深不可测　它最爱真实 / 决不隐瞒缺点（艾青《镜子》）

批注：富含哲理，告诉每个人都能从“镜子”身上照见自己的所作所为，看到自己的灵魂。启示我们要直面自己的缺点，不要掩耳盗铃。

《艾青诗选》读中推进课

【教学目标】

1. 通过品味意象体会诗歌情感。

2. 体会艾青诗歌中的哲理意味。

【重点难点】

重点：通过品味意象体会诗歌情感。

难点：体会艾青诗歌中的哲理意味。

【教学过程】

（一）导入

同学们，阅读现代诗歌，我们要学会分析诗歌中的意象，从中捕捉作者的情感，因为意象是诗人情感的载体。我们在学习《我爱这土地》时，抓取了“土地”“鸟”等意象，感受到了艾青强烈而深沉的爱国情感。我们在阅读诗题时发现了很多题目中都有“土地”这个意象。让我们一起来分析艾青诗歌中的意象，品析其中深刻的意蕴。

（二）探究艾青诗歌中的意象

1. 土地

“土地”这个意象，在艾青的诗歌中出现的频率最高，艾青自己曾经说过，“我是农民的儿子”“我也是农人的后裔”“我始终是旷野的儿子”。可见，他对土地有着深厚的情感，阅读以下诗篇分别说说你对“土地”这个意象寄托的情感的理解。

《大堰河——我的保姆》

《雪落在中国的土地上》

《手推车》

《北方》

《我们的田地》

《献给乡村的诗》……

下面请同学们结合相关诗句，来说说自己读到的情感。

明确：

示例 1：写着一首呈给你的赞美诗，呈给你黄土下紫色的灵魂，呈给大地上一切的，我的大堰河般的保姆和她们的儿子。（《大堰河——我的保姆》）

分析：诗中的保姆是生活在黄土地上，她在这片土地上辛勤劳作、养育子女，无怨无悔，她面对苦难的命运乐观不屈，作者为她唱出了赞歌。

示例 2：那些被烽火所啮啃着的地域……/ 饥谨的大地伸向阴暗的天 / 伸出乞援的 / 颤抖着的两臂 / 中国的痛苦与灾难 / 像这雪夜一样广阔而又漫长呀。（《雪落在中国的土地上》）

分析：诗句中"被烽火所啮啃着的""饥谨的""乞援的"等词语对土地的描写突显了作者对战火肆虐下的贫穷、苦难、被践踏、被凌辱的祖国的痛苦地呐喊，对祖国命运的担忧。

示例 3：在黄河流过的地域，在无数的枯干了的河底 / 在贫穷的小村与小村之间 / 从这一条路 / 到那一条路 / 交织着 / 北国人民的悲哀（《手推车》）

分析：黄河流域是中华民族文明的发源地，在诗歌中成为"枯干""贫穷""悲哀"的土地，象征了困难的劳动人民，诗句中透露作者对祖国命运的担忧和劳动人民苦难生活的同情与痛苦之情。

示例 4：广大而瘦瘠的土地（《北方》）

被践踏的祖国的土地（《他死在第二次》）

她们贫血的脸像土地一样灰黄（《献给乡村的诗》）

来抢夺我们的田地……/——告诉我：/ 如果我们失去了它，/ 我们怎么

能生活呢？（《我们的田地》）

分析： 这些诗句中的“土地”意象，展现了苦难的人民和被践踏的土地，充满着艾青荡气回肠的爱国情感，浸透着诗人对中国国土沦丧、民族主权丧失的悲愤情感，真实地写出了中国农村现实的灵魂。

2. 太阳

（1）同学们，书中又有哪些以“太阳”为主要意象的诗歌呢？（生发言）

明确：《太阳》《向太阳》《给太阳》《太阳的话》《阳光在远方》《当黎明穿上白衣》等。

（2）大家能不能说说这些诗歌中的太阳，各有哪些意蕴？表达了诗人怎样的情感呢？

明确：

①赞美太阳的美丽和能量

示例： 早晨，我从睡眠中醒来，/ 看见你的光辉就高兴（《给太阳》）

啊，当黎明穿上白衣的时候，田野是多么新鲜！（《当黎明穿上白衣》）

②坚信太阳必将照亮黑暗和黑夜，迎来光明与白昼，迎来中华民族浴火重生的未来

示例： 太阳的炫目的光芒 / 把我们从绝望的睡眠里刺醒了（《向太阳》）

我乃有对于人类再生之确信（《太阳》）

让我把花束，把香气，把亮光，/ 温暖和露水撒满你们心的空间（《太阳的话》）

（3）同学们你们有没有发现，太阳和另一个意象是紧密相连的呢？

明确：“太阳”和光明是紧密相连的，它们都带给人们理想、希望等等。比如《光的赞歌》这首诗就是借对光的赞美来传递给读者必胜的坚定的信念。

3. 冰雪

（1）刚才在阅读中，同学们提到的一些诗歌中还有比较重要的意象，我们再来读一读。

请大家重读《雪落在中国的土地上》《手推车》《大堰河——我的保姆》这几首诗，看看这些诗歌中还有什么意象是反复出现的呢?

示例：雪落在中国的土地上/寒冷在封锁着中国呀！国的苦痛与灾难/像这雪夜一样广阔而又漫长呀！（《雪落在中国的土地上》）

在冰雪凝冻的日子/穿过寒冷与寂静（《手推车》）

你被雪压着的草盖着的坟墓/大堰河，今天我看到雪使我想起了你（《大堰河——我的保姆》）

明确：这些诗歌中都出现了“冰雪”的意象，它们象征了黑暗的社会与险峻的环境，饱含了作者对当时黑暗社会的诅咒鞭挞和对光明未来的渴望追求。同时，雪终究会融化，中国人民所面临的险阻艰难只是暂时的，中国人民经过斗争，一定会迎来雾散、雪化后的晴空万里。

（2）那么，艾青诗歌中还有与“冰雪”类似作用的意象，我们来看一看。

薄雾在迷蒙着旷野啊/没有什么声音，/一切都好像被雾窒息了；/只有那边/看不清的灌木丛里，/传出了一片/威慑于严寒的/抖索着毛羽的/鸟雀的聒噪……（《旷野》）

明确：这里是“薄雾”，如果你们自己读读诗歌中还有黑夜、严寒、风霜等相关意象的意象群，这些意象与作品中出现最多的太阳等光明意象是相映成趣而存在的。

（三）总结

1.我们前面一课说到，牛汉评价艾青：“在中国新诗发展的历史当中，艾青是个大形象。”那么经过上面的学习，你觉得艾青的大形象在诗歌中是如何体现的呢?

（学生讨论分析）

明确：（1）“大”意象“土地”“太阳”“风雪”，并且通过这些意象的组合，展现了大幅的画面。

（2）在情感表达上，往往都是表达了对苦难人民的同情和赞美，以及自己炽热的爱国情感。

2. 同学们，我们再思考一下：艾青为什么要选择“土地”等意象？

明确: 从土地与国家的关系来看，土地见证并推动了中华民族的发展，并成为中华文明、中华民族的象征。而在艾青土地意象系统的成熟的抗战时期，抗战的深入导致中国濒临亡国灭种之绝境。这绝境最直观的体现即大片国土沦丧，这样土地自然而就成为整个中国的象征，其所蕴含的号召力与感染力自然强烈。这种强烈的号召力与感染力，很容易使读者“唤醒感官向题材迫近”，引发强烈共鸣。

从其自身经历看，他对这土地“爱得深沉”是更重要的原因。可以看到，他是在土地中成长起来的，是“喝了大堰河的奶长大了的大堰河的儿子”。而那些以大堰河为代表的贫苦农民都是世世代代扎根在这负载着“年代的风霜”的土地上的。可以说，土地也是那些生养了他的贫苦大众的代表。因此，他对土地有深深的依恋。当这土地在国家危亡中逐渐沦丧时，其情感就更加热烈而深沉。

从其诗歌创作主张看，在《诗论》中，艾青曾提过，“意象是诗人从感觉向他所采取的材料的拥抱，是诗人使人唤醒感官向题材的迫近”，而这一时期其创作题材，主要集中在乡土、农村等方面，这些材料和土地都有密切联系，那么土地成为他从感觉向材料的拥抱，就顺理成章了。

（四）探究艾青诗歌中的哲理意蕴

请同学们自由朗读《镜子》《鱼化石》，思考这两首诗歌和我们前面读的这些诗主题上有什么不同。

（学生思考，交流）

明确：《镜子》，写镜子“是一个平面，却又是深不可测”，因为它真实、直率，从不掩饰，所以“有人喜欢它”“有人躲避它”。《鱼化石》，写鱼化石裹身岩层，重见天日，却没有了活力，没有了叹息，听不见浪花，看不见蓝天碧水。诗人由此引发出对生命本质的思考：“离开了运动，就没有生命。”通过镜像来反观人生，充满哲理，饶有兴味。“镜子”和“鱼化石”都有其象征义了。这两首诗歌都是写于二十世纪七十年代，这个时期艾青的诗歌风格发生了很大的变化，诗句变得更整齐，诗情变得更深沉，诗意变得更警策。

（五）作业布置

1. 将本节课选取的意象进行积累整理并添加适当的示例分析。

2. 将《艾青诗选》中其他富含哲理的诗歌整理出来朗诵并适当分析。

【优秀作业】

第2题：

《盼望》：诗人抓住轮船起锚出发和到港抛锚的两个瞬间场景，将现实生活中看得见的图景融入了对盼望的哲理思索，构成令人回味的意境。两位海员不同的心态，表达了同一种愿望，即对航海事业的无限热爱。“一个盼望出发，一个盼望到达”这一句富含哲理，它启示人们：每个人都有自己的人生航程，我们需要启航的热情，需要胜利的目标追求。

《礁石》：塑造了一个久经斗争考验，无论东西南北风，无论多少的伤害打击，都不能让它移动一步，都不会让它失去生活的信念和信心的顽强坚韧的形象。“但它依然站在那里/含着微笑/看着海洋……”这是告诉我们无论生活中遇到怎样的大浪，都要乐观积极地面对。

《艾青诗选》读后提升课

【教学目标】

1. 探究现代诗歌的阅读方法。

2. 学会写简单的现代诗。

【重点难点】

重点：探究现代诗的阅读方法。

难点：学会运用意象写简单的现代诗。

【教学过程与内容】

（一）导入

同学们，面对初三繁忙的学习生活，统编教材的编者们给我们推荐了《艾青诗选》，也许他们希望能给我们的生活注入一丝诗意，并且也希望我们能通过阅读这些现代诗，自己也能激扬文字，抒发情感。

【设计意图】阅读的最终目的是建构和运用语言，读诗的高端境界应该是能写诗。由读到写，自然引入。教材编者在九年级就安排了一次写诗活动，九上第一单元为“活动　探究”单元，任务三就是“尝试创作（诗歌）”。

（二）探究现代诗歌的阅读方法

同学们，我们已经阅读完了《艾青诗选》，你们能不能谈谈阅读现代诗歌的一般方法呢?

（学生交流，讨论）

明确：1. 知人论世：了解作家生平，了解写作背景。我们在开始阅读时，了解诗歌创作的时代背景，梳理了艾青的人生经历，从而发现他的诗歌历程是与其紧密相连的，随着阅历的变化，其诗歌的内容，主题和艺术表现形式都发现了相应的变化。

2. 分析意象：体会深层意蕴，体会诗人情感。诗人在诗歌中所选取的意象，往往寄托着深厚情感，我们要去分析这些意象特点，发现它们的比喻义、象征义等，比如艾青诗歌中的“土地”“光明”，一个反映了当时人民苦难的生活，一个表现了人民对胜利的渴望，它们共同传达了诗人对祖国对人民深厚的情感。

3. 鉴赏艺术：分析手法，体会特色。艾青在二十世纪三四十年代的诗歌表现出简洁明快的特点，呈现出散文化、口语化的风格，诗中含有大量的设问、呼告、对话、引语等，极大地增强了诗歌的真切感和表现力。到了二十世纪七十年代，其诗歌诗句变得更整齐，诗作具有鲜明的色调，清晰的线条，语言简练、凝重。

4. 注重朗读：反复朗读，联想想象。我们读诗，需要朗读，通过朗读去展现我们对诗歌的理解，并且我们要通过联想想象，将诗人笔下的景物丰富化，让其展现在我们的眼前。

5. 求同存异：打通古今，对比映照。古诗新诗都属于诗歌，阅读方法大同小异，所以现代诗的阅读不需要另起炉灶，只要归纳出阅读方法的同和异即可。新诗不受旧体诗形式上的束缚，主张白话俗语入诗，但在吸取中国古典诗歌、民歌和外国诗歌有益营养的基础上，出现了自由体、阶梯式诗、散文诗等多种形式。从这里我们可以看出古诗和新诗的区别。

（三）学写现代诗

1. 我们读诗，不仅仅是读，我们还可以去试着写一写，诗为心声，通过诗歌来表达我们对生活的感悟和思考。那么，大家能不能从艾青的诗歌创作中发现一些写现代诗的技巧呢？请同学们结合具体的诗歌来说一说。（学生小组讨论）

明确：（1）现代诗结构自由，分行，可以散文化。（2）语言要简练、质朴。（3）要运用一定的意象或者意象的组合。（4）适当地运用比喻、排比、反问等修辞手法。（5）要有主题。

【设计意图】这个环节也是需要学生根据自己的阅读经验，总结出写作的方法，因为整本书已经阅读完，学生们已经有了较为全面的认识，这个时候指导学生去仿写诗歌，就不能只是注重外在的形式，而要注重诗歌所传达的思想情感。

2. 仿写诗歌

（1）仿写艾青的《我爱这土地》这首诗。

（2）示例：

我爱这校园

南京市科利华中学　王同学

假如我是一朵凌霄花，
我也会在玄武湖畔的城墙上遥望科利华：
那沐浴在阳光下熠熠生辉的笃行石，
那承载着我们欢声笑语的温馨教室，
那在操场上畅快奔跑的靓丽身影，
和那随风而来的琅琅书声……

然后我凋谢了，

连枯叶也垂挂在城墙上。

为什么我总是紧紧攀缠着城墙？

因为我对这校园爱得深沉。

3. 学写诗歌

（1）请同学们以“致青春”为题，用现代诗的形式，适当运用意象，写一首小诗（不少于五行）。写完后在小组内读一读自己的诗歌，指出问题，并修改。

（2）全班展示诗歌

示例 1：致青春

好好学习 / 天天向上 / 不负众望 / 一往无前 / 青春美好 / 生活如此多娇！

示例 2：致青春

有人说 / 这一生最苦之事 / 便为不能同时拥有青春和对青春的感受 / 但我说 / 这一生最乐之事 / 便是吃刚出炉的面包 / 虽然热但好香

示例 3：致青春

青春是一只鸣蝉 / 歌唱着走向死亡 / 青春是一朵鲜花 / 盛开着走向枯萎 / 青春是一根火柴 / 燃烧着走向熄灭 / 青春啊 / 你一去不复返

示例 4：致青春

青春从初阳升起时流过 / 青春从傍晚班车边遛走 / 青春像香茗 / 值得用一生去品味 / 青春像兰花 / 值得用一辈子去培育 / 无论何时何地 / 我的青春永在心底

示例 5：致青春

春天树上新生的绿芽 / 湖中刚刚解冻的流水 / 都像极了正值青春年华的我们 / 正在考场上奋笔疾书的我们 / 青春，要继续奋斗 / 为了理想而前行

请同学们评价一下这几首诗歌。

明确：示例 1：语言整齐，看似很有节奏感，也表达了积极乐观的情绪，但细读“好好学习，天天向上”等属于空喊口号，而且全诗没有任何意象，

缺少内涵。

示例 2：这首诗虽然隐约能看出来，小作者想表达虽然初三的学习生活很辛苦，但是我们要学会苦中寻乐，珍惜青春。可是他选取的意象是“刚出炉的面包”，写面包热但是好香，这个意象不仅本身逻辑不通，而且和“青春”没有关系，自然也与主题无法相连。

示例 3：小作者选取了“鸣蝉”“鲜花”“火柴”一组意象，但是匹配的特点分别是“死亡”“枯萎”“熄灭”，主题消极悲观，这和题目《致青春》的意图背离。

示例 4：这首诗中，小作者前半部分说青春容易逝去，似乎要表达珍惜青春的意思，后半部分又用“香茗”“兰花”两意象表达要品味、培养青春，前后情感支离破碎，全诗没有明确的主题。

示例 5：这首诗选取的意象“新生的绿芽”“刚刚解冻的流水”符合青春的特点，并且前后连贯一致，小作者明确表达了要为青春奋斗的积极昂扬的情绪，整首诗朝气蓬勃，读起来让人为之欣喜。

总结：从同学们的习作中，我们可以看到一部分同学已经初步掌握了创作现代诗的基本方法。不过，还有一些问题是我们需要注意的。比如运用意象时，要注意与我们表达的主题贴切。运用多个意象时，要注意彼此之间的统一性……

（四）布置作业

1. 修改自己《致青春》的习作。

【优秀作业】

青春是碧空中舒卷的云
来了又去，不留下一点痕迹
青春是翟洋晚霞的变幻
瑰丽盛大，带着无法忽视的力量
却又转瞬即逝，带着渺茫
庄严沉凝，张扬热情，他变幻着

带着破云的起始与温软的柔情

青春，来了，来了！在这盛放的年代。

2. 选择艾青的一首诗歌或片段进行仿写，自拟题目。

【优秀作业】

师生

南京市科利华中学　王同学

一位老师说：

我最喜欢站在台上，

看台下稚嫩的脸庞。

一名学生说：

我最喜欢坐在台下，

听台上文字激扬。

在这科利华的校园，

诠释着两种梦想，

一种叫作坚守，

一种叫作追求。

第三节　整本书阅读教学“学”的研究

对整本书阅读来说，“学”的研究主要就是“学程设计”的研究。如何让学生更好地读起来？用学程来规划阅读、推动阅读、优化阅读是比较有效的方法。

一、整本书阅读“学程设计”的概念内涵

1. 关于“学程”

“学程”就是学的课程，与“教程”（教的课程）相对，包括学习过程、学习进程、学习程序等。郑桂华老师在《学程设计与学习时序建

设：任务群教学的突破口》一文中说：“学程是一段相对独立的学习进程，是将某些目标或任务过程化；用一种适当的形式组织学习活动、串联起彼此相关联的任务学习。”

学的课程是“以学为中心”的，王荣生教授在《语文科课程论基础》中提出“要由教师的视角转变为学生的视角”，由教师的“教”转变为学生的“学”，即教师在学生的学习程序、学习过程和学习进程中设计情境，给出相应的任务，提出相关的建议，助推学生更好地学习。作为读书这项学习活动而言，学程就是指读书的程序、读书的过程和读书的进程。

读书的程序一般是先阅读，再整理，最后进行相关的探究。建议学生怎么阅读、怎么整理、怎么探究就是教师应该做的工作了，可以设计相应的任务，或给出建议。如读前进行阅读规划或查阅相关资料，整理探究按照一定的目标或标准进行。如建议学生阅读《西游记》后再阅读《李健吾先生批评西游记》，可以让他们读到自己没有读到的内容，发现《西游记》文本背后的密码。

读书的过程一般包括初读和再读。初读时大体了解一本书的内容，如《西游记》是关于师徒几人西天取经的故事；再读时往往带着一定的探究目的，如：某个地方是这样写的吗？为什么这么写？某个细节的前因后果是什么？或者这个人与那个人是怎么认识，又是怎么分开的？等等，探究有关书的内容、写法、思路、语言等方面的问题。

读书的进程就是读书读到了什么程度？是了解了内容，还是理解了内涵，还是把握了书的思维逻辑，还是到了品读鉴赏的水平，还是达到了转化输出的层次？这五个思维层级是逐步深入的。“转化输出”是最高级，需要高阶思维，它是读书转化为能力素养的思维活动，如读完《西游记》后，学生能写出具有波澜的故事，描写出具有个性的人物，这就是比较好的转化输出了。

学的课程由学生与教师共同构建，学生负责具体实施和提供建议，教师负责顶层设计、提出建议、设计任务等。读书的程序、读书的过程与读书的进程三者之间是有联系的，不是各自独立的：读书的程序揭示了阅读的思维走向；读书的过程是对读书程序“阅读、梳理、探究”的提炼与概括，“初读”是观其大略，“再读”往往是为了梳理与探究；读书的进程则是拾级而上的思维训练路径，是阅读后进行梳理、探究的具体呈现，是读好一本书的检查站点，是检查阅读是否深入的层级标准实践，是读书程序、读书过程的具体化实施。

2. 关于“学程设计”

什么叫“学程设计”呢？它是一种学习课程的设计行动。学程可以是教师设计，也可以是教师指导下学生设计。教师设计学程，可根据学生的阅读进程及阅读水平设计相应的情境和任务，在学习程序、学习过程和学习进程上着力，通过引领阅读的问题串、优化阅读的活动单和深化阅读的策略群，引导学生经历“阅读—整理—探究”的思维过程，实现阅读的“了解内容—理解内涵—梳理逻辑—品读鉴赏—转化输出”逐步深入，让学生读有兴趣，读有目标，读有成效。

学程设计需要遵循学生的阅读规律、契合学生的阅读现状、关注理趣结合的呈现效果。教师的学程设计，是指本着学为中心的原则，设计一些问题、活动等进行任务驱动，或者提供一些学习策略或参考资料，让学生更好地阅读，激发阅读兴趣，优化阅读效果。教师设计读书的学程，可从读前、读中和读后三个时段来考虑，关键是依照学生的阅读状况来设计。

学程设计可以使阅读指导课程化，丰富语文课程的体系；可以使学生阅读线路化，使学生乐于阅读；可以使教师施教由畏惧走向接纳，使整本书教学成为常规教学的一部分；可以丰富教学方式与形态，使整本书阅读教学常态化。读书关键在于读，如果学生不能顺利地捧起书来读，教师再多的再好的教学策略也可能没有效果。进行整本书阅读的学程设计，可以助推学生的整本书阅读，一定程度上克服学生假读、浅读、乱读等毛病，使学生读有目标，读有收获。

从当前整体的教育环境来看，教育界大力提倡“学为中心”，教学转型的核心是如何从“教程”转变为“学程”，从设计“教案”转为设计“学案”，从“教为中心”转向“学为中心”。教师的“教”要服务学生的“学”，要真正理解学生，为促进学生的学而教，要着眼于提升学生的“学习力”。整本书阅读指导也是如此，要从“教程”走向“学程”。

二、整本书阅读“学程设计”的实操策略

1. 整本书阅读学程设计的主要原则

（1）遵循阅读的教学规律

重视“整体性”。整本书阅读应着眼一个“整”字，阅读教学也应该着眼于“整”，要重视“整体”“整理”“整合”，既要对全书脉络进行通盘把握，也要对全书内容进行周延思考，杜绝碎片化和断章取义，因此学程设计也要着眼于一个“整”字。精选“落脚点”。整本书阅读指导课，需要教师先读起来，并精心选出可教之点，思考如何更好地切入，学程设计也要遵循这个原则，精选落脚点和切入点。

（2）贴合学生的阅读现状

学生读书，往往要经历阅读、整理、探究等阶段。所以教师在设计学程时，可以先让学生通读全书，撰写阅读报告单，报告一下阅读某本书的整体感觉、阅读收获和阅读疑问等，这样可以大体了解学生的阅读情况，为整本书阅读的学程设计做准备。现在的中学生，课业负担很重，平时阅读整本书有一定的难度。所以，比较可行的做法是假期（劳动节、国庆节、寒假、暑假等）布置学生通读某本书，假期后通过“同讲一本书”“项目学习”“成果展示”等形式进行反馈交流。教师的学程设计可以是任务群，也可以是问题串，也可以是活动单，还可以是为学生的阅读或学习提供的工具箱。

（3）尊重学生的阅读规律

学生阅读一本书的过程大概是这样的：了解内容——知道作品写了什么；理解内涵——理解写作意图、作品主题等；梳理逻辑——清楚作品的整体架构、写作逻辑、内在联系等；品鉴欣赏——语言特色、艺术手法、

文化印迹等；转化输出——发现交流、深度思辨、编演创作等。所以教师在设计学程时，也要遵循学生的学习规律，拾级而上，由浅入深，循序渐进，让学生读进去，又能讲出来。

（4）关注学生的阅读层次

阅读是有深浅之分的，美国学者范多伦在《如何阅读一本书》中将阅读分为基础阅读、检视阅读、分析阅读与主题阅读四个层次，每提高一个层次，就需要阅读人投入更多的精力、投入更高的主动性，以及熟练运用更高级的技巧。结合范多伦的分法以及布鲁姆的认知层次分类（知道、理解、应用、分析、综合、评价），我们将整本书的阅读层次分为感知内容、理解主题、分析写法、体味语言、编演创作等五个层次。教师在设计学程时，可以根据自己所教学生的情况逐层设计。如“初读《水浒传》，为其中的人物撰写小传”这个任务就属于感知内容的；“自己制定划分标准，为水浒人物划分战力等级”这个任务就有了理解分析的成分；“参照示例撰写水浒人物分析”这个任务层级就更高一些了，属于评价鉴赏了。

2. 整本书阅读学程设计的一般策略

（1）读出作品的文本密码

要想设计好一本书的阅读学程，教师必须首先读好、读透这本书，要能提炼出这本书的文本密码。这样，在设计学程时才能做到庖丁解牛——游刃有余，得心应手。就拿《儒林外史》来说，它的文本密码是“堕落与拯救”，讲的是读书人的故事，作者之意是“为儒林立品，为世人矫俗”。著名评论家黄安瑾评价这本书：“作者之意为醒世计，非为骂世也。”书中塑造了形形色色的读书人，有科举文人、理想文士和市井众生，读出了这本书的密码，我们就可以设计相应的活动或任务促进学生的阅读。如，可以让学生对这本书的结构进行梳理，可以让学生探究作品情节设置中的关隘等等。

（2）聚焦作品关键区域

设计阅读学程需要有专业的眼光，需要语文视角的考量，要瞄准书名、目录、开篇、结篇、序言、后记、转折等关键之处，因为一本书很厚，看完后也许有时候不知从何下手。书的名字是一本书的眼睛，透过它，可以窥见书中的奥妙；目录是一本书的骨架，透过它，可以洞察作者的思维脉络；开篇、结篇往往是作者凝神聚力所写，透过它，可以揣摩作者的用意；序言，或者是作者所写，或者是熟悉作者的人所写，一般是介绍成书过程、作者情况、作品内容、作品意义或者是对作者的评价；后记，一般都是作者所写，一般都是写成书的经过、自己的感受以及感谢语等等。序言或后记可以帮助读者尽快把握作品内容；转折处往往隐含着作者的情感思想。抓住了一本书的关键之处设计学程，往往能够纲举目张，引导学生尽快读懂一本书，读好一本书，整体把握其思想内容和艺术特点，从故事、人物、场景、语言等方面入手，深入探究，欣赏语言表达的精彩之处，梳理著作的艺术架构，分析人物形象特征，探究人物的精神世界，体会小说的主旨，研究著作的艺术价值。

（3）关注作品体裁特点

书的类型很多，有科学、文学、哲学、音乐、美术等等。就拿课标推荐阅读的名著来说，也有不同体裁：小说类、诗歌类、科普作品类、纪实作品类等。就是小说，又有古典小说、外国小说、现当代小说等不同类型，不同体裁，学程设计的方法也有所区别，关注点也会不同。如纪实作品应该关注真实性和文学性，科幻作品应该关注“科”与“幻”，古典章回体小说不能忽视“回目”，外国小说不能无视大量的“环境描写”和“内心独白”。

（4）紧扣作品个性语言

语文学科的本质是语言文字的理解与运用，因此语文学习，有一个学习对象，两个学习目标。一个学习对象就是语言运用的形式，包括词句运用的形式、篇章运用的形式、材料运用的形式和文体运用的形式。两个学习目标：一是认知目标，学习语言运用形式中体现的技巧和方法，提高语言运用的能力；二是情感目标，感受语言运用形式中蕴含的情感和思想，提升语言陶冶的品质。语文教师设计教程和学程时一定要要有学科意识，要注重作品中语言形式的学习与运用，这是语文视角阅读的关键。社会化的整本书阅读，主要是感知和了解，从中获得情感的熏染和精神的影响。

三、整本书阅读“学程设计”的案例举隅

《儒林外史》读前学程

学程示例一：查阅资料，了解明清科举考试的相关知识，如童生、秀才、孝廉、墨卷、方巾等，做一个资料汇编，发到班级群里供大家阅读。

成果示例：

明清科举考试

明清时普通农家子弟也可以认字读书，参加考试。八股文是明清科举考试采用的一种专门的文体，措辞要用古人口气，所谓代圣贤立言。它要求题目一律用“四书五经”中的原文，全文分破题、承题、起讲、入手、起股、中股、后股、束股八个部分。结构有一定的程式，字数有一定的限制，句法要求排偶。如《儒林外史》第四回中，张静斋说：“他是洪武三年开科的进士，‘天下有道’三句中的第五名。”这里的“天下有道”就是《论语》中孔子的话。

明清的科举类似今天的高考，大家统一考试，统一标准打分，所以考试难度较唐宋时要大得多。正规考试分三等，即乡试、会试、殿试，但在这之前必须参加童试，考中秀才后才有资格参加乡试（《儒林外史》中周进开始没有资格参加乡试，所以才有“撞号板”的悲情，后来是姐夫金有馀的伙伴一起凑了 200 两银子买了个监生，才有资格参加乡试的），考中举人才有资格参加会试，考上贡士才有资格参加殿试。

童试：各地考生参加县府的考试，每年一次，参加考试的人是童生［明清的科举制度，凡是习举业的读书人，不管年龄大小，未考取秀才（生员）资格之前，都称为童生或儒童］；地点在府、州、县所在地；由省提督学政莅临主持，主考官为知府、知州、知县；考取后，称秀才（生员）。

乡试：每三年一次，凡本省生员（秀才）与监生、荫生、官生、贡生，经科考、岁科、录遗合格者，均可应试，一般在八月举行，故又称“秋闱”；地点在府、州所在地；主考、副主考均由朝廷临时选派（皇帝钦点，如书中的周学道就是上级派来的主考）；考中者称为举人，俗称孝廉(《儒林外史》第二回“王孝廉村学识同科”中的王孝廉就是王举人王惠），第一名称解元。

会试：是中央一级的考试，一般在乡试的第二年三月进行，又称“春闱”，举人才能参试，地点在礼部，由阁部大臣主持，考中的称贡士，第一名称会元。

殿试：会试后同年五月份进行，皇帝主试，地点在天安门内保和殿，考试内容为策问。考中的称进士，进士分三甲录取。第一甲赐进士及第，共录取三名（状元、榜眼、探花），第二甲赐进士出身，第三甲赐同进士出身。状元授翰林院修撰，榜眼、探花授翰林院编修（《儒林外史》中鲁小姐的父亲就是编修）。殿试只用来定出名次，能参加的贡士通常都能成为进士，不会再有落第情况，并从此官服加身，荣耀无比。

另外，还有一些常识对阅读《儒林外史》有帮助，罗列如下：

墨卷：明清科举制试卷名目之一。乡试、会试时，应试者用墨笔书写试卷，称墨卷（《儒林外史》中第四回张敬斋说他读过刘基的墨卷，就是说他读过刘基的考场写的作文。一般人怎么可能去读100多年前考生的考场作文呢？而且是没有誊抄过的文章呢？作者的讽刺之意就在这里）。

朱卷：为了避免作弊现象的发生，墨卷由誊录生统一用朱笔誊录，再送试官评阅，称朱卷。

方巾：亦称四角方巾、四方平定巾，是明代儒生及处士所戴的方形软帽，是读书人身份的象征；秀才以上的穿戴特权，一般老百姓不准许的打扮。相传明初儒生杨维桢入见太祖朱元璋，戴此巾上殿，太祖觉得巾式奇异，问其巾名，杨氏谄谀道：“此四方平定巾也。”太祖听后极为高兴，乃颁布天下。故《明史·舆服三》有“洪武三年令士人戴四方平定巾”的记载。《儒林外史》一书，“机锋所向，尤在士林”，故常写到戴方巾的事。十三回述马二先生装束：“头带方巾，身穿蓝直裰，脚下粉底皂靴。”其实这马二先生也不曾“高补过”，只是个寻常书生罢了。又二十二回说一个开妓院的人戴方巾，被两个“戴方巾的秀才”看见，“不由分说，走上去，一把扯掉了他的方巾，劈脸就是一个大嘴巴，打的乌龟跪在地下磕头如捣蒜”。

明代的学校分为地方和中央两类，有普通和特种之分。就“普通”的来说，地方学校由“提学”掌管，设有各府儒学、各州儒学、各系儒学；中央的是太学，设有两京国子监，由祭酒、司业掌管。

洪武元年（1368 年）在南京设“国子学”，为明代“太学”的名称，令品官子弟和人民俊秀通文义的，并充学生。天下安定后，选择“府州县学”诸生入“国子学”（后改“国子学”为“国子监”，校址定在鸡鸣山下）。

学程示例二：陈美林是当代研究吴敬梓和《儒林外史》的大家，了解他的研究成果对阅读《儒林外史》很有帮助。请你为推荐阅读陈美林的《吴敬梓评传》（南京大学出版社　匡亚明主编），准备一篇课前五分钟演讲稿。

成果示例：

陈美林：一个人的“儒林”奋斗史

在中国古典小说名著中，《儒林外史》的读者不算多，以至于鲁迅要为它鸣不平，愤然说“伟大也要人懂”。在理解《儒林外史》伟大性的学术征途上，陈美林无疑是近四十年来最重要的研究者之一。

陈美林，1932 年生，江苏南京人，研究《儒林外史》的名家。

20世纪70年代，人民文学出版社邀请南京师范大学撰写《儒林外史》前言，此时已在南师大任教的陈美林奉命与事。此后，他与《儒林外史》结下了不解之缘。20 世纪七八十年代，陈美林有机会到全椒查阅资料，他有意识地做了“访人”和“寻书”两项工作。吴敬梓的曾祖吴国主纂的康熙《全椒志》保存了很多吴敬梓家族成员的资料，陈美林率先将其引入吴敬梓的研究中，对学界重新认识吴敬梓家世提供了有价值的帮助。

陈美林的《儒林外史》研究并无特殊的师承，所以卓树一帜，与其对吴敬梓抱有极大的兴趣和同情有关。在《陈批儒林外史》中，他以凝重之笔描绘吴敬梓在南京生活的小片段："冬日苦寒，无御寒之具，他便邀好友'乘月出城南门，绕城堞行数十里'——逮明，入水西门，各大笑散去。夜夜如是，谓之'暖足'。"对由封建大族降为小康之家、再坠入贫困境地的吴敬梓，陈美林忍不住要为他说话，客观还原吴敬梓复杂的人生变故。不仅使研究更进一步，也为吴敬梓辩白了污迹。

从最初关于吴敬梓的家世、生平、交游、思想、学养等研究入手，到中期《儒林外史》作品及评点的研究，再到对整个《儒林外史》研究史的梳理和回溯，陈美林的《儒林外史》研究层层推进，得以频开新境。如果想更好地阅读《儒林外史》，想更多地了解吴敬梓，建议大家去阅读一下陈美林的《吴敬梓评传》。

（摘自《齐鲁晚报》2019-03-17　作者尧育飞）

学程示例三：2011 年中国邮政为纪念吴敬梓诞辰 300 周年，为《儒林外史》出了六张邮票（分别是王冕画荷、范进中举、两根灯草、马二先生游西湖、杜少卿夫妇游山、沈琼枝利涉桥卖文）。请到书中找来跟这邮票相关的故事来读，并参照"范进中举"这个示例填写下列表格。

表 3-4

邮票标题	所在章回及回目名	故事概括	我的发现
王冕画荷			
范进中举	第三回 周学道校士拔真才 胡屠户行凶闹捷报	范进中举后疯了，岳丈胡屠户一巴掌将疯病治好。	范进醉心功名，已经到了如痴如疯的地步。
两根灯草			
马二先生游西湖			
杜少卿夫妇游山			
沈琼枝利涉桥卖文			

成果示例：

表 3–5

邮票标题	所在章回及回目名	故事概括	我的发现
王冕画荷	第一回 说楔子敷陈大义 借名流隐括全文	有一天，王冕在湖边放牛，看到雨后的荷花和荷叶非常干净，非常喜爱，便想把它画下来。经过不断的练习，他画的无骨荷花就跟真的一样，许多人抢着要买。王冕便把卖得的钱拿回家孝敬母亲。	王冕喜欢读书，酷爱学习，但不是为了功名。他是作者心目中读书人的榜样，是名流。
两根灯草	第五回 王秀才议立偏房 严监生疾终正寝	严监生临死前看到长明灯里是两个灯草做灯芯就闭不上眼睛，后来小妾赵氏拔去一根，他才瞑目。	严监生对自己太狠、太苛刻，但对哥哥、对妻子等并不吝啬
马二先生游西湖	第十四回 蘧公孙书坊送良友 马秀才山洞遇神仙	马二先生游西湖，眼中所见的并不是清新宜人的西湖胜景，而是女子的相貌，酒店的食物。马二先生面对的是前朝皇帝写的字，却犹如面圣一般跪拜，俨然如朝廷大臣一般。	马二先生作为一个读书人，对西湖美景麻木不仁，他的审美感贫乏浅薄可见一斑。马二先生念念不忘的是功名，他拿出扇子作笏板拜皇上时，嘴里可能念叨：历考一等贡生臣马纯上见驾，愿吾皇万岁万万岁！可见，科举制度已毒入他的骨髓。
杜少卿夫妇游山	第三十三回 杜少卿夫妇游山 迟衡山朋友议礼	杜少卿移家南京后，与娘子同游清凉山。他们携手同游，饮酒看花，风流自赏，这在当时无疑是一桩惊世骇俗之举，引起了各种人物的强烈反响。	作者精心设计这样一个情节，既表现了杜少卿叛逆者形象，也反映了作者自己内心对人性自由的向往。

续表

邮票标题	所在章回及回目名	故事概括	我的发现
沈琼枝利涉桥卖文	第四十回 萧云仙广武山赏雪 沈琼枝利涉桥卖文	沈琼枝被大盐商骗娶作小妾，被轿子抬进盐商家后，不为其奢华生活所动，不为其淫威所迫，机灵地从盐商家逃出，到南京利涉桥以卖诗文和刺绣为生。	这是个具有妇女个性解放意识的光辉形象，她的可爱可敬的灵魂在我心中留下了深刻印象，相信她在叛逆女性的文学画廊里也占有一席之地。

《儒林外史》读中学程

学程示例一：认真阅读第一回，比较书中的王冕和历史上的真实人物王冕有何不同之处，并思考作者这样安排的意图。

成果示例：

表 3–6

不同之处	作者意图
①书中王冕画荷花，历史上王冕画梅花。	画莲花寓意王冕“出淤泥而不染”，他与当时的读书人完全不同，读书不是为了考取功名，不是为了获取利禄。
②书中王冕七岁死了父亲，历史上王冕做山农后父亲才逝世。	书中为了突出王冕的孝顺母亲。
③书中王冕自学画花、写诗，小有名气；历史上王冕被韩姓收作学生，但屡应试不第，遂将举业文章付之一炬。	书中为了突出王冕读书很有灵气，很有才气，跟一般读书人“八股文”之外心无旁骛完全不同，他的爱好广泛。
④书中王冕在山东游历，最终隐居会稽山；历史上王冕游历在北方塞北，最后隐居于九里山的水南村。	书中的王冕离京城越来越远，表明他不想做官的决心。
⑤书中王冕不给权贵官员作画，历史上王冕不给外族统治者作画。	突出王冕坚决不做官的特点。

学程示例二：《儒林外史》的语言准确、简练而富于形象性，生动而有画面感，常以三言两语，使人物“穷形尽相”。请一边阅读一边批注，

撰写品读小语，评点语言内涵及妙处。

成果示例：

原文片段1：虽然如此说，元朝末年，也曾出了一个嵚崎磊落的人。这人姓王名冕，在诸暨县（今为诸暨市）乡村里住。七岁上死了父亲，他母亲做些针指，供给他到村学堂里去读书。看看三个年头，王冕已是十岁了。母亲唤他到面前来说道：“儿啊，不是我有心要耽误你。只因你父亲亡后，我一个寡妇人家，只有出去的，没有进来的；年岁不好，柴米又贵；这几件旧衣服和些旧家伙，当的当了，卖的卖了；只靠着我替人家做些针指生活寻来的钱，如何供得你读书。如今没奈何，把你雇在间壁人家放牛，每月可以得他几钱银子，你又有现成饭吃，只在明日就要去了。”王冕道：“娘说的是。我在学堂里坐着，心里也闷；不如往他家放牛，倒快活些。假如我要读书，依旧可以带几本去读。”当夜商议定了。

品读小语：十岁，小学四年级。一句“娘说的是”，再补充理由让母亲放心，不止孝顺，不止磊落。家庭大事，其母非役使差遣，而是与儿商议，其子方能心怀责任，从小独具思想，坦然表达。其母说“只有出去的，没有进来的”，并非针指劳作毫无收入，而是收支抵扣，入不敷出。

原文片段2：第二日，母亲同他到间壁秦老家。秦老留着他母子两个吃了早饭，牵出一条水牛来交与王冕，指着门外道：“就在我这大门过去两箭之地，便是七泖湖，湖边一带绿草，各家的牛都在那里打睡。又有几十伙合抱的垂杨树，十分阴凉。牛要渴了，就在湖边上饮水。小哥，你只在这一带顽耍，不必远去。我老汉每日两餐小菜饭是不少的，每日早上，还折两个钱与你买点心吃。只是百事勤谨些，休嫌怠慢。”他母亲谢了扰要回家去，王冕送出门来。母亲替他理理衣服，口里说道：“你在此须要小心，休惹人说不是；早出晚归，免我悬望。”王冕应诺，母亲含着两眼眼泪去了。

赏读小语：写邻居秦老，这雇主相待客气，仔细唠叨，为孩子能清楚明白。写母亲临别理衣，衬托王冕时年尚少；含泪叮嘱，为母不舍，家境无奈。写王冕却极省，只“应诺”一句，即掂出懂事担当的分量。

学程示例三：参照示例，一边阅读，一边撰写儒林人物小传，每周结合所读章回完成两个人物的小传。

参考示例：

表 3–7

姓名	杜慎卿（杜倩，字慎卿）
身份	杜少卿的哥哥，排行第十七，假名士
人物轶事	1. 曾考二十七州县诗赋首卷；2. 声称最讨厌女人，但一到南京就托媒婆纳妾；3. 他又好男色，“爱少俊访友神乐观”，上了季苇萧的当，访到的却是胡须满腮的来霞士；4. 召集阖城旦角到莫愁湖来，评定梨园榜，借机细细看其袅娜形容；5. 一面说最讨厌人一开口就是纱帽，一面却准备下几千两现银为科举中式使用；6. 对为他效力的鲍廷玺一毛不拔，却做空头人情，教鲍如何去向杜少卿要钱。
朋友圈	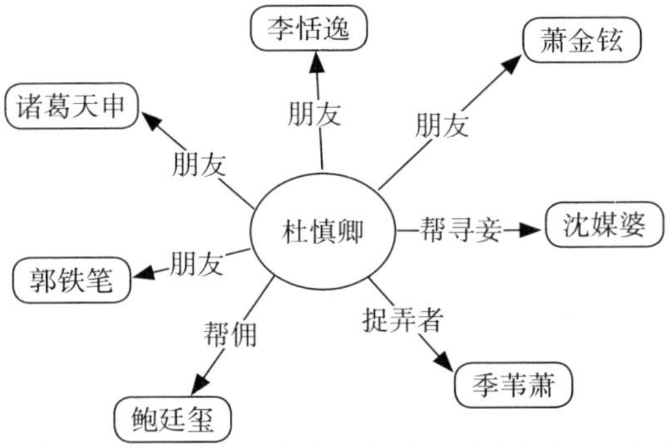
人物印象	口是心非的假名士，寻花问柳、放荡无聊的纨绔公子。

成果示例：

表 3–8

姓名	杜少卿（杜仪，字少卿）
身份	南直隶天长县秀才，是礼部尚书的令孙，排行第二十五，真名士。
人物轶事	1. 李巡抚荐举他入京做官，他用手帕包了头装病不去；2. 有人要同他去会知县，他说：“王家这一宗灰堆里的进士，他拜我做老师我还不要，我会他怎么！”；3. 放弃诸生籍，再不参加科举的各类考试；4. 敢于携着妻子的手，神情自若地游清凉山，使两边看的人目眩神摇不敢仰视；5. 敢于反驳被捧为经典的朱熹对《诗经》的解说；6. 把女性叛逆者沈琼枝引为同类，勇敢地给予支持；7. 反对纳妾制度，认为那是人为破坏了人类的自然平衡；8. 集资建祠堂，以便传承传统礼乐；9. 当衣服资助杨裁缝埋葬母亲。

续表

朋友圈	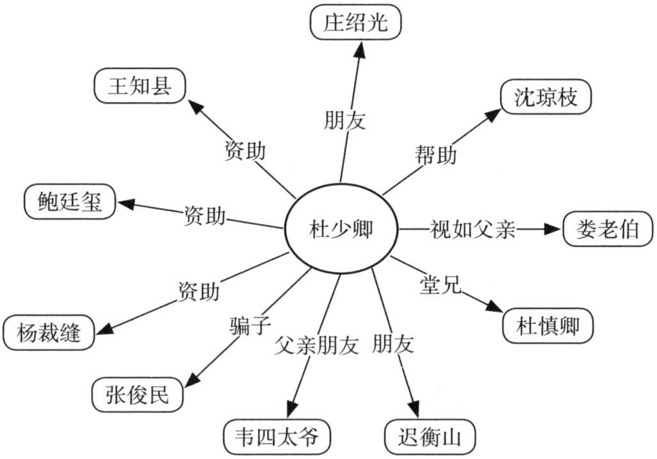
人物印象	慷慨超脱不为物累的名士，清高脱俗，轻财好施。虽然出身于“一门三鼎甲，四代六尚书”的官宦世家，却出淤泥而不染，行为中有些离经叛道，思想中具有某些民主主义的成分。

学程示例四：参照示例，一边阅读一边进行片段赏读，在书上勾画出片段，在旁边用几句话品析并指出赏读的方法。

【参考示例】

片段：落后点进一个童生来，面黄肌瘦，花白胡须，头上戴一顶破毡帽。广东虽是地气温暖，这时已是十二月上旬，那童生还穿着麻布直裰，冻得乞乞缩缩，接了卷子，下去归号。周学道看在心里，封门进去。出来放头牌的时节，坐在上面。只见那穿麻布的童生上来交卷，那衣服因是朽烂了，在号里又扯破了几块。周学道看看自己身上，绯袍金带，何等辉煌。

赏读：一个考官，一个考生；年龄经历相似，身份气派不同；科场失意的便穷愁潦倒，榜上有名的便飞黄腾达；“科举考试”为全书之纲，儒林各色人等，为此一一登场。

方法：对照式赏读

成果示例：

片段：一日，母亲吩咐王冕道：“我眼见得不济事了。但这几年来，人都在我耳根前说你的学问有了，该劝你出去做官。做官怕不是荣宗耀祖的事，我看见这些做官的都不得有甚好收场。况你的性情高傲，倘若弄出祸来，反为不美。我儿可听我的遗言，将来娶妻生子，守着我的坟墓，不要出去做官。我死了，口眼也闭。”

赏读：知子莫若母！王冕之母，区区农家老妪如此见识，非此母不生此子。观后文范进之母子，方知乃家学渊源如此。功名富贵，人所必争。王冕不仅不要，且唯恐避之不及，真性情！天地之大，何所不有？读楔子方知世上真有如此不重名利的磊落之人！此类高洁者于古于今，难与世人同此嗜好，唯其避世而居，才能成其美。知子且为之计深远，是真爱大爱。

方法：联想式赏读

《儒林外史》读后学程

学程示例一：纵观全书思考：为什么要把王冕放在最前面写？如果把周进放在开篇呢？

成果示例：

把王冕放在第一回，一是为了给作品定调子，王冕就是作者心目中的读书人的楷模，是作者赞美的对象，作者写这本书的是要“为儒林立品”，而不仅仅是抨击与批判；二是暗示作者的写作目的，第一回的王冕和第五十五回的“琴棋书画”四个人（擅长书法的季遐年，长于下棋的王太，喜欢弹琴的荆元，擅长画画的盖宽）遥相呼应，表明作者写这本书“非为骂世也，实为醒世计”。如果把周进放在第一回，写作目的和意图就截然不同了。周进也算有点才学的，可是一辈子魂牵梦萦、日思夜想的都是中个科举，最后看到号板就失控了。如果把周进放在开头，作者的目的主要就是讽刺与抨击了。

学程示例二：班级将举行《儒林外史》“吏治的腐败”专题探究活动，你所在的学习小组负责材料的收集整理，需要找出不少于三处证据并进行解说。

成果示例：

（1）范进中举后，曾经做过知县的张敬斋赶紧上门攀附这个新贵，又是送银子，又是送房子，而且出手非常大方；而且范进的母亲去世后，丧事的操办花销，张敬斋也出了不少。为什么以前从不来往的张敬斋会心甘情愿地送这么多钱财给范进？因为他看出范进是“潜力股”，会做官，可以拉近关系，为以后做事做好铺垫。这让我们看到当时官场的官官勾结、结党营私的一面。

（2）汤知县断案：书中这样描绘汤知百县：“次日早堂，头一起带进来的是度一个偷鸡的积贼，知县怒道：‘你这奴才，在我手里犯过几次，总不改业，打也不怕，今日如何是好？’因取过朱笔来，在他脸上写了‘偷鸡贼’三个字：取一面知枷枷了，把他偷的鸡，头向后，尾向前，捆在他头上，枷了出去。才出得县门，那鸡屁股里喇的一声，屙出一泡稀屎来，从额颅上淌到鼻子上，胡子粘成一片，滴到枷上。两边看的人多笑。”

一个信奉回教的乡绅为了能够吃上牛肉，就托人送了五十斤牛肉贿赂知县汤奉。汤奉也是个回教徒，他也十分想吃这牛肉，但又不敢违抗皇帝的禁令。汤知县为了表示“清廉”，为了出名，听取张敬斋的建议（我们也可以想象张敬斋原来是怎么做官的），竟枷死向他行贿五十斤牛肉的回教老师父，闹得群众义愤填膺，鸣锣罢市。事发后，按察司不仅没有处罚汤奉，反而将受害的回民问成“奸民挟制官府，依律枷责”之罪。如此“清廉”的知县，一年下来居然也搜刮了八千两银子。这让我们发现当时的官场是多么黑暗。

（3）能吏王举人。被称为江西第一能员王惠王太守，他的衙门里“三声”（戥子声、板子声、算盘声）非常出名。他上任做的第一件事，不是询问当地的治安，不是询问黎 民生计，不是询问案件冤情，而是查询地方人情，了解当地有什么特产，各种案件中有什么地方可以通融；接着便定做了把头号的库戥，将衙门中的六房书办统统传齐，问明了各项差事的余利，让大家将钱财归公。从此，衙门内整天是一片戥子声、算盘声、板子声。衙役和百姓一个个被打得魂飞魄散，睡梦中都战战兢兢。王惠是一个贪财、酷虐的官员，从中可以略见一斑，看出当时吏制的弊端，上级监管不力，官员可以任意妄为，贪赃枉法。

总之，书中这样的例子还有不少，这些官吏凭借科举得意，升官发财，作威作福；贪狠蛮横则成了他们的共同特性。让我们对当时吏治的腐败有了深刻的印象。

学程示例三：闲斋老人写于乾隆六年（1741）的序文中指出："其书以功名富贵为一篇之骨：有心艳功名而媚人下人者；有倚仗功名富贵而骄人傲人者；有假托无意功名富贵自以为高，被人看破耻笑者；终乃以辞却功名富贵，品地最上一层，为中流砥柱。"这是闲斋老人以功名富贵为关键点的分类标准，请根据你对人物的认识，按照你的标准将下列人物进行分类。

王冕、范进、周进、严监生、严贡生、沈琼枝、鲁小姐、胡屠户、王惠、严致和、汤奉、虞博士、庄征君、成老爹、杨执中、杜少卿、杜慎卿、张静斋、鲁编修、权勿用、萧云仙、梅玖、荀玫、王德和王仁、陈礼、娄三和娄四、蘧公孙、马二先生、洪憨仙、牛浦郎、牛布衣、牛玉圃、鲍文卿、韦四太爷、娄焕文、迟衡山、虞华轩、王玉辉、万中书、凤四老爹、庄濯江、聘娘、王三姑娘、季苇萧、张铁臂、鲍廷玺、匡超人、汤镇台、郭孝子、万雪斋

成果示例：

1. 女性形象

（1）赞美的对象：沈琼枝

（2）批判的对象：鲁小姐

（3）同情的对象：聘娘　王三姑娘

2. 男性形象

（1）批判的对象

科举迷：范进　周进　鲁编修　马二先生

坏官绅：王惠　汤奉　严贡生　张静斋

蜕变者：匡超人　鲍廷玺

假名士：杜慎卿　蘧公孙　杨执中　权勿用　季苇萧

小丑类：成老爹　胡屠户　王德和王仁　胡三公子　梅玖　王玉辉　娄三和娄四

骗子类：牛浦郎　牛玉圃　鲍廷玺　张铁臂　洪憨仙　陈礼　万中书

暴发户：万雪斋

（2）褒扬的对象

真名士：王冕　虞博士　庄征君　杜少卿　庄濯江　迟衡山　虞华轩

正直者：萧云仙　韦四太爷　郭孝子　鲍文卿　娄焕文

义壮士：凤四老爹

亲兄弟：余特余持

（3）毁誉参半者：严监生　牛布衣　汤镇台

学程示例四：班级开展探究《儒林外史》讽刺艺术的专题活动，每人负责一回，要求至少从这回中选择一个具有讽刺意味的故事进行品读，完成下表。

表 3–9

具体章回		回目名称	
内容概括		讽刺手法	
讽刺对象		讽刺实质	
赏读小语			

成果示例：

表 3–10

具体章回	第四回	回目名称	荐亡斋和尚吃官司 打秋风乡绅遭横事
内容概括	严贡生借猪讹钱	讽刺手法	对比
讽刺对象	严贡生	讽刺实质	八股取士所选拔的所谓人才的嘴脸
赏读小语	严贡生但凭嘴皮子吹嘘，其实行为卑污。嘴上说着为人率真，实际上却横行乡里、鱼肉百姓，无孔不入地用最卑劣的诡计压榨别人的血汗。科举制度养出来的除了迂腐不堪的文人以外，还有一类卑鄙无耻之徒，严重败坏了社会风气。		

第四章　不同类型的整本书阅读教学策略及案例

第一节　革命文学类整本书阅读教学探究

革命文学类整本书主要是指“中国革命传统作品”，如《红星照耀中国》《红岩》等，它们往往着力描绘鲜活生动的英雄人物或模范人物形象，展现他们可歌可泣的英雄事迹，表现他们“不畏强敌、不惧风险、敢于斗争、勇于创新”的奋斗精神，具有题材广泛、内容丰富、生动形象、易于感染人的独特育人优势，以文化人，以文育人，使学生在阅读中感受崇高的革命理想和忘我的革命情怀，潜移默化地受到熏陶感染，逐步树立正确的思想观念和高尚的道德情操。这些作品事例典型、话语质朴、细节生动、情怀感人，学生读来可以感受到一种崇高感和庄严感，心灵受到震撼，情感得以升华。这类作品如何教学呢？

【教学要求】

《革命传统进中小学课程教材指南》《义务教育语文课程标准》《普通高中语文课程标准》是“中国革命传统研习”教学的三个纲领性文件。

《革命传统进中小学课程教材指南》（以下简称《指南》）是为贯彻习近平总书记关于革命传统教育要从娃娃抓起的重要指示和党的十九大精神而编制的。《指南》指出，“革命传统”覆盖全部革命历程，即自中国共产党建立以来在不同历史时期形成的革命传统，包括新民主主义革命、社会主义革命和建设、改革开放和社会主义现代化建设三个时期。《指南》规定了学习的主题（包括：中国共产党的领导地位、共产主义理想信念、以人民为中心的立场、实事求是思想路线、革命斗争精神、爱国主义情怀、艰苦奋斗传统）、实施载体（包括重要革命史实和关键事件、革命英雄人物及事迹、革命文物、遗址、纪念场馆、重要纪念日及仪式等原始素材以及基于原始素材创作的作品，具体指反映马克思主义真理和共产党人人格光辉的文章和文学艺术创作，既包括革命英雄人物自己撰写或创作的作品，也包括其他人以重要革命事件、革命英雄人物事迹为题材撰写或创作的作品）。

《指南》对不同学段提出了不同的要求与载体形式。初中要求：选择反映理想信念、革命斗争精神、爱国主义情怀、艰苦奋斗传统等方面的文学作品，革命领袖的经典诗文，有关英雄模范的新闻、通讯、报告文学等，使学生理解作品中蕴含的中国共产党坚定理想、百折不挠的奋斗精神，立党为公、忠诚为民的奉献精神等，努力向英雄模范、先进人物和各行各业的标兵学习，培育忠于祖国和人民的优秀品质。高中要求：选择有关革命传统的新闻、通讯、报告、演讲、访谈，以及优秀论文与杂文等，让学生联系自身思想实际和亲身见闻，深入理解和体会作品中所反映的革命志士以及广大人民群众为革命、建设、改革开放万众一心、坚韧不拔的革命精神与高尚人格，厚植爱国主义情怀，努力成为有理想、有本领、有担当的时代新人。

《义务教育语文课程标准》则从主题与载体等方面规定了课程内容。其中第四学段（7 ~ 9 年级），可以梳理为：

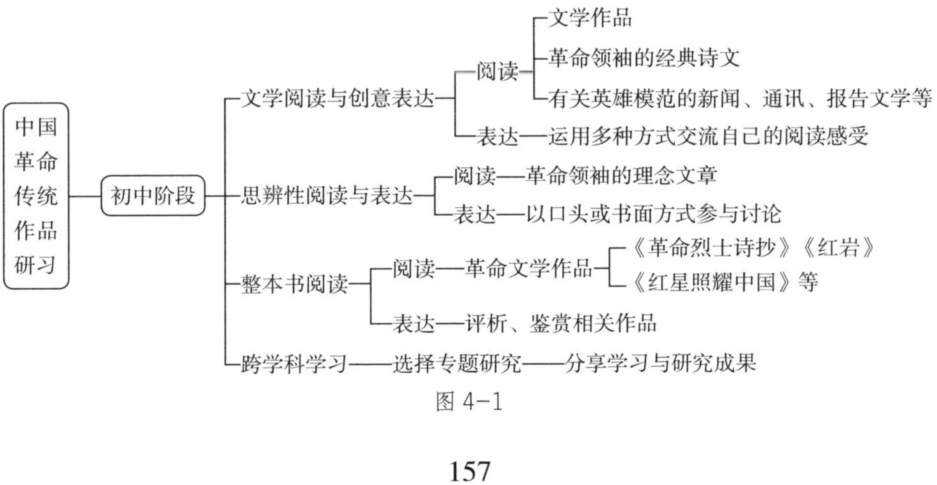

图 4-1

《普通高中语文课程标准》中与“革命传统文化”相关的内容主要在“学习任务群 9 中国革命传统作品研习”与“学习任务群 15 中国革命传统作品专题研讨”。前者学习内容贯串必修、选择性必修和选修三个阶段；后者属于选修内容。具体内容梳理如下：

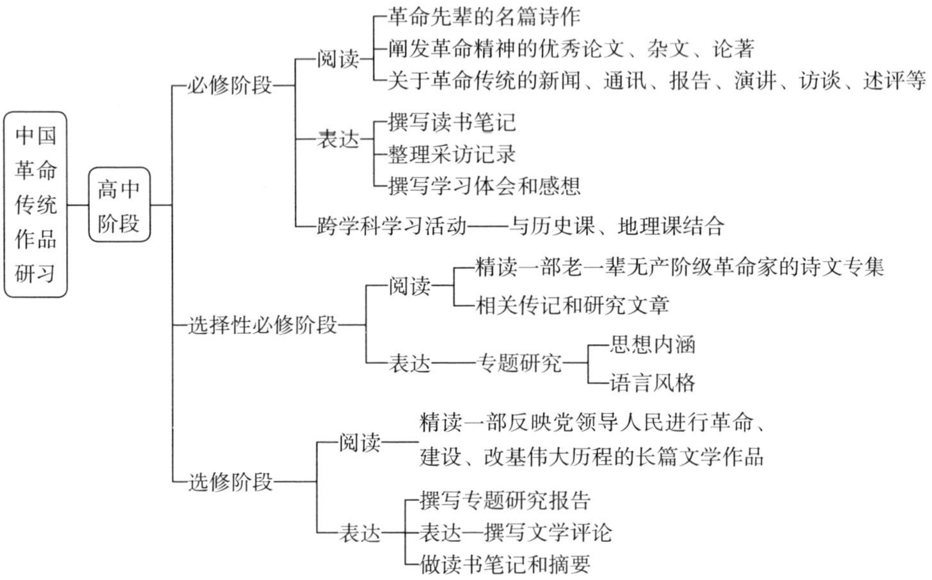

图 4-2

【实施导图】

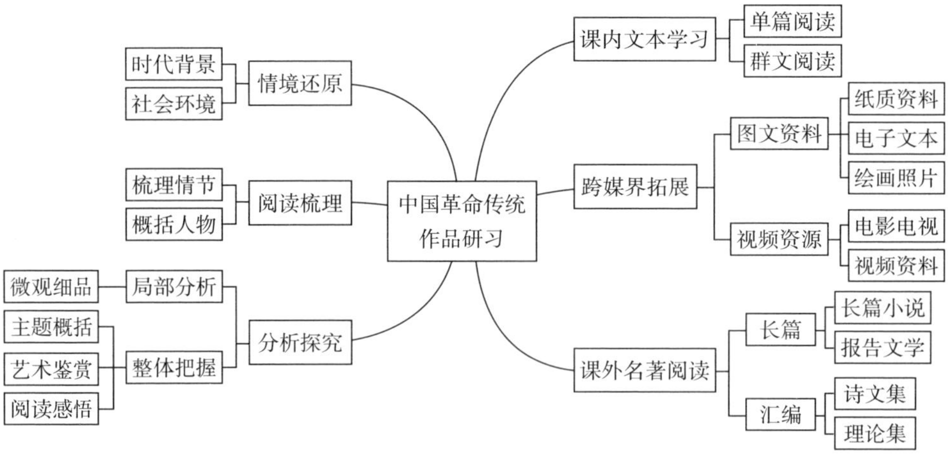

图 4-3

按照阅读与研讨的内容，可以将教学的基本策略作出如下安排：

1. 革命领袖或革命者的诗文等文学作品

毛泽东、周恩来、陈毅等老一辈革命家，他们在革命过程中，为我们留下了许多优秀的诗文作品。我们要首先阅读与研讨他们的作品。除了认真阅读这些作品，还要着重做好以下几方面的事：

（1）通过历史作品了解当时革命斗争的形势，了解所写革命斗争的史实；

（2）阅读长征的人物传记或回忆录了解老一辈革命家写作时的亲身经历；

（3）学习老一辈革命家其他的著作，理解他们的革命理想与革命情感；

（4）阅读相关作品的鉴赏性文章，深入理解作品内容，并能提出自己的看法。

2. 反映中国革命传统的优秀文学作品

从新文化运动开始，历经左联、解放区、国统区等直接反映党领导人民进行革命的文学，以及中华人民共和国成立后反映社会主义建设、改革的作品。在阅读这些作品时，我们要做好以下几方面的事：

（1）感受作品表现的艺术形象，在关注典型形象的同时，还要理解群像的意义；

（2）根据自身的历史积累及其他历史作品，弄清作品表现的时代背景；

（3）细读作品，整体把握作品内涵，理解创作意图，理解作品艺术特点，获得审美体验；

（4）在自读自思的基础上，以项目的方式，组织学生讨论，力求有独到认识。

3. 革命领袖的理论文章、其他革命者或研究者阐发革命精神的优秀论文与杂文

（1）理解革命理论，理解其理论高度、对革命的引领作用以及现实意义；

（2）开展专题研讨，分析论证的逻辑性，体会其逻辑性和崇高性的结合；

（3）摘抄其中的名言警句，就其中观点与同学开展讨论，提升思辨水平。

4. 关于中国革命传统的新闻、通讯、报告、演讲、访谈、述评等非虚构类优秀作品

（1）直接阅读相关作品，深入理解作品内容，学习作品写作手法；

（2）作为阅读与探究其他作品的资料，成为群文阅读的组成部分或整本书阅读的辅助资料。

【教学策略】

（一）立足课内，走向课外，直抵整本书阅读

教材中与“中国革命传统”相关的文章是开展整本书阅读的基础，要充分用好教材，从教材中的单篇学习走向群文阅读，再进行整本书阅读。《沁园春·雪》《我爱这土地》《祖国啊，我亲爱的祖国》《屈原》等都是经典作品，都可以以精读的方式来学习。但同时，我们还可以加以整合，结合课外文章，以专题的形式，开展群文阅读，乃至长篇整本书阅读。

初中阶段的学习，如：学习《纪念白求恩》《沁园春·雪》《回忆我的母亲》《梅岭三章》等课文时，既可以以此为基础指导学生阅读《毛泽东诗词选》《毛泽东选集》，也可以指导学生阅读其他革命领袖的诗词，组织学生阅读、编撰《革命领袖诗词集》；也可以在阅读《屈原》（节选）时，指导学生阅读话剧《屈原》整部剧本；还可以用专题的形式组织群文阅读，比如“抗日爱国”主题，可以指导学生打通年级与学期，前后勾连，开展阅读与探究，如孙犁的《白洋淀纪事》、光未然《黄河颂》、艾青《我

爱这土地》、端木蕻良《土地的誓言》等作品。这些作品集中表现了中国人民热爱国家，英勇抗战，拯救民族希望的情感。

高中阶段，则有直接对应的教学单元，如选择性必修上册第一单元，包括《长征胜利万岁》《大战中的插曲》《别了，“不列颠尼亚”》《县委书记的榜样——焦裕禄》等作品。这些作品既有领袖对革命精神的阐发、新民主主义革命经验的总结与国家制度的阐释，也有开国将帅的回忆录，反映先进人物事迹的新闻作品。这些作品，以任务群的方式开展教学，有利于学生多角度把握革命者的革命事迹、革命精神、革命情怀、革命人格。

从单篇到群文，从群文到整本书，再辅以专题汇编、多媒体资料，多种资源相结合，既可以让学生消除隔膜，也可以让学生整合学习，让学习走向深入。

（二）还原情境，把握作品的背景

革命传统作品，其核心都是表现那个时代的革命斗争，抒发那个时代革命者的革命情怀，因此具有极强的现实性与思想性，要读懂这些作品，理解其深刻的思想内容，必须了解当时的革命斗争的形势，了解作品所表达的革命斗争史实。反之，如果不了解当时的史实，不了解当时的斗争形势，我们就难以准确把握作品的内容，理解作品的意义。

1. 了解时代背景与社会环境。革命传统作品，其革命理论产生于那个特定时代，其革命事迹发生于那个特定时期，特别是那些描写革命者在黑暗中摸索、在艰难中追求，在困苦中拼搏，用理想、热血与牺牲创造新社会的作品，都有其特定的历史背景，对于已经过去半个世纪以上，生活在和平年代的青年学生来说，会有一定程度的隔膜，因此在指导学生阅读与探究时，要指导学生了解那个时代背景，让学生理解那个波澜壮阔的大时代，血雨腥风的大环境，从而做到阅读前的准备。在具体的操作中，要充分发挥学生的主观能动性，综合运用各类资源：

运用跨学科知识，对时代背景与社会环境有深刻的了解。要借助历史等学科的知识以明其事，借助政治等学科的知识以明其理。

运用跨媒体知识，对时代背景与社会环境有真切的体验。要借助网络资源、视频资料、历史遗存、纸质档案等，全方面了解并深切体验那个时代特征。

有些作品内容的理解，不仅需要了解时代背景与社会环境，还与特定的自然环境、风土人情、文化传统有关，所以还需要尽可能地深入具体的时空，以深刻理解作品。

2. 还原历史情境，让学生获得真切的情感体悟。解除阅读隔膜的最好的方法，还是还原历史情境，让学生自然而然地进入作品，沉到作品的特定情境和氛围之中，成为作品中的一个参与者、感受者，亲身体验作品的魅力，从而获得真切的情感体验和真实的人生感悟。

3. 创设符合历史真实的教学情境。革命传统作品或为真实发生过的历史，或在作品中尽力追求历史的真实性，因此学习革命传统作品，培养学生的爱国主义情感，学习革命英雄的无畏精神，就必须要在真实的情境中来进行。这就需要教师能创设具有真实性的教学情境。创设教学情境的途径主要有：

以当地革命历史博物馆为资源，通过参观访问，创设教学情境。

通过身边的老一辈革命者，要经历过革命时代的老人讲述，创设教学情境。

通过多媒体技术，包括观看图片、音频、视频资料等，创设教学情境。

通过学生的生活实际与亲身见闻，交流互动，创设体验性教学情境。

通过学生独立或小组合作方式开展语文活动，如设计与作品相关的文案，创设具有实践性的教学情境。

（三）指导阅读，评点与梳理相结合

评点法与梳理法就是整本书阅读的常规方法。

评点法是一种对富有特色的字、词、句等进行评论与赏析的文学批评形式，它是古人研读文章的一种重要方法，所展示的是读者个性化阅读与自主阅读的能力。如金圣叹评点的《水浒传》、毛宗岗父子评点的《三

国演义》、脂砚斋评点的《红楼梦》等。借鉴古人的评点法，品鉴作品的语言，指点文章的脉络，揭示作者的用心，对于中国革命传统文化作品，有极其重要的作用。如，我们在阅读《平凡的世界》时，既可以评点字词，也可评点句段；可以评点人物，也可评点情节、环境。评点时，还可以"心鹜八极"，在环境、人物、环境等方面作自由的联想。阅读文学作品，可以用评点法补充史料，可以从此作品联想到彼作品，对人物、情节与环境作对比。评点法属于文学作品的原点解读，体现了作品的自由解读。

梳理法也是阅读中国革命传统作品最重要的方法。梳理法通常有下面几种模式：

1. 内容整合模式：总分总模式

总，就是总体把握：为什么看这本书，这本书有哪些好处，书的前言与后记介绍了文章什么核心观点与主要内容。

分，主体部分，阅读书中最重要部分。虚构类作品，如小说，梳理情节、梳理环境、梳理人物关系等，梳理时一定要抓住小说的主线，逻辑关系。非虚构类作品，如散文，梳理相关故事，梳理史实等。革命理论类，梳理时，抓住核心概念，用思维导图等工具厘清概念间的关系，梳理文中的观点及采用的论据。

总，总结提炼出作品意义，思考其对于现实生活的意义。

2. 要素分解模式：5W1H 模式

梳理的"5W1H"分别是：Why，梳理这本书写作背景与写作目的；What，梳理这本书的内容，包括观点、主张、知识等；When，作者写作的时间、时长等；Where，作者写作的地点，读者应用的场合等；Who，作者及其背景，读者对象及必备的阅读知识背景；How，如何运用书中的信息，技能和方案。如阅读《红星照耀中国》，我们就可以先梳理出这部书写作的背景与目的，然后再梳理出作者斯诺对中国共产党、中国革命、中国革命领袖等方面的认识，梳理出书中生动的故事；还可以梳理出作者创作这部书时，所在的地点、写作的时长，了解创作这部书的过程情况；

还要梳理读者阅读这部书应该准备的知识、阅读的场合以及今后的运用等等。

3. 问题解决模式：SCQA 模式

这个模式是，先提供一个熟悉的情境（Situation）或稳定的状态，然后描述情境存在的矛盾冲突或突然的变化（Complication），再指出问题（Question）所在，并强调需要解决，最后得出答案（Answer），提供可行的解决方案。这个模式，从问题产生到提供答案，需要把书中的内容解构，再建构整合成一个全新的内容。

不同的类型的文本，梳理的重点是不一样的。非虚构类作品，更多地通过阅读了解作品的内容，理解作品的主题。虚构类作品，除了通过作品把握的内容之外，把握其思想性之外，更多的是应该体验作品的艺术性；既沉浸于作品所描绘的环境，体验作品描绘的场景与时代特点，追踪其故事的发展，与其中的人物对话感受其喜怒哀乐，把握其丰富、复习的主题，又要把握其或宏大或精巧的构思，虚构的技巧与功能，品味其个性化的语言。论述类文章，需要梳理文章以把握思路和逻辑，诗歌需反复朗读文章以感受豪情和襟怀等等。

（四）设计项目，深入探究与鉴赏

1. 注重局部分析、微观细品，开展微探究活动

沉入细节，品评其中精彩的细节，是阅读文学作品重要的方法，因为只有这样才能在阅读与品析中走进波澜壮阔的时代、曲折多变的情节，丰富的人物内心世界。

中国革命传统作品与一般的文学作品相比，在人物、情节与环境的刻画上，更倾向于着力刻画人物，因为作者更喜欢通过对英雄人物的刻画，来表现革命者的成长与伟大，更能表现作品主题。所以，阅读中国革命传统作品，应特别关注人物的音容笑貌、言行举止，通过细节品读，走近人物，进而理解人物所揭示的意义和价值。如《青春之歌》，作品成功地塑造了众多的不同阶级的知识分子群像。这里不仅有共产党人卢嘉川、林红，

有由小资产阶级知识分子成长为无产阶级战士的林道静，还有原来并不关心政治的王晓燕，有曾狂热的追求革命后来堕落成交际花的白莉萍，有只顾自己的名利、不关心民族危亡的余永泽，还有堕落成叛徒的戴愉等等。通过众多人物的表现，反映了那个时代知识分子的分化与抉择，探讨了知识分子的命运与道路问题。而在刻画人物上，则注重细节的描写，如小说通过林道静的眼光和感受，刻画了林红的形象：林道静在受刑三天后苏醒过来时，先是听到林红温柔亲切的声音，侧头望去才看出，那是个非常美丽的女人："她的脸色苍白而带光泽，仿佛大理石似的；一双眼睛又黑又大，在黯淡的囚房中，宝石似的闪着晶莹的光。"小说也通过林红之口，描述了李伟的形象和事迹，"他的眼睛大大的，头发黑黑的，身材高大而英俊"；"懂音乐，爱艺术，又写得一手好文章，精神总是很饱满"。

2. 开展项目式的探究活动

在整合中探究。教材课文的学习，可以采用整合的方式，让学生就某一主题深入阅读与探究。如初中教学，可以以教材中的课文为点，以课外的名著为线，连接点与线，形成更大的面，以提高阅读的效率。高中必修阶段可以采用大单元、大任务的方式，选择性必修阶段，则可以多角度、多层次地组织主题学习单元，由点到面地展开学习。如《荷花淀》与《百合花》便可以整合起来，作如下的微探究：战争环境下"诗意"渲染；战争环境下人物心理开掘；战争环境下人性内涵透视。

整本书阅读时要加强研究意识，可以是在某一本书内部设置一些研究话题，也可以是跨多本书开展一些专题的研究。例如，阅读《暴风骤雨》，内容研讨，可以探究三次斗争会的写法，跨多本书研究，则可以与《太阳照在桑干河上》和《李家庄的变迁》等作品，探究小说情节设置与人物塑造方面的异同。

从课内到课外，从课外的单篇到整本书阅读、跨文体、跨媒体阅读，中国革命传统的学习应该内容丰富，形式多样些。如：

课内的多篇整合：从《纪念白求恩》《说和做——记闻一多先生言

行片段》到《记念刘和珍君》《为了忘却的纪念》等——探讨我们该如何纪念我们的先烈。

先整合课内，再联系课外：从《荷花淀》到《百合花》，再到《白洋淀纪事》——探究战火中的情爱与诗意。

先课内再课外整本书，再到纪录片；从《长征胜利万岁》到《红星照耀中国》，再到《长征》——探究多元视野中的长征精神。

初高中时期的探究，并不强求其独创性，也不强求所谓“学术价值”，看重的是探究性思维品质的养成。一般以新学内容为基础，以已学内容为辅助，以课外的内容为拓展，能在联系中发现规律就可以了。即便是前人已有的研究成果，也可以设置新的角度，引导学生加以探究。如革命传统作品中“正面人物、中间人物、反面人物”三分法的写法，就可以提供给学生分析这种叙事模式的优点及不足，分析中间人物摇摆与分化，揭示人物塑造的规律。

（五）开展活动，丰富学习的形式

消除学生对中国革命传统作品的隔膜，让敬畏与距离变成学生的喜闻乐见，这是初高中学生阅读中必须解决的问题。那么，如何解决这些问题呢？我们可以通过丰富多彩的活动，变单一的阅读为多样的学习。

1.主题式探讨活动。通过一个主题，为学生设计“读”“观”“听”“说”“写”等一系列的活动。例如阅读《红星照耀中国》，可以把作品先分成三大主题：领袖人物和红军将领的革命之路，关于长征，信仰与精神，然后在每个大主题下面又再分出若干个小主题，让学生在阅读中摘抄、演讲、绘思维导图、办手抄报、开展辩论等，以激发学生的阅读兴趣。

2.组织跨媒介的学习活动。在阅读某一作品时，我们可以指导学生阅读纸质书的同时，提供一些视频资料、电影电视让学生观看，作为整本书阅读的补充材料，在学生的阅读中，起辅助作用，让学生更直观地了解作品的内容，理解作品的主题，帮助学生读懂原著。如阅读《红星照耀中国》，就可以让学生同时观看电视剧《长征》。同时还可以让学生将电视剧、电影与原作进行对比，研讨改编的得失，更深入地理解原著。如阅读《林海雪原》，就可以让学生观看《智取威武山》，让学生就其中的片段进行对比，改编作品的修改与调整，情节发展的逻辑是否合理，是否符合原著的历史背景、时代特征。

3. 开展跨学科学习和实地探访活动。对写作背景、历史情况等的深入了解是阅读革命传统作品的基础，甚至可以说是关键，因此深入了解作品的有关背景，可以与历史、地理学科结合，组织形式多样的跨学科的学习活动。如在阅读《太阳照在桑干河上》《暴风骤雨》的时代，可以同时学习历史中的“土地革命”，以了解小说的历史背景。条件允许的同学，还可以访问“土地革命”的亲历者，通过讲述，将学生带入当时的历史情境中去。

【教学案例】

《艾青诗选》整本书活动设计

（一）设计说明

艾青，是中国现代新诗成熟的标志性人物，中国现当代诗坛群星闪耀，艾青是其中很独特的一颗。他被称为“一生追求光明的作家”：对土地的热爱，是艾青作品咏唱不尽的旋律；对“太阳”“黎明”“光”“春天”等的追求是艾青诗中永恒的主题。他以“最伟大的歌手”要求自己，他是中国社会发展重大历史进程的见证人和记录者。

基于此，我们可以设计“大地和太阳的歌者”学习活动，包括“由表及里，进入内核”和“由外而内，对比阅读”两组任务，分别对应两组具体的学习活动。

第一组活动着重于从整体上理解艾青诗歌的情感与艺术魅力，从泛读整本诗集到精读代表诗作，再选出推荐诗作、写推荐语、录制音频版，是从“面”上的广泛阅读到“点”上的深入理解。

第二组活动着重于在理解基础上的表达和交流，是第一组任务的拓展再深化，要求如下：对比同时代闻一多、戴望舒等诗人的作品，体会艾青作品的独特性，读出“这一个”，并化诗为文，在公众号或者其他平台上发表诗歌评论；联系时代背景，知人论世，谈一谈文学作品中中国知识分子的人文精神，再小组合作，化诗为画，把对诗人、诗歌、时代等的理解融入一张海报的设计中，参加“大地和太阳的歌者”海报展。

（二）学习情境与任务

某校的学生社团拟举办庆祝新中国成立 70 周年系列文化活动，学校诗社策划举办艾青诗歌专场活动。请同学们在泛读《艾青诗选》、精读代表诗作的基础上，以小组合作的形式，合力推荐三首艾青的代表诗作，并完成如下任务：

化诗为语——写推荐语。

化诗为声——录制音频版。

化诗为文——在公众号上发表诗歌鉴赏或评论。

化诗为画——小组合作绘制一张海报，参加“大地和太阳的歌者”海报展。

（三）学习目标与内容

1. 阅读与鉴赏：泛读、精读《艾青诗选》，品读、鉴赏诗歌语言，感受诗歌中的意象和情感，理解作者的创作意图和情感抒发。

2. 表达与交流：在小组讨论、组间交流和分享展示活动中，交流阅读感受，并通过合作解决问题，完成各项实践任务。

3. 通过化诗为语、化诗为声、化诗为文、化诗为画等跨界融合的实践活动，进一步体会艾青诗歌情感的充沛和艺术的高明。在此基础上形成自己对艾青诗歌的广泛了解和深入理解，并依据不同的表达目的完成读写画结合的任务。

（四）学习资源

1.《大堰河——我的保姆》

2.《雪落在中国的土地上》

3.《我爱这土地》

4.《黎明的通知》

5.《给太阳》

6.《光的赞歌》

（五）学习活动设计

1. 由表及里，进入内核

（1）泛读《艾青诗选》

请同学们泛读艾青不同时期的诗作，重温慷慨激昂的历史，初步感知艾青作品的情感内涵和艺术特色，体味诗歌的魅力。

（2）精读艾青诗作

精读以下六首艾青创作于不同时期的诗歌：

《大堰河——我的保姆》（1933 年 1 月 14 日）

《雪落在中国的土地上》（1937 年 12 月 28 日夜）

《我爱这土地》（1938 年 11 月 17 日）

《黎明的通知》（1940 年）

《给太阳》（1942 年 3 月 11 日）

《光的赞歌》（1978 年）

学生可以自主研读，也可以合作研读，旨在鉴赏诗歌语言和意象，理解作者的创作意图和情感抒发。

（3）化诗为语。为艾青诗歌制作展板。请同学们在精读这六首诗歌的基础上，通过小组合作为其中的三首诗分别写 300 字以内的推荐语，供活动组织者布置展板参考。

（4）化诗为声。为艾青诗歌专场活动录制朗诵音频。请同学们仍以小组合作的形式录制一首艾青诗作的朗诵音频，上传发布到活动平台（可以是小组成员单独朗诵，也可以是合作朗诵）。

小组合作录制音频需要做一些准备，如选择诗歌、聆听并模仿名家诵读、向老师或同学请教、选择背景音乐、下载制作朗诵音频的 App、录音试听，等等。

2. 由外而内，对比阅读

（1）读一读，在对比中读出“这一个”

对比阅读同时代闻一多、戴望舒、卞之琳、穆旦、杜运燮等诗人的作品。

①仔细品味这些诗作的相同之处和不同特点。

②了解和体会艾青诗歌对“散文美”的追求、以日常口语和生活细节入诗。

③体会作品追求“土地”“太阳”“黎明”之类主题等特点。

④在这种比较阅读中，了解不同诗人的贡献及其在新诗史上各自的意义。

（2）写一写，化诗为文

从自己研究的“兴趣点”出发，撰写一篇关于艾青诗歌的短评（字数不限），发布到公众号上，并择优在诗歌专场活动展板上展出。

（3）说一说，在特定语境中感知“那时代”

请同学们结合传记资料，联系时代背景，将艾青作品放回到历史发展的特定语境中阅读，并与同学一起讨论。

①建立一种历史感和“知人论世”的阅读眼光，学会从艾青写作风格和创作历程的变动中，挖掘出背后的深层动机，切实把握诗人与时代的复杂关系。

②以艾青为切入点，深入讨论探究现代中国知识分子曲折的命运和文学作品中中国知识分子的责任与担当。

（4）绘一绘，化诗为画

艾青在大学期间主修绘画。在艾青的诗作中能明显发现画作的痕迹，尤其是他诗歌中油画般浓重的色彩和光影，如结合富有苦难中国特色的“土地”“火把”等意象，将“嘶哑”呼号的生命情感乃至精神血脉灌注其中。这让他的作品有一种现代史诗和“大地哀歌”的气象和性质，带动了中国新诗走向开阔和成熟。

请以小组合作的形式，把对诗人、诗歌、时代等的理解都融入“画”——

绘制一张艾青诗歌专场活动宣传海报，并参加海报展。

第二节　经典诗文类整本书阅读教学探究

经典诗文类整本书主要指课标推荐的一些诗歌类整本书以及文章类整本书，比如初中阶段课标推荐的《艾青诗选》《泰戈尔诗选》《唐诗三百首》《朝花夕拾》《湘行散记》《给青年的十二封信》《契诃夫短篇小说选》等。这类作品与诗集文集不同，从内容上来看，整本书有章节篇章之分，这些章节之间是有一定的思想逻辑、严谨连贯的结构，而文集诗集的作品之间是比较松散的关系。诗文类整本书阅读教学，不仅要关注正文所呈现的表层文字和深层内涵，还要化零为整，寻觅作品之间的内在联系，挖掘思想逻辑。

【教学要求】

《义务教育语文课程标准（2022 年版）》中指出，“整本书阅读”这个拓展型学习任务群，旨在引导学生在语文实践活动中，根据阅读目的和兴趣选择合适的图书，制定阅读计划，综合运用多种方法阅读整本书；借助多种方式分享阅读心得，交流研讨阅读重点问题，积累整本书阅读经验，养成良好阅读习惯，提高整体认知能力，丰富精神世界。

2022 课标对“整本书阅读”学习任务群的学习要求是：“独立阅读古今中外诗歌集、散文集等文学名著，如《朝花夕拾》《艾青诗选》等，根据阅读进度完成读书笔记，针对作品的语言、形象、主题等方面的话题展开研讨。”“开展多样的读书活动，丰富、拓展名著阅读。借助多种媒介讲述、推荐自己喜欢的名著，说明推荐理由；结合自己的阅读体会，尝试撰写文学鉴赏文章。”

【实施导图】

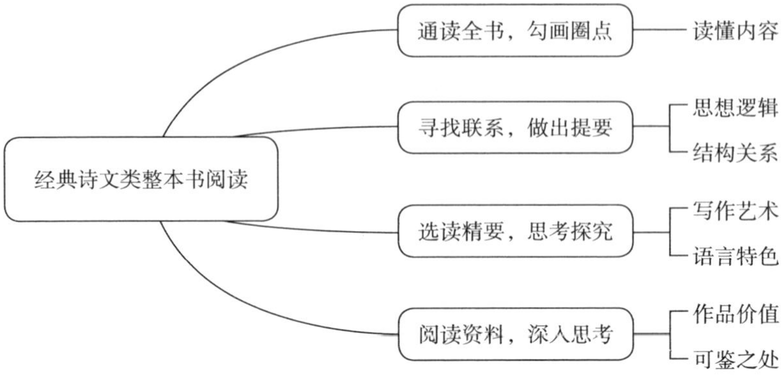

图 4-4

根据课程标准的要求，我们可以将其图示如下：

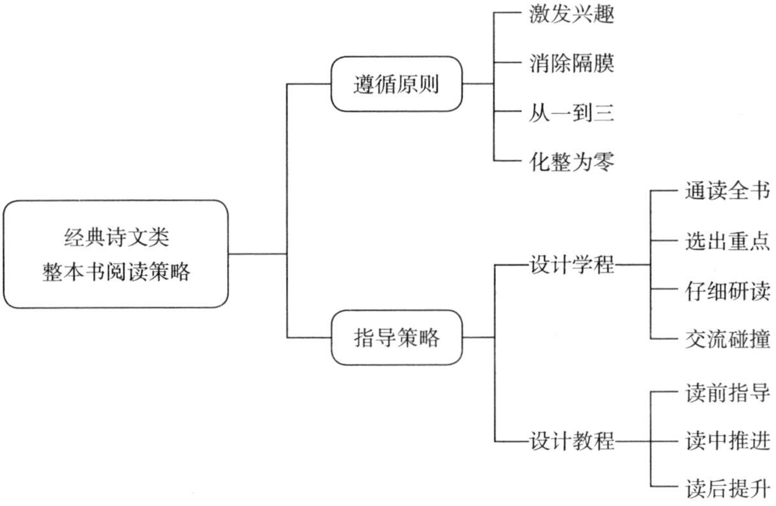

图 4-5

【教学策略】

诗文类整本书，看起来好像是散装的，其实它是由一定的线串起来的整体。这样的书该怎么读呢？首先还是要一篇一篇地读，读到后面的文章可以想想它与前面的文章有没有关联。书读完一遍后再回头看看：这些文章是怎样组合的？线索有没有？是按照怎样的顺序排列的？时间顺序还是空间顺序，抑或是按照专题，抑或是按照别的标准组合的。

诗文类整本书阅读指导课怎么上？学生阅读前，怎么激发兴趣、消除隔膜，让其“读起来”？阅读中，如何跟踪指导，让其“读进去”，提高阅读质量？阅读后，如何点拨提升，使其有感受地“读出来”，走向文字深处？如果教师仅仅布置阅读任务，而不亲临读书过程，精心引导，必然收效甚微。那么，老师怎么做，才能引导学生读到文字背后的内容，走向深度阅读呢？

1. 读情了解

诗文类整本书，缺少曲折的情节和动人的故事，很多学生不太能有兴趣读下去；有的虽然迫于老师压力或考试需要，不得不读，往往也读不出什么有价值的东西，读不到文字背后的深厚意蕴。

上课前，最重要的事便是了解学生的阅读情况：他们到底读得怎么样？有没有遗忘？怎么了解他们的阅读情况呢？如上《傅雷家书》前，设计如下的“阅读任务单”：

任务 1：1979 年 4 月，得知上海文联要为父母举行平反昭雪骨灰安葬仪式，傅聪千里迢迢赶回祖国。他捧着父母的骨灰盒，泪如雨下，思绪万千，不禁想起了以前的一幕幕。安葬完父母，他彻夜未眠，又给远在天国的父亲写了一封长信。傅聪信中会说些什么呢？

任务 2：一天晚上，傅聪仰望星空，回忆起父亲的谆谆教导。让他深受教育的话不断在脑海里浮现。请你写出五句这样的话，体会傅雷的家教理念。

任务 3：傅雷与孩子的书信交流是非常独特的，这得益于他深厚的学术素养和语言功底。傅雷的语言上有哪些特点？请举例说明。

任务 4：读完《傅雷家书》，你还有哪些疑问？

设计这样几项任务意图何在呢？任务 1 主要想看看这个班同学有没有耐着性子读下去，任务 2 想了解学生在文字背后走了多远，任务 3 想了解学生的语感，任务 4 便于设计教学，确定教学的起点。

当学生作业交给我后，我发现，任务 1 完成得不够理想，这说明他们没有仔细看，有的同学虽然看了，又忘了。所以我又追加了一项任务：集全班之力整理书中的“难忘细节”，每人提供至少一个。因为“难忘的细节”是这节课的突破口，细节了解得越多，越有助于走向文字的背后，读到深层次的内容。

2. 兴趣激发

诗文类整本书，如何才能让学生顺利地捧起书来读，有兴趣探究呢？教师的激趣非常重要。激趣的方式很多，如设置富有期待感的问题或活动，展示学生的阅读成果，呈现学生的阅读疑问等。如《傅雷家书》这本书，笔者主要是通过问题呈现和书信朗读来激发学生的探究兴趣的。如“为什么傅雷会自杀？”很多学生很想知道这个问题如何解答，老师可以引导他们到书中去寻找答案。从书中可以了解当时的社会背景，了解傅雷这个人，了解傅雷从容自杀的艰难的心路历程。傅雷决定自杀并不是他不坚强，也并不是一时想不开，而是他深思熟虑之后的慎重决定，也是他“赤子之心”的另一种表现，他是那样得爱祖国、爱工作，但他却成了“反革命”，并说他培养了一个叛徒儿子，而且，当时他的身体机能极度衰竭，已经不能正常工作，不能为国家建设做什么事了。

3. 任务驱动

要想让学生在阅读的基础上再进一步，理解得再深一点，需要教师设计深度阅读的任务，通过任务驱动，更好地达成教学目标。如《傅雷家书》这节课，笔者设计了如下几个任务：

任务一：整理《傅雷家书》中的难忘细节

任务二：探寻傅聪成长的家庭环境（父母特质、教子方式、家风家训）

任务三：探寻《傅雷家书》中的“动之以情、晓之以理和劝之以法”

以上三个任务，可以“化零为整”，解决学生整本书阅读“肤浅化”“碎片化”等问题，让他们对这本书有个整体的把握，能够从“难忘细节”中体悟文字背后的意蕴，看到傅聪成长的深厚的家学渊源，看到傅雷治家的“中西结合”，聆听傅聪兄弟决定将家书公开出版的“心声”。这几个任务，有的可以在课前完成（如任务一），有的可以在课堂完成，有的则可以留到课后。这些任务又是通过什么把它们串起来、形成一个整体的呢？我是通过傅雷在一封信中的话“你别忘了：你从小到现在的家庭背景，不仅在中国独一无二，便是在世界上也很少很少。”抓住这句话中的“家庭环境”这个词语来统领这些任务的。

4. 提供支架

诗文类整本书的阅读，还需要老师提供一些阅读支架，搭建台阶、做些引导，如设计一些表单辅助学生的阅读整理。如笔者上《傅雷家书》时就曾设计一个表格让学生统计书信的相关内容，包含年份、数量、写信者、内容等。笔者自己首先填写了这个表格（如下表，这是根据作家出版社的版本整理的），上课再跟学生交流，表格统计了 193 封书信。我还让学生摘录一些含有“数字”的语句，按照年份摘录傅雷教育傅聪要爱国的语句。有了这些“助读资料”，学生们理解这本书就有了一定的深度。如下面这个表格，就能让学生非常容易地发现傅雷“以艺术培养艺术”

表 4–1

年份	书信数	父母	儿子	谈艺术
1954	35	30（母 5）	5	28
1955	24	18（母 2）	6	23
1956	15	12（母 1）	3	12
1957	12	11（母 8）	1	6
1958	7	4（母 3）	3	3
1959	3	3（母 1）		1
1960	19	19（母 7）		12
1961	23	23（母 4）		22
1962	17	15（母 1）	2	13
1963	12	12		8
1964	6	6（母 1）		5
1965	15	15（母 5）		7
1966	5			1
总计	193	173（母 38）	20	141
占比		89.6%	10.4%	73.1%

13 年 346 封信，中文 255 封，英法文 91 封

的独特教育方式。

我们发现，数据背后有以下的深意：

①可怜天下父母心，父母写给儿子的书信远比儿子写给父母的多得多，父母的信占近90%。

②夫妻同心，教子有方。在傅雷家中，丈夫是一家之主，妻子是贤内助，在教育孩子上，夫妻同心，尽管朱梅馥看傅雷对孩子那么严也于心不忍，但她还是听丈夫的，相信丈夫。从傅雷的信绝对多于朱梅馥，再结合书信内容可以看出，傅雷和妻子写信是有明确分工的，《傅雷家书》不是只有拉家常那么简单，重头戏是教子之道。

③傅雷学养深厚，用艺术培养艺术。在所有书信中，谈论艺术的信件是最多的，占书信总数的73.1%。

④父母的伟大就在于无论自己多么艰难，也不愿让孩子知道，所有的痛苦都自己扛。即使在傅雷最艰难的时候，也没忘记关心孩子，1957年傅雷被打成“右派”，1959年情况更严重，1966年决定自杀的前10天还给儿子写信，而且只字未提自己所受的委屈和处境之艰难。

⑤人都是在不断成长的。傅聪的回信比较少，一是事实上写的就少，二是书信主要来自傅聪收藏的（傅雷写给儿子的每一封信都让朱梅馥又抄了一遍，编上序号；儿子的每封来信也都标上了序号。但是傅雷收藏的书信大多遗失了，现在我们读到的书信大多是从傅聪那儿挑出来的），有的信可能傅聪觉得不宜拿出来，自己那时不懂事。

类似的统计可以起到“化零为整”的作用，让我们对整本书有个全面的认识与理解。透过《傅雷家书》这本书，我们可以看到傅雷的教子方式和家教理念，可以看到傅聪成长的家庭环境，可以明白傅聪傅敏为什么要将家书整理出版。我们如果勾画书中有关爱国的文字，就会发现傅聪的爱国情怀来源于父亲的言传身教，这可以看作是傅雷家的家风家训。如果我们仔细品读傅雷的文字，可以发现他的语言造诣之高，他的语言具有“感情饱满，亲切热烈；典雅生动，情思酣畅；委婉有致，富含哲理”等特色。

5. 方法指导

引导学生会读或慧读一本书是远远不够的，“授人以鱼”不如“授人以渔”，要让学生掌握一些整本书阅读的方法，会读一类书、一群书，达到“不待老师教，学生会阅读”的佳境。《傅雷家书》这节课，学生可能掌握哪些阅读方法，可用之来阅读类似的书（如《梁启超家书》《曾国藩家书》或《培根随笔》等）呢？

（1）分类整理。像《傅雷家书》这样的由一篇篇书信构成的整本书，可采用列表统计法进行梳理，如上面呈现的那个表格，将家信按照“谁写给谁”以及“写了什么”分类，可怜天下父母心，父母对儿女的爱永远是子女对父母的几十倍甚至上百倍，让学生发现傅雷“以艺术培养艺术”的独特教子方式，因为家书中有 73.1% 的书信是谈艺术的。

（2）援疑质理。所谓“援疑质理”，就是学生或老师就整本书阅读提出有价值的问题，循着问题探究使阅读走向深入。如《傅雷家书》一书可就以下问题进行探究：①为什么书名不叫《傅家书信》？因为书中不仅有傅雷写的信，也有朱梅馥和傅聪写的。②家信一般是很私密的，很多人不会愿意公之于众，为什么傅聪和傅敏要将家书整理出版？③傅聪成为世界著名钢琴家与家庭教育关系密切，你能看出傅雷的家教理念吗？诸如此类的问题，可以让学生透过文字的表面读出文字背后的“深意”。

（3）路标式细读。名著阅读，最终还是要落在语言上，透过语言文字，品出作品的味道。如《傅雷家书》中是如何做到“动之以情”“晓之以理”和“劝之以法”的？老师可以为学生提供“路标”，引导他们贴近文字品读。

示例1：请摘录《傅雷家书》中含有数字的句子，细品数字背后的亲情。

这个“路标”意在引导学生理解《傅雷家书》中的“拳拳父爱”，这种真情怎能不感动已为人父的傅聪？当他 1979 年万里迢迢回到祖国、捧着父母的骨灰，再想起以前的那一封封家信，怎能不心潮澎湃？学生摘录出以下句子：

收到九月二十二日晚发出的第六信，很高兴。

你的第八信和第七信相隔整整一个月零三天。

从十月二十一日接到你波兰第七信到现在，已有二十七天，算是隔得最长久的一次得不到你消息。

十七天不接来信，有点着急，不知你身体如何？

从以上句子的数字中，不能难看出“儿行千里父担忧”，傅雷几乎没有一天不在关注着儿子的讯息，没有一天不在牵挂着儿子的身体、儿子的学业、儿子的安全……儿子的一切。这里有“动之以情”。

示例 2：从书中摘录傅雷劝说或教育儿子的语言。学生摘录出以下句子：

人一辈子都在高潮——低潮中浮沉。惟有庸碌的人生活才如一潭死水；或者要有极高的修养，方能廓然无累，真正解脱。

太阳太强烈，会把五谷晒焦；雨水太猛，也会淹死庄稼。

这样的句子让我们看出傅雷劝说艺术之高：擅长运用比喻，使抽象的道理通俗易懂，劝说傅聪正确看待生活中的挫折，学会控制情绪，败不馁，胜不骄。这就是“晓之有理”“劝之有法”。

当然，整本书阅读的方法还有很多。关键在于老师要针对学生的具体情况和所读书的类型，引导他们掌握适当的方法。比如对《西游记》之类的叙事类的作品，可以运用“加减混合法”，做减法将厚书读薄，做加法将大书读透。

【教学案例】

《朝花夕拾》阅读教学设计

【教学目标】

1. 分析鲁迅对《朝花夕拾》中人物的情感。

2. 认识《朝花夕拾》中存在的往日世界和现实世界，即理解其中的回忆性和批判性两方面内容。

【教学重难点】

重点：探究重点人物的形象特点。

难点：理解《朝花夕拾》的主旨。

【教学过程及内容】

（一）《朝花夕拾》经典人物回忆录

各个小组进行人物回忆录的读书汇报（可以采用人物小报等形式），教师针对汇报内容进行点评、补充，其余学生参与讨论并做好笔记。

示例：阿长

1. 简介：阿长，出生于浙江绍兴东浦大门，鲁迅称她为长妈妈，她是鲁迅儿时的保姆。“长妈妈只是许多旧式女人中的一个，做了一辈子的老妈子（乡下叫作‘做妈妈’），平时也不回家去，直到临死。”长妈妈患有羊痫风，1899 年 4 月“初六日雨中放舟至大树港看戏，鸿寿堂徽班，长妈妈发病，辰刻身故”。

2. 相关事件概述：

（1）《狗·猫·鼠》：“这即刻使我愤怒而且悲哀，决心和猫们为敌。她说：隐鼠是昨天晚上被猫吃去了！”

（2）《阿长与〈山海经〉》：在床上摆大字；满肚子是麻烦礼节；讲长毛的故事；害死了我的隐鼠；买回《山海经》。

（3）《五猖会》：“母亲，工人，长妈妈即阿长，都无法营救，只默默地静候着我读熟，而且背出来。”

（4）《从百草园到三味书屋》：长妈妈讲美女蛇的故事。

（5）《二十四孝图》：“那里的故事，似乎谁都知道的；便是不识字的人，例如阿长，也只要一看图画便能够滔滔地讲出这一段故事。”

3. 作者印象及情感分析

因为社会的影响，“长妈妈”保留了许多迂腐的习俗，有些愚昧、迷信，如在新年的早晨要吃福橘；喜欢切切察察，喜欢告状，爱唠叨；还盲目地对“长毛”的故事妄加评论，甚至还踩死了“我”喜爱的隐鼠。因此，“我”对她怀恨在心。然而，鲁迅对她的印象远不止这些。“长妈妈”知道“我”喜欢《山海经》，不辞辛劳地帮“我”买来了《山海经》，让“我”

又对她产生“新的敬意”，认为她“有伟大的神力”。在《阿长与〈山海经〉》的结尾，鲁迅表达了他对“长妈妈”的尊敬、感激，他希望仁慈的地母能让“长妈妈”安息。

（二）《朝花夕拾》主旨探讨

有同学在名著阅读交流会上对《朝花夕拾》进行了研讨交流，在讨论过程中，他们提炼出以下几个关键词。请根据你对这本书的了解，选择其中的一个词进行解读。

关键词：温情　理性　率真　批判

示例一：

选词：温情

解读：《阿长与〈山海经〉》这篇文章充满温情，追忆了淳朴善良的保姆阿长为自己买《山海经》的故事，抒发了对她诚挚的感情……

示例二：

选词：批判

解读：作者在《五猖会》这篇文章中，写自己去看赛会前，父亲强迫“我”背书，让“我”感到扫兴和痛苦，对错误教育给予了批判……

（三）理解《朝花夕拾》中的批判精神

关于《朝花夕拾》，鲁迅在《小引》中说“想在纷扰中寻出一点闲静来”，作者通过这十篇文章对于故乡、童年以及爱自己的人进行了回忆。而著名学者钱理群评价《朝花夕拾》道：“在某种程度上，这正是鲁迅心灵深处的呼唤，是他在受到外部的种种伤害以后所发出的生命的呼唤”，鲁迅一生自始至终都对中国的封建社会保持着清醒而又深刻的认识，因而在本书中还饱含着对于人、事甚至是腐朽的封建文化的批判。

1.再读以下情节，思考：在《朝花夕拾》这本书中，还有类似的习俗吗？

“哥儿，你牢牢记住！”她极其郑重地说。“明天是正月初一，清早一睁开眼睛，第一句话就得对我说：‘阿妈，恭喜恭喜！’记得么？你要记着，这是一年的运气的事情。不许说别的话！说过之后，还得吃一点福橘。”她又拿起那橘子来在我的眼前摇了两摇，“那么，一年到头，顺顺流流……”

梦里也记得元旦的，第二天醒得特别早，一醒，就要坐起来。她却立刻伸出臂膊，一把将我按住。我惊异地看她时，只见她惶急地看着我。

她又有所要求似的，摇着我的肩。我忽而记得了——

“阿妈，恭喜……”

“恭喜恭喜！大家恭喜！真聪明！恭喜恭喜！”她于是十分欢喜似的，笑将起来，同时将一点冰冷的东西，塞在我的嘴里。我大吃一惊之后，也就忽而记得，这就是所谓福橘，元旦辟头的磨难，总算已经受完，可以下床玩耍去了。她教给我的道理还很多，例如说人死了，不该说死掉，必须说“老掉了”；死了人，生了孩子的屋子里，不应该走进去；饭粒落在地上，必须拣起来，最好是吃下去；晒裤子用的竹竿底下，是万不可钻过去的……

（《阿长与〈山海经〉》）

如：

早晨，住在一门里的衍太太进来了。她是一个精通礼节的妇人，说我们不应该空等着。于是给他换衣服；又将纸锭和一种什么《高王经》烧成灰，用纸包了给他捏在拳头里……

“叫呀，你父亲要断气了。快叫呀！”衍太太说。

“父亲！父亲！”我就叫起来。

“大声！他听不见。还不快叫？！”

“父亲！！！父亲！！！”

他已经平静下去的脸，忽然紧张了，将眼微微一睁，仿佛有一些苦痛。

“叫呀！快叫呀！”她催促说。

“父亲！！！”

“什么呢？……不要嚷。……不……”他低低地说，又较急地喘着气，好一会，这才复了原状，平静下去了。

“父亲！！！”我还叫他，一直到他咽了气。

（《父亲的病》）

明确：这些都是封建社会的一些“礼节”，更是一种顽固的思想，有些固然是为了表达一些美好的祝愿，但是在鲁迅看来，很多所谓的“礼节”带给他的不仅是麻烦，还有诸如对父亲终生的愧疚，让人痛恨至极。甚至那些为父亲治病的庸医所持的观点和所用的药引子等等，都体现出了那个时代底层人民的愚昧无知，而在当时的社会现状看来，正是这种封建思想阻碍了社会的进步。

总结：对愚昧的封建思想的批判。

讨论：除了对愚昧的封建思想进行批判，《朝花夕拾》还对哪些现象进行了批判?

2. 封建制度（包括社会制度、教育制度等）

如，《琐记》中鲁迅提到的学校中的等级观念和由一层改良“外衣”覆盖下的封建主义；《二十四孝图》中用旧文化束缚儿童；《无常》中通过对“无常”的描绘，提出的“下等人”之说和以此为据的封建等级制度；《从百草园到三味书屋》中老先生的严厉管教，学生问“怪哉”先生很不高兴甚至“还有怒色”；《五猖会》中父亲一定要我在去五猖会前背完《鉴略》，以至于背完后连这“所罕逢的一件盛事”都让人觉得索然无味等。

（四）课堂总结

鲁迅先生的思想是深刻的，他不仅从一个孩子视角对童年、幼年时期的生活进行了回忆，更在回忆中直面身边的善恶是非，并试图从中寻求答案，他坚决地进行自我剖析和反思，从而总结出对封建文化的批判意识，而这正是这本书带给我们的更大的价值所在。

（五）布置作业

请继续研读《朝花夕拾》中在多篇文章中体现的“共性”内容（如其中的封建礼数、儿童教育等），试着挑选其中的一个主题或者自拟主题，简要探究并说说自己的思考。

第三节　长篇小说类整本书阅读教学探究

长篇小说类整本书在课标推荐的作品中占比最多。初中的必读小说有《西游记》《骆驼祥子》《海底两万里》《钢铁是怎样炼成的》《水浒传》《儒林外史》《简·爱》等 7 部，占比 58.3%；荐读的有《镜花缘》《红岩》《创业史》《平凡的世界》《格列佛游记》《围城》《我是猫》等 7 部。这类作品往往有曲折动人的情节、鲜明生动的形象，因而学生大多喜欢读。这类作品可以分为中国和外国两大类，我国小说又可分为古代和现代两类，古代小说又分章回体小说、其他小说，像《西游记》《水浒传》《三国演义》《儒林外史》等都是章回体小说，《世说新语》则是笔记体小说。

【教学要求】

《义务教育语文课程标准（2022 年版）》中学习任务群“整本书阅读”规定：“独立阅读古今中外中长篇小说，如《骆驼祥子》《西游记》《格列佛游记》《钢铁是怎样炼成的》等根据阅读进度完成读书笔记，针对作品的语言、形象、主题等方面的话题展开研讨。”“开展多样的读书活动，丰富、拓展名著阅读。借助多种媒介讲述、推荐自己喜欢的名著，说明推荐理由；尝试改编名著中的精彩片段；结合自己的阅读体会，尝试撰写文学鉴赏文章。”

根据课程标准的要求，我们可以将其图示如下：

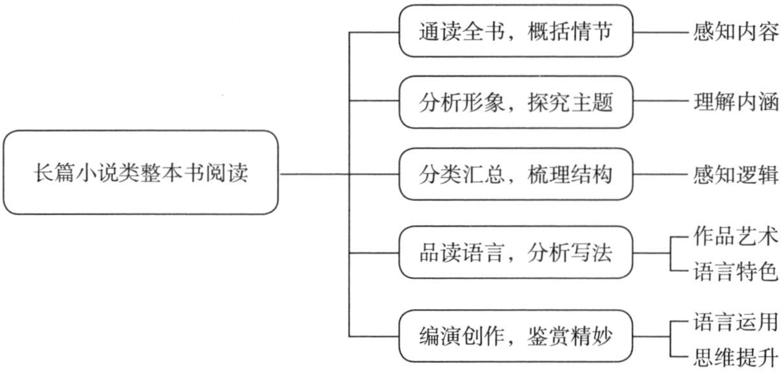

图 4-6

【实施导图】

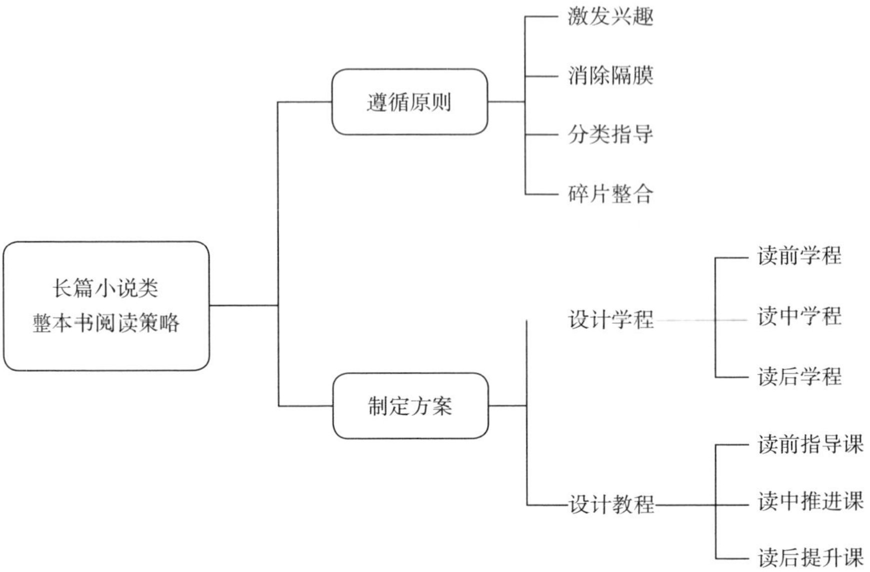

图 4-7

【教学策略】

赵岩老师认为，小说类名著，教学活动可以引导学生通过“对情节内容的重构、比较、研究，来分析理解名著的主题，从而促使学生对阅读的书籍产生兴趣，完成整本书的阅读。”比如《西游记》的阅读教学，赵老师是以“人物成长史”为主题进行活动设计的。整个活动包括四个阶段：第一个阶段为**重构**——孙悟空成长路线图；第二个阶段为**研读**——孙悟空的三次离开；第三个阶段为**迁移**——其他人物的成长史；第四个阶段为**跨界**——影视改编之我见。这四个活动环环相扣，逐渐深入，既有对《西游记》的情节概括与梳理，又有文章撰写、分组讨论汇报会、模拟答辩会等多种形式的阅读输出活动，既展示学生的阅读成果，又有教师对学生阅读成果的评价过程，能较好地激励学生下次“整本书阅读”的完成。

长篇小说类整本书阅读也要“得其文体”，不同的书有不同的阅读方法，如古典章回体小说、我国现当代小说、外国小说等阅读方法是有区别的。

1. 古典章回体小说

章回小说是我国古代长篇小说最主要的体裁。它的特点是分回标目、分章叙事、首尾完整、故事连接、段落整齐。章回小说是在宋元长篇讲史平话基础上发展起来的，因此它与讲史有直接的关系：章回小说作为相对独立的单元的“回”来自讲史的次或段；章回小说的回目来自讲史开宗明义的题旨；章回小说由“话说”“看官”等构成的虚拟的说书场景来自讲史的叙述方式。我国章回小说的内容十分丰富，至少包括五种类型：讲史型、神魔型、公案型、世情型、武侠型等。所以阅读章回体小说需要独特的方法，回目名是阅读时不能忽视的，因为章回体小说的回目名，是小说内容的高度概括，是作者创作的思维框架，往往隐含着作者的思想。因此要努力从回目名中捕捉作者的思维脉络，探寻作品的深厚意蕴，把握作者的写作意图。那么，研究回目名可以从哪些方面入手呢？下面以《儒林外史》这本书为例来加以说明。

可用前后对照法研究回目名。

《儒林外史》第一回的回目名是“说楔子敷陈大义，借名流隐括全文”，最后一回的回目名为“神宗帝下诏旌贤，刘尚书奉旨承祭”，首尾两个回目对照起来看会发现什么呢？第一回通过“楔子”以“敷陈大义”“隐括全文”，然后又以最后一回“幽榜”回映“楔子”，首尾呼应，浑然一体。倒数第二回的回目名是“添四客述往思来，弹一曲高山流水”，把第一回和倒数第二回对照起来看，又能发现什么呢？原来，作者的讽刺不是为了“骂世”，而是为了“醒世”，是想表达自己的理想，希望文人都能像王冕、荆元他们那样。小说起篇借王冕这个正面形象“隐括全文”，结尾用季遐年、王太、盖宽和荆元四个真名士收束全书，用意是非常清楚的，即“为文人立品，为世人矫俗”。而且第一回中，“王冕左手持杯，右手指着天上的星，对老秦说：‘看贯索犯文昌，一代文人有厄。’”后来王冕看到天上有百十个小星向东南方向坠去了，就暗指小说第二回开始写的百十个儒林人物，作者对他们也是有同情之意的。因此，用前后对照法研究回目名，可以把握作品的思维脉络，可以发现作者的写作意图。

可用归类汇总法研究回目名。

《儒林外史》这本书除“楔子”和结尾外，主体部分有三部分。第一部分，自第二回起至三十回止，主要描写科举制度下的文人图谱，以二进（周进、范进）、二王（王德、王仁）、二严（严贡生、严监生）等人为代表，暴露科举制度下文士的痴迷、愚昧和攀附权贵、附庸风雅等丑态，同时，也展现了社会的腐败和堕落。第二部分，自三十一回起到四十六回止，是对理想文士的探求，作品塑造了杜少卿、迟衡山、庄绍光、虞育德、萧云仙等真儒名贤的形象。第三部分，自四十七回起至五十五回止，描写真儒名贤理想的破灭，社会风气更加恶劣。但是，作者没有绝望，仍在探索，写了“四大奇人”（即王太、季遐年、盖宽和荆元），用文人化的自食其力者来展示他对未来的呼唤。上面的汇总可用图片直观呈现：整本书写了三类人——批判的科举文人、赞美的理想文士和有褒有贬的市井众生。

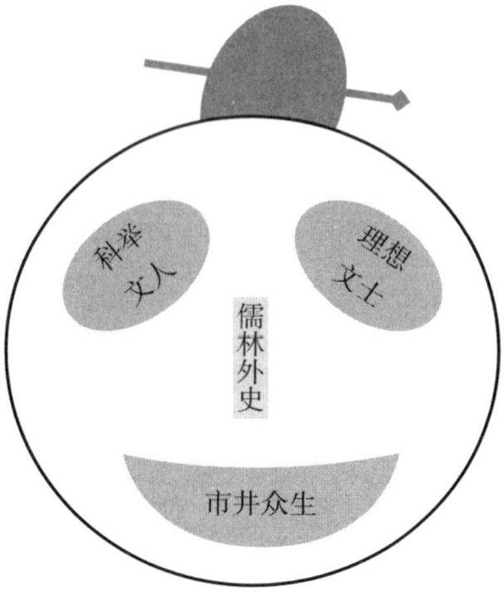

图 4-8

可用援疑质理法研究回目名。

援疑质理的意思是提出疑难，询问道理。可以让学生提出阅读疑问或者由老师设计阅读问题，目的都是为了引发学生思考，激发探究热情。教师可引导学生就回目名提出问题，在解决问题的同时加深对作品的理解。如《儒林外史》第二回中，周进并没有中举，为什么回目名叫“王孝廉村学识同科，周蒙师暮年登上第”？第十二回“名士大宴莺脰湖，侠客虚设人头会”中的“名士”和“侠客”是不是反语？结合回目名和具体内容可以发现，第二回是通过明显的落差达到讽刺的效果，王举人在薛家集村学中认识自己的同科进士七岁荀玫，周进六十多岁还日思夜想能榜上有名。怎样对回目名进行提问呢？一是可以从回目名与那回内容的关联入手，二是可以对回目名进行分类汇总后提问，三是可以从回目名的前后对照角度提问，四是可以就回目名的词句提问，五是可以从回目之间的联系入手。

2. 我国现当代小说

我国现当代小说怎么读呢？比如《骆驼祥子》《平凡的世界》等。这类作品，作者根据自己对生活的认识，按照塑造形象和表现主题的要求，运用各种艺术表现手法，把一系列生活材料、人物、事件分轻重主次合理而匀称的加以组织和安排，包括小说情节的处理、人物的配备、环境的安排以及整体的布置等。这类小说，我们在把握内容的基础上，还要思考作者是如何安排小说结构的。小说结构常见的有六种，即线状结构、网状结构、画面结构、象征结构、写实结构、散文结构。思考小说结构对于我们更好地理解作品、提高自身的思维水平也是非常有益的。小说的线状结构很常见，我们来认识一下。线状结构，就是各个情节组成部分按时间的自然顺序、事件的因果关系顺序连接起来，呈线状延展，由始而终，由头至尾，由开端到结局，一步步向前发展，虽然有时倒叙、插叙和补叙，但并不改变整个情节的线式格局。线状结构有单线和复线之分，《骆驼祥子》是单线结构，全书围绕祥子的三起三落来写；《平凡的世界》则是复线结构，孙少平、孙少安两条主线交叉进行，一个在农村奋斗，一个在城里挣扎；兰花兰香姐妹俩，一个在农村，一个靠读书到了城里。

但在中国古典小说中，大多呈现为一种潜隐的圆形结构，结局是大团圆式的，或是回归性的。例如破镜重圆、夫妻团圆，历经艰险、亲人团聚，受尽磨难、终成正果，金榜题名、美梦成真，或者是散而聚、聚而散，合而分、分而合，盛而衰、衰而盛。不仅如此，一些长篇小说还构成了潜隐的多层性圆形，例如《三国演义》中由东汉一分为三——魏、蜀、吴，又三合为一——西晋，在这一分为三、三合为一的叙事大圆中，又包含着魏、蜀、吴三家由创业到灭亡的相互对峙而又相互交叉的三个中等圆，以及董卓、袁绍、袁术、吕布、刘表等来去匆匆的小圆，在这种圆圆相续相套之间，波澜壮阔地展示了我国三世纪周行不殆的政治外交谋略和战争传奇。可以说，中国古典小说的深层，大多运行着这个周行不殆的“圆”。这是因为，中国人自古以来在对宇宙和生命的感悟和体验中，形成了所谓圆形思维，即倾向于认为宇宙、社会、历史、人生呈现着一种圆形的运行机制，倾向于追求天地交泰、天人合德和人与自然宇宙和谐相融，而与之相契合的叙事作品的审美理想是那种超拔而圆融的艺术境界。

3. 外国小说

外国小说怎么读呢？比如《简·爱》《约翰·克里斯多夫》等。西方小说与中国小说不一样。主要体现在小说结构、人物塑造、作品主题、环境描写和对人的态度等方面，具体如下表：

表 4–2

	中国小说	西方小说
结构上	首尾完整，层次清楚，脉络分明，大小故事有机结合。	横截面式的、片段式，有倒错、插叙与交叉叙述。
人物塑造	注重以人物的对话、行动、诗词等手段来描绘人物、环境。	注重人物的内心独白，心理刻画，少有诗词的形式。
作品主题	强调的不是西方式的个人主义精神，而更多地肯定了人在家族、群体、社会中的价值。	歌颂英雄，反映个人的寻求、冒险以及心灵历程等等，是西方小说的重要主题。
环境描写	不重视环境描写，简约。只是“白描”，一般很少细致地描绘背景。	多有大段大段的环境描写，讲求画面不留空白，因此，注重环境的描写。
对人的态度	中国有只重群体不重个体的传统，中国小说善于写群体的行动，强调作为实录所依托的事件，常以事件为中心。	善于写个体的行动，小说观念中比较早就有人的地位，小说主要以人的性格和人的精神表达为中心。

因此，我们在阅读和教学西方小说时也要考虑它的特点，依体而教。如南京栾娟老师教《简·爱》一书时是这样处理的：

①上课的课题叫《听，生命在歌唱》，这个题目就扣住了西方小说注重人物内心独白和心理刻画的特点，要想真正读懂这部小说首先要读懂简·爱的内心，那是生命在歌唱。

②设计说话活动，探知简·爱的内心那个世界："亲爱的读者啊，你一定会问：里德太太对你如此苛刻、不公，你当初恨透了她，为什么现在却选择了原谅？我要告诉你——"在学生充分发表意见后，老师用"世界以痛吻我，而我报之以歌"这句话来总结，表明了简·爱心灵的声音和生命的成长。"亲爱的读者啊""我要告诉你"等是以内心独白的形式设计活动，比较切合作品的特点。

③继续设计说话活动："亲爱的读者，我们每个人都在谱写一首属于自己的生命之歌。如果你允许我提一点建议的话，我希望你的那首歌……"在学生发表意见后，老师总结投影："我希望你的生命之歌，像向东流的一江春水，不管遇到巉岩险阻，还是细细平沙，你都快乐勇敢地向前走。暴雨和疾风，晚霞和新月，世界辽阔而伟大，愿你向上生长，美好丰盈""身在井隅，心向阳光；人格独立，精神明亮"。这个说话活动也是契合《简·爱》内心独白这个特点的。

通过这节课，栾老师让学生明白：简·爱的伟大之处就在于"她渴望爱，但不愿迷失自我；她愿奉献，但不愿泯灭人性。"尽管简·爱知道，离开罗切斯特，离开桑菲尔德庄园会给他带来痛苦，拒绝圣约翰，不去印度会让他失望；但是，简·爱还是遵从自己内心的声音，遵循自己理性思考后做出的判断。她可以理解，可以宽容，可以让步，但是有底线的，有原则的。她渴望爱，但并不盲目迷失自我，她愿意奉献，但不愿熄灭热血泯灭人性。

【教学案例】

《儒林外史》教学设计

【教学目标】

1. 把握作品中典型的人物，包括朋友圈、主要故事和人物特点等。

2. 理解本书中常用的讽刺手法，欣赏作者高妙的讽刺艺术。

【教学重点】

理解作者的讽刺手法。

【教学准备】

1. 教师： 读书，寻找教学点和重难点的突破策略，设计“阅读任务单”，引导学生深入阅读。

《儒林外史》阅读任务单

任务一：选择一个熟悉的人物，以“猜猜我是谁”进行整理，内容包括个人小档案、让你难忘的情节、我的朋友圈、作者写我的目的等，以“我是《儒林外史》中的一个人”开头，尽量让同学们很有猜的兴趣。

任务二：画出《儒林外史》的人物分类图，思考作者想讽刺什么，或想倡导什么。

任务三：提出自己的阅读疑问。

2. 学生： 通读整本书，完成“阅读任务单”。

【教学内容】

（一）导入新课

同学们，吴敬梓的《儒林外史》是明清小说中的又一高峰，在鲁迅和胡适先生的眼中，它的地位几乎与《红楼梦》相当。鲁迅先生和胡适先生有很多方面观点不一，但在对《儒林外史》这本书的看法上惊人的相似。《儒林外史》这本小说不是以情节取胜的，它的成就主要在人物塑造和讽刺艺术上。

（二）猜猜我是谁

1. 同学们，《儒林外史》中的人物形象个性鲜明，读完这本书后，哪些人给你留下了深刻印象？今天，你想介绍哪个人物让大家猜呢？课前的“阅读任务单”中请你以作品中人物的口吻把你准备的说给同桌猜猜看，看他能否猜得出来。

2. 同学同桌或前后进行交流。

3. 同学们，能否请你推荐一下：谁准备得最好？让他说出来给大家猜一猜。说的时候可以从“我的概况、我的那些事、我的朋友圈、作者写我是想……”这几方面来进行，但不要受它的限制。

4. 同学推荐的 2—3 人展示，下面的同学和老师竞猜。

5. 作者写这么多人物目的何在？为什么第一回的回目名是“说楔子 敷陈大义 借名流隐括全文”，第五十五回的回目名为“添四客述往思来 弹一曲高山流水”？

明确：作者之意为醒世计，非为骂世也。为儒林立品，为世人矫俗。

（三）想想是啥法？

1. 下列回目名主要运用了哪些讽刺方法？

第二回 王孝廉村学识同科 周蒙师暮年登上第

第三回 周学道校士拔真才 胡屠户行凶闹捷报

第十二回 名士大宴莺脰湖 侠客虚设人头会

第十九回 匡超人幸得良朋 潘自业横遭祸事

第三十回 爱少俊访友神乐观 逞风流高会莫愁湖

第五十六回 神宗帝下诏旌贤 刘尚书奉旨承祭

2. 下列片段主要运用了哪些讽刺手法？

【片段一】

周进一进了号，见两块号板摆的齐齐整整，不觉眼睛里一阵酸酸的，长叹一声，一头撞在号板上，直僵僵不省人事。（第二回）

取了水来，三四个客人一齐扶着，灌了下去。喉咙里咯咯的响了一声，吐出一口稠涎来。众人道：“好了！”扶着立了起来。周进看着号板，又是一头撞将去。这回不死了，放声大哭起来。一号哭过，又哭到二号、三号，满地打滚，哭了又哭，哭的众人心里都凄惨起来。哭了一阵，又是一阵，直哭到口里吐出鲜血来。……周进道：“若得如此，便是重生父母，我周进变驴变马，也要报效！爬到地上就磕了几个头……又吃了几碗茶，周进不再哭了，同众人说说笑笑，回到行里。（第三回）

【片段二】

先生劝匡超人说："那害病的父亲，睡在床上，没有东西吃，果然听见你念文章的声气，他心花开了，分明难过也好过，分明那里疼也不疼了。"八股文章竟然有疗饥止痛的奇效！马二先生已经把八股神化了，并对其无比痴迷。

他对匡超人说："你如今回去，奉事父母，总以文章举业为主。人生世上，除了这事，就没有第二件可以出头。不要说算命、拆字是下等，就是教馆、作幕，都不是个了局。只是有本事进了学，中了举人、进士，即刻就荣宗耀祖。这就是《孝经》上所说的'显亲扬名'，才是大孝，自身也不得受苦。古语道得好：'书中自有黄金屋，书中自有千钟粟，书中自有颜如玉'。"（第十五回）

【片段三】

严贡生道："后来倒也不常进去。实不相瞒，小弟只是一个为人率真，在乡里之间，从不晓得占人寸丝半粟的便宜，所以历来的父母官，都蒙相爱。汤父母容易不大喜会客，却也凡事心照。"（第四回）

知县听了，说道："一个做贡生的人，忝列衣冠，不在乡里间做些好事，只管如此骗人，其实可恶！"便将两张状子都批准，原告在外伺候。早有人把这话报知严贡生，严贡生慌了，自心里想："这两件事都是实的，倘若审断起来，体面上须不好看。'三十六计，走为上计'！"卷卷行李，一溜烟急走到省城去了。（第五回）

酒席将阑，又谈到前日这一场官事："汤父母着实动怒，多亏令弟看的破，息下来了。"严贡生道："这是亡弟不济。若是我在家，和汤父母说了，把王小二、黄梦统这两个奴才，腿也砍折了！一个乡绅人家，由得百姓如此放肆！"王仁道："凡事还是厚道些好。"（第六回）

【片段四】

内中一个少年幕客蘧景玉说道："老先生这件事倒合了一件故事。数年前，有一位老先生点了四川学差，在何景明先生寓处吃酒，景明先生醉后大声道：

‘四川如苏轼的文章，是该考六等的了。’这位老先生记在心里，到后典了三年学差回来，再会见何老先生，说：‘学生在四川三年，到处细查，并不见苏轼来考，想是临场规避了。’”说罢将袖子掩了口笑；又道：“不知这荀玫是贵老师怎么样向老先生说的？”范学道是个老实人，也不晓得他说的是笑话，只愁着眉道：“苏轼既文章不好，查不着也罢了，这荀玫是老师要提拔的人，查不着，不好意思的。”一个年老的幕客牛布衣道：“是汶上县？何不在已取中入学的十几卷内查一查？或者文字好，前日已取了也不可知。”学道道：“有理，有理。”忙把已取的十几卷取来对一对号簿，头一卷就是荀玫，学道看罢，不觉喜逐颜开，一天愁都没有了。（第七回）

【片段五】

“也好。费老爹的心向他家说说，帮我几两银子，我少不得也见老爹的情。”成老爹道：“这事我说去。他家虽然官员多，气魄大，但是我老头子说话，他也还信我一两句。”……方老六问：“老爹几时上来的？”成老爹心里惊了一下，答应道：“前日才来的。”方老六又问：“寓在那里？”成老爹更慌了，答应道：“在虞华老家。”小厮拿上来茶吃过。成老爹道：“今日好天气。”方老六道：“正是。”……又坐了一会又吃了一道茶，也不见一个客来，也不见摆席，成老爹疑惑，肚里又饿了，只得告辞一声，看他怎说。因起身道：“我别过六老爷罢。”方老六也站起来道：“还坐坐。”成老爹道：“不坐了。”即便辞别，送了出来。成老爹走出大门，摸头不着，心里想道：“莫不是我太来早了？”又想道：“莫不他有甚事怪我？”又想道：“莫不是我错看了帖子？”猜疑不定。又心里想道：“虞华轩家有现成酒饭，且到他家去吃再处。”一直走回虞家。虞华轩在书房里摆着桌子，同唐三痰、姚老五和自己两个本家，摆着五六碗滚热的肴馔，正吃在快活处。见成老爹进来，都站起身。虞华轩道：“成老爹偏背了我们，吃了方家的好东西来了，好快活！”便叫：“快拿一张椅子与成老爹那边坐，泡上好消食的陈茶来与成老爹吃。”小厮远远放一张椅子在上面，请成老爹坐了。那盖碗陈茶，左一碗，右一碗，送来与成老爹。成老爹越吃越饿，肚里说不出来的苦。看见他们大肥肉块、鸭子、脚鱼，夹着往嘴里送，气得火在顶门里直冒。他们一直吃到晚，成老爹一直饿到晚。等他送了客，客都散了，悄悄走到管家房里要了一碗炒米，泡了吃。进房去睡下，在床上气了一夜。（第四十七回）

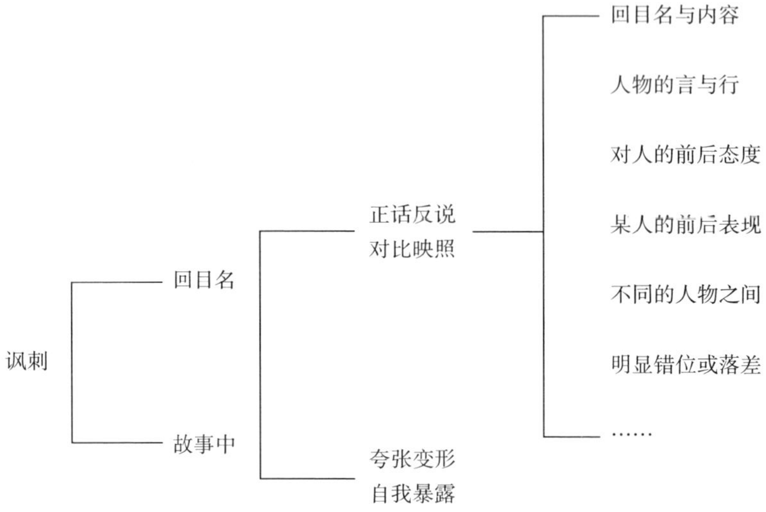

图 4-9

（四）课堂小结

可以让学生进行总结，说说他这节课的收获。

（五）布置作业

1. 继续提出自己的疑问。

2. 补充完善自己的“我说你猜”。

3. 选择《儒林外史》的有关章回重读细品。

第四节　科普科幻类整本书阅读教学探究

科普科幻类作品是逻辑严谨的科学著作，其写作方法、科学内容、思想内涵都是一脉相承、步步递进的科学探究过程。因此，比起单篇阅读，整本书阅读更能感受这类作品的真正魅力。科普科幻类整本书，在课标推荐的初中必读作品中主要是《海底两万里》《昆虫记》两部，荐读的有《基地》《哈利·波特与死亡圣器》《星星离我们有多远》《寂静的春天》等。

当今科技发展空前繁荣，科普科幻作品阅读成了生活化阅读的一部分。科普科幻作品阅读更是初中语文阅读教学的重要组成部分，优秀的科普科幻作品不仅向学生展现了这类作品的文学魅力，更有利于塑造学生科学的价值观，对培养学生的科学素养、语文能力和逻辑思维等方面也具有积极作用。

【教学要求】

《义务教育语文课程标准（2022 年版）》中有关“科普”“科幻”“科技”作品阅读与学习的要求如下：“阅读科技作品，注意领会作品中所体现的科学精神和科学思想方法。”“学习关于科学探究方面的文本，联系自己的科学学习经历，围绕问题提出、探究过程、解决方法等进行专题式的研讨、演讲和写作。”“阅读科技作品，欣赏人类的科学创造，关注祖国的科技创新和社会主义建设成就，交流自己的发现与体会；学习为创造人类美好生活作出重要贡献的杰出人物的事迹，激发创造精神。”

2022 版课标中关于“整本书阅读”这个拓展型学习任务群的要求是：引导学生在语文实践活动中，根据阅读目的和兴趣选择合适的图书，制定阅读计划，综合运用多种方法阅读整本书；借助多种方式分享阅读心得，交流研讨阅读重点问题，积累整本书阅读经验，养成良好阅读习惯，提高整体认知能力，丰富精神世界。根据课程标准的要求，我们可以将科普作品和科幻作品的阅读要求图示如下：

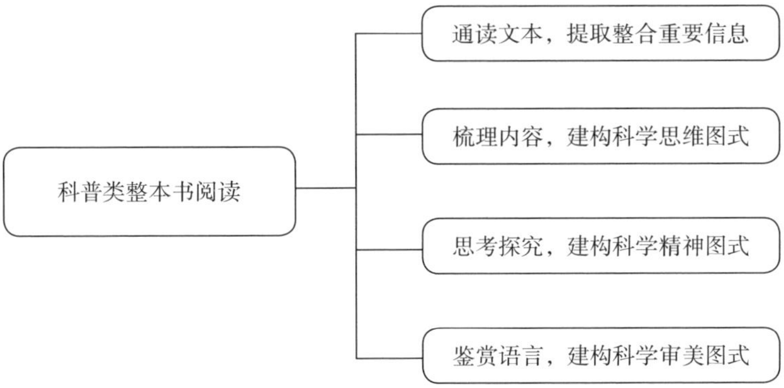

图 4-10

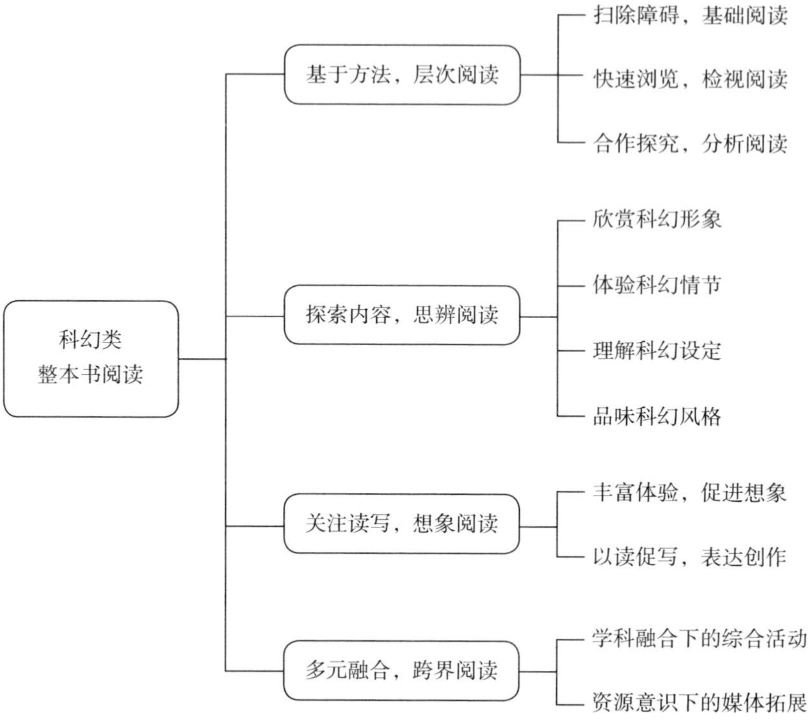

图 4-11

【实施导图】

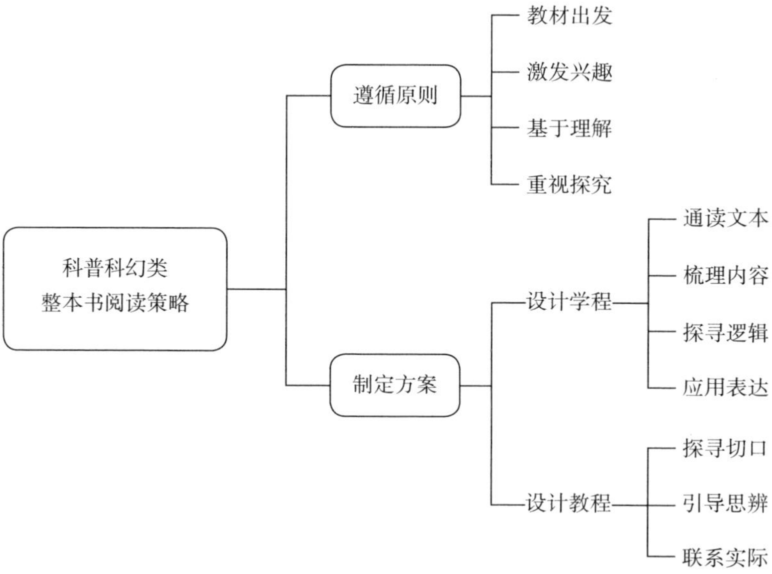

图 4-12

【教学策略】

科普科幻类作品共同有一个“科”字，因此，在教学时不仅要关注内容、结构、语言、写法等内容，还要关注科学知识、科学态度、科学精神等与“科”字相关的内容，如法布尔的《昆虫记》中体现的昆虫知识、科学方法、科学态度等，《海底两万里》中的科技前沿、科技产品等。但科普作品和科幻作品教学时关注点稍有不同，科普作品侧重于“如何普”，科幻作品侧重于“如何想象”。

1. 科普作品

中学生在过往的学习中，既有阅读单篇科普作品的经历，也有阅读科普类整本书的经历，习得了一定的科普作品阅读的方法，且综合其他学科的学习情况，中学生对生物、地理、数理等知识已有一定的了解，也已有了一定的思维逻辑能力。因此，在这种情况下进行科普作品整本书阅读教学，不仅要符合他们的学习兴趣和期待的需要，更要符合学生学习特点的要求，这就要求语文教师在科普作品整本书阅读教学的过程中，不能仅局限于学生能读完、读懂这类作品，还要在领悟它们的逻辑思维、科学精神、写作技巧等方面对学生提出更高的要求，深入研读，使学生对这类作品有更深层次的理解。

（1）借鉴已读作品，激发阅读兴趣

教师在学生对所读著作比较陌生或完全陌生的情况下，利用课内的或学生熟悉的科普作品开展相关的教学活动以激发学生的阅读兴趣，为学生下一步全面、系统的阅读做铺垫。从整本书阅读的操作流程来看，读前引导课是整本书阅读教学正式开始之前引起学生积极开始阅读书籍的重要一步。统编版初中语文教材在七年级和八年级分别安排了一些科普作品，这些作品可用来作为激趣教学的资源。下面是初中语文教材中的科普作品统计表：

表 4-3　统编版初中语文教材科普作品编排情况统计表

年级	篇名	作者	来源	类型	单元主题	数量
七上	《动物笑谈》	康拉德·劳伦茨	《所罗门王的指环》	自读	动物与人	1
八上	《中国石拱桥》	茅以升	《桥梁史话》	教读	文明的印记	4
	《苏州园林》	叶圣陶	《百科知识》1979 年			
	《蝉》	法布尔	《昆虫的故事》	自读		
	《梦回繁华》	毛宁	《中外绘画名作八十讲》			
	《昆虫记》	法布尔		名著导读		3
	《星星离我们有多远》	卞毓麟		自主阅读推荐		
	《寂静的春天》	蕾切尔·卡森				
八下	《大自然的语言》	竺可桢	《一门丰产的科学——物候学》	教读	科技之光	5
	《恐龙无处不在》《被压扁的沙子》	阿西莫夫	《新疆域》			
	《大雁归来》	利奥波德	《沙乡年鉴》	自读		
	《时间的脚印》	陶世龙	《时间的脚印》			

以上选文兼顾了国内外作者的作品，内容涵盖了生物、建筑、地质、天文、绘画等方面的科普内容，主题也多与科学和科技相关，选文的语言以说明性语言为主，通俗易懂而又逻辑严谨，体现了科普作品语言的逻辑特点，达到了科普作品培养学生科学精神与科学态度的目的。这些作品均可以作为“从一篇到一部”的整本书阅读教学的素材。如可以通过《蝉》这一篇的教学，激发学生阅读《昆虫记》的兴趣。

读前引导课目的是激趣和引导。激趣在于调动学生原有的科普作品阅读兴趣，引用作品中的新鲜、独特的事理激发学生对即将要阅读的著作的兴趣；引导在于采用深入浅出的方式，引导学生进行有效阅读。因此，这就需要教师在引导课前需对书籍的内容有充分的了解，从而根据科普书籍的内容和特点，找准切入点，可选择采用跨媒介的视频观看激趣导读、与相关学科教师合作跨学科推荐导读、专题讲座、关键问题讨论等与书本内容最贴切、与学生学习生活最密切的活动方式，让学生了解作者的生平事迹和主要成就、书籍的主要亮点与精彩片段等，让学生在有限的引导课堂中最大限度地了解阅读这一科普作品的价值和意义，从而潜移默化激发学生的阅读兴趣和阅读动机。

（2）感知科学内容，梳理思维脉络

在完成通读作品内容的任务后，教师可根据学生对整本书内容的掌握情况，选择性地带领学生梳理科普作品整本书的写作框架和思路，深入感知作品内容。教师可以组织学生以学习小组的方式，选择书中最有价值的科学问题或最精彩的片段对书中的科学知识、阐述的思维逻辑、阐述方法、核心的科学精神进行深入的研讨和交流，最终在全班形成对这一本书的多元解读和科普作品科学精神和核心价值观普遍认同。可以运用思维导图法和“OPVL”思维分析法。

思维导图法。思维导图是当下阅读教学中运用最广泛的一种阅读方法，尤其是在逻辑性较强的科普阅读中尤为适用。通过绘制思维导图，可清晰地让学生有效提取作品介绍的主体内容，理清各个主体之间的逻辑关系。同时，绘制思维导图有利于将学生在阅读中“提纲挈领”的内容具体化、可视化，使得全书或某一篇章的逻辑更一目了然，也达到了锻炼学生思维，开发学生多元智力、整体性阅读的目的。

“OPVL”思维分析法。“OPVL”是观察者（Observer）、目的（Purpose）、价值（Value）和局限（Limit）四个单词的首字母，是用于分析客观事实和观点的思维工具，也是科普作品理清整本书阅读价值、探讨科学思维和领悟科学精神的实用阅读方法。利用“OPVL”思维分析法阅读科普作品，有助于学生在阅读的过程中对科普作品中阐释的科学事理、科学的历史和发展等问题抽丝剥茧；也有利于学生在阅读与分析中沉浸在不断涌现的知识与疑问中，面对层层深入的问题和步步递进的观点，能借助文本阐述的内容、工具书资源、实际的所见所闻不断地求证，得出自己的结论和观点，从而对客观事物有新认识、对科学精神有新感悟，进而在潜移默化转入研读的阶段。利用“OPVL”思维分析法一方面有助于培养学生的逻辑思维、批判思维，提高思维的批判性和独特性；另一方面能帮助学生在阅读和思考中感受科普作品的知识美、语言美和逻辑美，提高学生的科普作品阅读鉴赏力，从而达到科普作品阅读培养学生思维能力和审美能力的核心素养目的。“OPVL”思维分析法的步骤如下图：

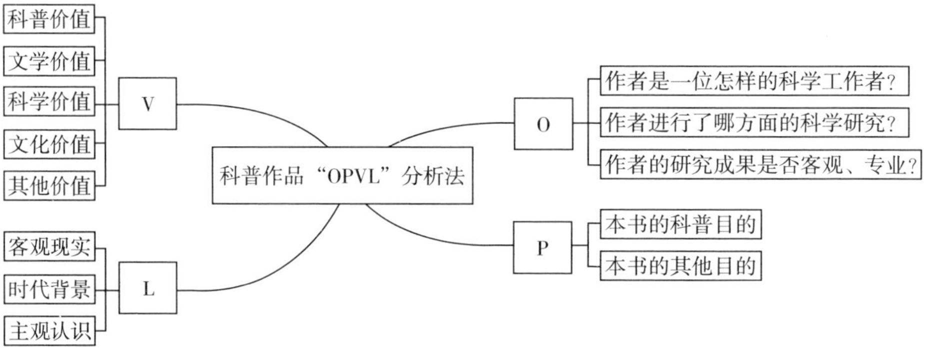

图 4-13

（3）基于语言文字，探寻科普秘诀

为了达到科普作品整本书阅读教学的目标，教学不能像单篇阅读教学一样只对文本的内容、写法、语言等进行单一的分步或选择性讲解，而是要立足于整本书的整体内容和结构，先对整本书的科学知识和逻辑思维有总体的认识，理解科普文本身特有的人文内涵、科学内容、内在逻辑思维等深层次的科学内容。进一步探究科普作品的写作艺术，理解作者是如何艺术地达到普及这个目的的。如王惜时老师在《昆虫记》教学的研讨环节就抓住文学、科学哲思的语言表达这个维度带领学生对《昆虫记》进行深入研讨。在知识研讨部分采用对比方式，将学生做的昆虫卡片与作者的原文阐述进行对比，这不仅使学生感受到自身言语表达与作者的区别，更使学生在自我对比中自觉、全面地发现法布尔的语言特点与魅力，更利于学生理解作品的文学价值。王老师的课立足于整本书，选取了最适合学生研读的角度和最需要学生关注的方面开展教学，充分体现学生的主体地位，使学生在自主对比与交流发现中得出了科普作品的文学魅力和科学精神的内涵。

再如笔者在《〈昆虫记〉这本书怎么教》的讲座中写道：“《昆虫记》语言通俗易懂、生动幽默，笔调诗情画意，集知识性、趣味性、思想性于一体，是一部既理性又感性的科普巨作、文学著作；《昆虫记》行文生动活泼，语调轻松诙谐、通俗易懂、生动有趣，充满了盎然的情趣；《昆虫记》内容兼具人文精神，人性与虫性交融，知识、趣味、美感、思想相得益彰。书中不时提出对生命价值的深度思考，试图在科学中融入更深层的含义。”语言、行文特点和人文内涵是我们教学时应该关注的重点。在读前引导课中，笔者用的就是“从一篇到一部”的方式，引导学生在研读《绿色蝈蝈》一文中激发阅读全书的兴趣，课中让学生带着这几个问题研读文本：假如你是一个小小的昆虫爱好者，你能读到哪些内容？假如你是一个小小科学家，你又能从文中读出些什么呢？假如你是一个小作家，你会发现作者这篇文章是怎么写出来的呢？（用怎样的表达方式？用怎样的思路？用怎样的语言？）这几个问题就是针对科普作品的科学性、文学性和艺术性来设计的。

2. 科幻作品

这里谈的科幻作品主要指科幻小说。随着中国科幻的崛起，2017 年高中语文课程标准的颁布，科幻小说逐渐进入基础教育，成为体现科技与文明、社会思潮流变的重要载体。科幻小说在不同时期反映出不一样的价值追求，从而不断丰富着它的价值内涵。优秀的科幻小说，必定是科学理性与文学诗性的融合统一，其内容交织着科学想象与人文关怀。鲁迅在《月界旅行·辨言》中曾言：“默揣世界将来之进步，独抒奇想，托之说部。经以科学，纬以人情。”简明扼要地归纳出了科幻小说的基本特性，成为这类文本研究的基石。阅读科幻作品，可以增加知识，拓宽科学视野；

可以感受语言，积累言语经验；可以培育精神，唤醒生命价值。教师的整本书阅读教学也可以从这些维度思考，即从科幻作品的知识、语言和精神入手。

科幻小说的阅读有利于在激发科学素养的同时培养阅读者深层的想象力、创造力、思辨力与阅读力，增强他们对当下现实生活的关注，对未来社会发展的思考，促进他们对生活的理性思考与热爱。无论是科幻文学自身的审美特性与类型价值，还是它对青少年群体天然的吸引与潜移默化的影响，都证明其具有重要的教学价值，需要探索出相应的阅读教学策略与课程实施方案。统编版教材在科幻小说选编时有意强化了整本书阅读，如七下第六单元“科幻探险”，在《带上她的眼睛》课后阅读提示中就提倡去课外阅读刘慈欣的《朝闻道》、阿瑟·克拉克的《星》、弗诺·文奇的《真名实姓》等，并在自主推荐阅读中推荐了阿西莫夫的《基地》。科幻作品中，科学性是内在灵魂，文学性是意趣旨归，幻想性则是对科学与文学的想象契合。这是我们教学时需要重点关注的三个方面。

（1）关注文学性，梳理科幻情节，分析科幻形象

科幻小说的文学性，首先表现在故事性上。故事性是最为基本的文学要求，即要求能够精心设计与构思人物、情节、环境，以增加小说魅力。科幻作品在内容设定上要求“比事属词，必恰学理”，但在文体上依旧属于小说范畴，是一种具有虚构性质的文学类型，有些科学与技术甚至是为推动故事情节、塑造人物形象服务的。因此教学时，需要分析科幻小说的文本价值，探究其作为意趣旨归的文学性，包括对社会现实的严肃思考，对人类命运和生存空间的关注，对人性的闪耀、真善美等人文精神的永恒追求，以及在情节丰富性、故事趣味性、结构巧妙性、细节真实性、语言生动性等方面的艺术，感受科幻小说作品能够以生动娴熟的文学语言与叙事技巧去表达、传递和宣扬作者自身的写作理念以及对现实的批评性观念。科幻小说作为一种通俗易懂的流行读物，小说的故事性是其文学魅力的基础，主要表现在小说三要素的独特设计与小说叙事手法的

灵活运用中。这在阅读和教学时需要重点关注。

人物设计上，族体群像，相互映衬。与传统经典或主流小说在人物层面极力避免扁平化与脸谱化，表达人类复杂而幽深的心灵世界不同，科幻小说的人物往往都较为简单明了、平面单调。这并非因为科幻作者自身疏忽大意或能力欠缺，而是受科幻文学的固有特性决定。在科幻小说中，人物的作用发生了根本变化：人物不再定位于个体层面，作家也不需要为调动读者生活经验引起共鸣而选择用细致入微的刻画来营造人物的真实性。换言之，科幻小说中的人物形象塑造更多是追求族体群像，表现出一类人的典型性，如精英、平民与庸众；权力阶层、富裕阶层与普通人；工人、知识分子与劳动者等，从而以小见大，展现出一幅宏大的人物群像图。在相互映衬的人物族群外，科幻小说也有一些较为典型的人物形象。第一类是经过技术改造，非比寻常的人物形象，这在机器人、人的改造题材作品中十分普遍；第二类是面对科技而诞生的科幻英雄。

情节设计上，悬念重重，冲突不断。在科幻小说中，最鲜明的就是悬念法与误会法的运用。优秀的科幻小说在处理情节时会避免拖泥带水、平铺直叙的方式，偏好不断设置情节单元，展现出一种高密集、快节奏的情节创作模式。在面对情节的多样化时，有些科幻小说还会采用时间跳跃的方式，不简单遵循时间或事件发展的逻辑顺序，而是采用一些插叙、补叙、倒叙的方式。甚至在长篇小说中设置多条叙事的线索，实现相互交织的叙事结构，提高情节的精彩性。

环境设计上，创意新奇，异质纷呈。科幻小说具有超出一般流行小说的情节艺术，一方面是与科幻小说立足时空的人物族群有关，另一方面是与其创意新奇的世界设定引起的宏观格局有关。环境作为小说故事的背景，包括自然与社会两方面。作为一个时空综合体，则不仅包括空间，更包括时间。这四者在科幻小说中都将着上想象的色彩，具有别具一格的创新性。区别于传统文学中注重环境的写实性，科幻小说的环境一般具有宏伟神奇、壮丽史诗的特征。其常以整个宇宙为舞台，展示浩瀚太空或外太空中神秘宏大、变化多端的宇宙自然景观。同时在社会环境上长于描绘繁复的异星文化和庞大的银河帝国，展现出宇宙不同文明的碰撞与融合，从而极大地开拓了人类的想象力，激发了读者对太空的想象与关切。

（2）关注幻想性，探究故事背后的构造设定

科幻小说在科学内核下是瑰丽奇特的想象，探索未知的热忱，对未来生活可能性的审视。在人文内核下是对人类生存状态、人性、情感的思辨，对社会制度与科技现代化发展的关切，以及直面困难与克服恐惧的勇敢。两者的统一让科幻小说成为新鲜美丽又具有温度思想的文本。教学过程中，教师如果能以读促写，重视学生表达创作，有助于提升学生的阅读想象力与创作力，提升阅读学习的效能，加深对科幻小说的认识，积累科幻作品阅读的经验。

科幻小说的意义在传播现有的科学知识外，更重要的是对科学未来的想象，优秀的科幻小说甚至可以促进科学研究的发展。“所谓‘未来’，正是必将到来的‘现实’，是现实在靠前的时间轴线上的投影。”想象的科学性与前瞻性是科幻小说阅读的重要关注维度。科幻小说的想象是以科学的规律性与可变性为前提，所以读者在感受奇特时虽然也会突然地产生巨大的惊诧感，但在反复品味与思考后就能理解其想象的合理性。不似奇幻小说魔法修仙般天马行空，这种技术方面的想象是有事实依据的，是利用自身严谨的逻辑透过当下去思索未来。此外，严于律己的科幻作家对科幻想象的定位是巧妙新奇，追求独创性，并让想象为故事的可读性服务。这就要求想象中具有情节连贯性与整体和谐性，在符合故事情理的同时，也促进了想象的真实性。

作品中时空背景的设定，是科幻小说最见创意魅力之处，也最能展示作者的想象能力。区别于一般历史架空通俗小说，科幻小说的世界设定视野开阔，有宏观格局。无论是自然方面的太空宇宙景观，还是人文方面的社会约定俗成，都描绘得大气磅礴。尤其是对文明的未来、人类与自然、宇宙关系等的想象，那些有关灾难与毁灭、逃亡与生存内容的大胆书写，

直接打破了当前技术文明带来的人类个体生活舒适区，把人类引向了种群命运延续的宏观视野中。

（3）着眼科学性，探究作品对社会制度与科技发展的思考

科幻小说的诞生具有独特的时代背景，它建立在现代工业文明和现代科学的基础上。主要通过文学的话语方式对现有的科学技术成果与发展水平进行审视，思索科技对人类未来生活与发展的影响。有了科学假设的基石，科幻小说在整体性的世界格局上已带有科学的框架，能够展示出科学理论知识的深邃与神奇，为揭示科学研究的宏大意义建立基础。一方面，科幻小说会表现出科学自身的精确性、解释性、可验证性与可证伪性等特性。在一些理论内容上追求学术论文语言的准确严谨、客观真实，对明确指出的当前存在的科学知识与原理都会进行具体细致的详细介绍。在阐述科学细节时又会借鉴科普说明文通俗易懂、趣味性强的优点，尤其运用举例子、引数据、摹状貌等直观生动的说明方法深化科学性。另一方面，科幻小说会表现出科学研究的深刻性、可变性、发展性，并将其与具有深厚科学素养与知识背景的科学研究者结合，表现为一种对科学内涵与深度孜孜不倦的求索与探究精神，以及科学技术在未来能够不断进步的乐观前景。这些都是我们在教学时需要关注的。

优秀的作家在创作科幻小说时，其内心注重的并不是对当前高度发达的科学技术现实成果与伟大事实进行描绘讴歌，而是希望在人们获得的科学认识与取得的科学成果基础上进行远眺，融入自身对科学技术发展趋势与利弊的思考，以有一定科学依据的猜测与推理做出未来科学发展方面的假设。但这并不影响小说给读者带来科学之美的视觉体验，因为科幻小说作家在人物故事的细节方面进行了真实性弥补，在想象的小说中表现出自然科学的基本特性，从而提升了科学的理性审美感。

此外，作为通过具有陌生化认知效果的想象来创作的作品，科幻小说以想象力为核心的创新能力与以科学理性为主的思维培养在一线课堂实践中还需要合理地开发。教师要能随堂生成科学想象力、创新性思维、

逻辑自洽性、理性思辨与价值观塑造等内在素养，从而真正激发学生阅读这类作品的兴趣。科幻作品有硬科幻和软科幻之分，前者通过自身广博的学识将物理学、生物学、地质学、海洋生态学、动植物学、分类学、生理学等多学科的基本原理与学术研究前沿动态融入科幻小说的故事背景中，并多以人类个体对科学知识孜孜不倦的探索来推动故事情节的发展；后者则通过研究视角的变化与可能性的观察思考来审视，并在时间的维度上开创人类群体与自然、科学和社会的演变关系，建立一种具有预警式的、反映当前现实问题的、体现出社会责任感的科学假设模式。总之，在进行科幻类整本书的阅读教学时需要关注故事背后的深广内容。

【教学案例 1】

怪奇虫语——《昆虫记》阅读指导

南京市科利华中学　李忠

【教学目标】

1. 通过比较了解不同昆虫的个性特点。

2. 通过分析法布尔研究昆虫的难度认识到科学研究的艰辛。

【教学过程】

（一）激趣导入

同学们好，我是来自玄武区的李老师，老师很羡慕你们！江宁地域辽阔，这里有许多特别成熟的农家乐园，相比于其他区的同学，咱们能够更轻松地接触大自然，自然也就能更多接触许多小昆虫。当然了，最近几天怕是难了，天太冷了。课前李老师给同学们布置了作业，同学们完成得非常认真，李老师很感动！

（二）怪奇排行榜（课前作业反馈）

法布尔的《昆虫记》让我们看到小昆虫许多不为人知的一面，可以说每个小昆虫都有其“怪奇”的一面，请大家选择小昆虫，完成“怪奇排行榜”。（不少于四种）

表 4-4

昆虫名	外　形	捕食习惯	身体结构	居住环境	生殖繁衍	其　他

接下来我请两位同学来向大家简单汇报一下你的排行榜情况及如此排行的原因。

《昆虫记》是由一个个小昆虫故事组合成的一本昆虫史诗，类似的书，同学们可以考虑选择一些共性的点来比较阅读。《傅雷家书》选择傅雷的艺术观点、父爱、礼仪教育等角度整合比较。这样就能将内容读整了。

（三）怪奇生态园

上面这个怪奇排行榜，更多的是比较了不同，那昆虫世界，甚至是人类世界，其实是有密切的联系的。整个地球是一个完整的生态圈和食物链。

生物圈：是地球上最大的生态系统，也是最大的生命系统，是一个封闭且能自我调控的系统。

食物链：是指生态系统中各种动植物和微生物之间由于摄食关系而形成的一种联系，因为这种联系就像链条一样，一环扣一环，所以被称为食物链。

假如同学们要构建一个怪奇生态园，你选择哪些昆虫来构成一个有一定食物链关系的生物圈呢？（可以小组讨论）

给大家一点提示，这个生态园里同学们可以考虑昆虫与其他昆虫或与其他生物之间的依存关系，也要考虑敌对关系。比如遂蜂传播花粉，促使植物开花结果，采集蜂蜜，蚂蚁以蜂蜜为食物，圣甲虫分解动物尸体或者粪便。

有了这么多昆虫，咱们的这个生态园一定是非常好玩的地方了。恐怕比法布尔的那个荒石园还要精彩，毕竟法布尔的荒石园里也不是各种昆虫应有尽有的。

排行榜更多的是比较昆虫的不同，这个生态园我们发现了自然万物间的相互关系，这又是一种比较的办法。

（四）怪奇有名号

刚才同学们列举了很多昆虫，老师发现，对于这些昆虫，法布尔给予了他们许多不同的称呼。如果请大家将这些名号（投影如下）分一分类别的话你会怎么分呢？请同学们自己尝试分一分，并说明分类理由。

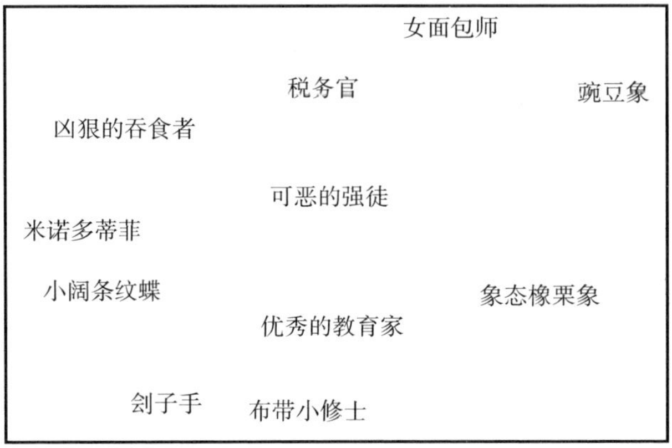

图 4-14

明确：

小阔条纹蝶　　布带小修士　　可恶的强徒

象态橡栗象　　优秀的教育家　　刽子手

豌豆象　　税务官　　凶狠的吞食者

米诺多蒂菲　　女面包师

发现：

1. 有的是昆虫的学名，以外形、饮食、神话传说等来给昆虫命名的学名。有了这些学名，我们就很容易知道这些昆虫的特点了。（科学性）

2. 我们发现很多是以人类的职业来称呼小昆虫，把他们看作是自己的伙伴朋友，更具有平等的眼光和视角。（人文性）

3. 这类名号有非常强烈的情感倾向，有些是对昆虫的喜爱，有些是对昆虫的批判。（情感性）

（五）探奇大比拼

了解这些昆虫的不同特点，耗费了法布尔半生精力，请同学们比较研究以上昆虫时法布尔的研究难度，完成探奇难度星级表。

表 4–5

昆虫名		工具难度	时间难度	方式难度	观察难度	经费难度	其他难度
	难度						
	缘由						
	难度						
	缘由						
	难度						
	缘由						
	难度						
	缘由						
	难度						
	缘由						

说明：有难度的项目打☆，并备注缘由。

（六）怪奇有心语

法布尔是第一位在自然环境中研究昆虫的科学家，他穷毕生之力深入昆虫世界，在自然环境中对昆虫进行观察与实验，真实地记录下昆虫的本能与习性，让无数读者对看似不起眼的昆虫“刮目相看”。

从表格中选一种你喜欢的昆虫，假如你是这只小昆虫，你想对法布尔，或者人类，抑或是你的天敌，又或者是被你吃掉的其他小昆虫说些什么？

我是一只____________，我想对__________说__________________。

（七）课堂小结

今天这节课我们试图从生态圈角度将整本书中看似一个个无关联的

昆虫联系起来，通过比较了解不同昆虫的个性特点，通过分析法布尔研究昆虫的难度认识到了科学研究的艰辛。正如法布尔一样，因为热爱，才有了执着，希望同学们能够爱上《昆虫记》，爱上读书，爱上思考。

【教学案例 2】

致敬探索者

——《海底两万里》与《星星离我们有多远》比较阅读

南京市金陵中学龙湖分校　刘珉

【教学目标】

比较、寻找两本书中不同人物的共同点，感悟科学精神。

【教学过程】

（一）激趣导入

班级打算举办一场以“探索者”为主题的团队选秀活动，请你以经纪人的身份，自己挑选符合主题的书中人物，根据流程参加选秀。

（二）成员简介

请在《海底两万里》和《星星离我们有多远》两本书中挑选四位探索者并为每个人写一份个人简介。（简介包含姓名、性别、国籍、生卒年、职业、一句话概括的主要经历）

（生自己梳理整理并呈现）

作业反馈：

1. 尼摩船长个人简介

姓名：尼摩

性别：男

国籍：印度

生卒年：约 1819 年—1868 年（据《神秘岛》内莫船长的经历推算）

职业：鹦鹉螺号潜水艇艇长、科学家、工程师

主要经历：制造并驾驶鹦鹉螺号带领阿龙纳斯教授等三人进行海底环球航行。

2. 孔塞伊个人简介

姓名：孔塞伊

性别：男

国籍：法国

生卒年：不详

职业：仆人、博物学家助手

主要经历：和阿龙纳斯教授、捕鲸手内德·兰德一起搭乘鹦鹉螺号进行海底旅行。

3. 拉卡伊个人简介

姓名：拉卡伊

性别：男

国籍：法国

生卒年：1713 年—1762 年

职业：天文学家

主要经历：精确地测定出月球与地球之间的平均距离大约为地球半径的60 倍。

4. 布拉德雷个人简介

姓名：布拉德雷

性别：男

国籍：英国

性别：1693 年—1762 年

职业：天文学家

主要经历：发现星光的光行差并用它测定光速、发现了地轴的章动。

（三）成员事迹分析

团队四位成员已经集合完毕，请你围绕“探索者”这个主题，分析四位成员的个人事迹，为他们出道提供依据。

表 4–6　探索者团队成员事迹分析表

成　员	个人事迹	具体分析
尼摩船长		
孔塞伊		
拉卡伊		
布拉德雷		

（生依据表格自己梳理、分析）

作业示例：

表 4–7　探索者团队成员事迹分析表

成　员	个人事迹	具体分析
尼莫	在这段行程里，尼摩船长做了些关于不同深度的海水水温的试验，很有意思。在一般情况下，用相当复杂的仪器——不管是用温度探测器（探测器的玻璃在水的压力之下常常会破碎）还是用以金属的电阻不同为根据造出来的仪器——测量所取得的数据，总有些可疑，得到的结果也不能受到充分检验。相反，尼摩船长亲身到海底去探测水温，他的温度计和各层的海水接触，立即就准确地显示出度数。 尼摩船长做起试验来热情极高，非常投入。 几天里，日子就在各种试验中度过，有关于不同深度的海水含盐度的，有关于海水带电情况的，有关于海水颜色的，有关于海水透明度的。 ——《强制睡眠》	尼摩船长做了不同深度的海水水温、含盐度实验，还做了海水带电情况的，有关于海水颜色的，有关于海水透明度的实验，他“做起实验来热情极高”充分体现了他的科学探索精神，他驾驶“鹦鹉螺号”不光畅游海底，领略奇幻风光，还勇敢探究海底世界的奥秘。
孔塞伊	孔塞伊在观察他那些植形动物、节肢动物、软体动物和鱼，并加以分类。 ——《强制睡眠》 孔塞伊主要忙着观察软体动物和节肢动物，虽然这些动物的术语有点枯燥，但小伙子忠心耿耿，我不能把他观察到的东西忽略不计，那样不公道。 ——《四十八小时穿越地中海》	孔塞伊热衷于生物分类，他虽然没有系统的科学知识，但非常具有科学探索精神，只要看到生物，就立马忘记其他事情，转而去分类，而且他掌握的生物分类知识非常广泛。

续表

成　员	个人事迹	具体分析
拉卡伊	拉卡伊在好望角期间编制了一份巨大的南天星表，命名了14个南天星座，填补了南天星座尚存的全部空缺。它们的名称一直沿用至今。这位拉卡伊虽然很穷，但还是有求必应地把星图的副本分送给每位索取者。他为了制作星图和星表而拼命工作，耗尽了他的精力，严重损害了健康，去世时还不到50岁。 ——《从街灯到天灯》	拉卡伊在有限的生命中孜孜以求，填补了人类天文史上的空缺，且在身体每况愈下的状态下，制作星图和星表，拼命工作，体现了他探索宇宙、为科学而献身的精神。
布拉德雷	布拉德雷喜出望外，紧紧追随着这颗星毫不懈怠。日复一日，月复一月，只要夜空中这颗星进入望远镜的视野，他就记录下它的方位。 1742年，哈雷亡故，布拉德雷受命为第三任皇家天文学家。据说他断然拒绝了增加薪俸，因为倘若皇家天文学家的职位太有利可图，那么真正的天文学家就很难获得任命了——俸禄太丰厚的职位将会被善于钻营之徒所窃据。 ——《泛舟泰晤士河的收获》	布拉德雷“日复一日，月复一月”观测一颗星，这种坚持不懈的探索精神值得称赞。他在后来身居高位后为天文学事业发展而果断拒绝高薪，正可谓专注科学探索，为人淡泊名利。

（四）团队宣传

团队的发展离不开推广宣传，现请为你的四人团队设计一张宣传海报，描述海报内容和设计意图。

（生思考发言）

作业示例：

我的海报以蓝色为主色调，上方以星空为背景图，下方以海洋为背景图，海报从上到下划分为三个部分，最上面部分写上“人类的脚步从天到海”，中间部分突显五个大字“致敬探索者”，最下面部分放上四位成员的照片。这张海报想要告诉大家团队中的成员致力于科学探索，不断向目光投向未知的宇宙领域，并尝试走近这些领域进行科学研究。

（五）课堂小结，布置作业

总结：这四位成员是当之无愧的“探索者”，在他们身上，充分体现了人类对科学、对未知、对宇宙的好奇心，正是因为这样的好奇心，才推动了科技的进步。

作业：你组织的团队一经推出，就引起众多人的关注，你打算召开一个记者招待会，为保证招待会顺利举行，你为每位团员提前设想了记者会提问的问题，先请你呈现你为其中一位提前预设的两三个采访问题，将采访提纲补充完整。

表 4–8　采访提纲

时间、地点	X 年 X 月 XX 日 XX 地点
采访对象	
采访方式	深度采访，照片拍摄，视频录制
采访用具	相机、摄像机、录音笔、话筒
采访问题	

第五节　学术著作类整本书阅读教学探索

学术著作是作者根据某一学科或领域的研究成果而撰写的作品。这些作品，或在理论上有创新见解，或在实践中有新的发明，或具有重要的文化积累价值。与学术论文相比，学术论著的篇幅较大，内容所涉及的问题一般也较专深，更具专业性、系统性、全面性、深入性，其论述或论证具有广度和深度。学术著作类整本书主要指 2017 版高中语文课标推荐的《乡土中国》等作品。

首先，学术著作的阅读是思维发展水平的重要标志，随着成长时间的推移和生活经验的积累，学生的心智成熟程度会越来越高，与之相应的阅读文本的理性程度也越来越高；其次，学术著作的阅读能够推动学术素养的提升，学术著作的研究性与理论性总能给人以阔视野和大智慧，学生若在其中静心研读，便可受学术气息的濡染；最后，学术著作的阅读能够促进理性精神的培养，激发学生对于独立思考和批判精神的追求。

【教学要求】

《普通高中语文课程标准（2017 年版 2020 年修订）》之学习任务群"整本书阅读与研讨"规定："在指定范围内选择阅读一部学术著作。通读全书，勾画圈点，争取读懂；梳理全书大纲小目及其关联，做出全书内容提要把握书中的重要观点和作者的价值取向。阅读与本书相关的资料，了解本书的学术思想及学术价值。通过反复阅读和思考，探究本书的语言特点和论述逻辑。"

中学生阅读的学术著作，不是指那些专业性太强的深奥的理论研究书籍，而是学生通过努力能够读懂的学术书籍。课程标准"指定范围内的学术著作"主要有：高中必修教材中的《乡土中国》；课标推荐的语言文学理论著作，如吕叔湘《语文常谈》、朱光潜《谈美书简》、爱克曼《歌德谈话录》等，以及其他由教师推荐的学术论著。

义务教育阶段，并不要求阅读学术著作。《义务教育课程标准》规定："各类历史、文化读物，以及介绍自然科学与社会科学常识的普及性读物等，可由语文教师和有关学科教师商议推荐。"

根据课程标准的阅读要求，我们可以将其图示如下：

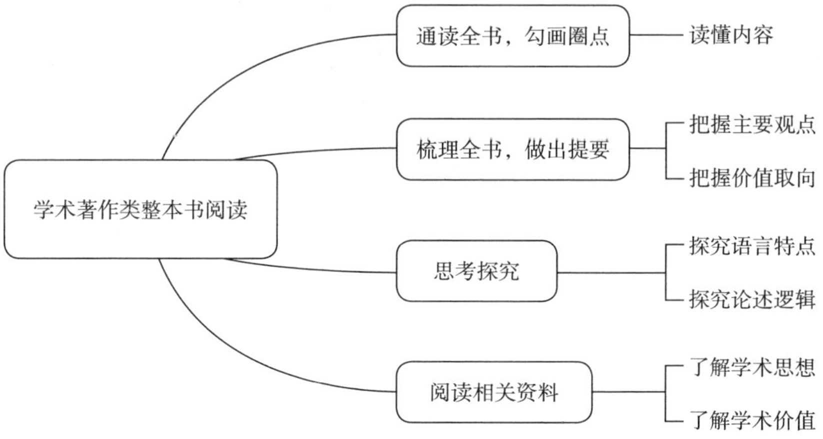

图 4-15

【实施导图】

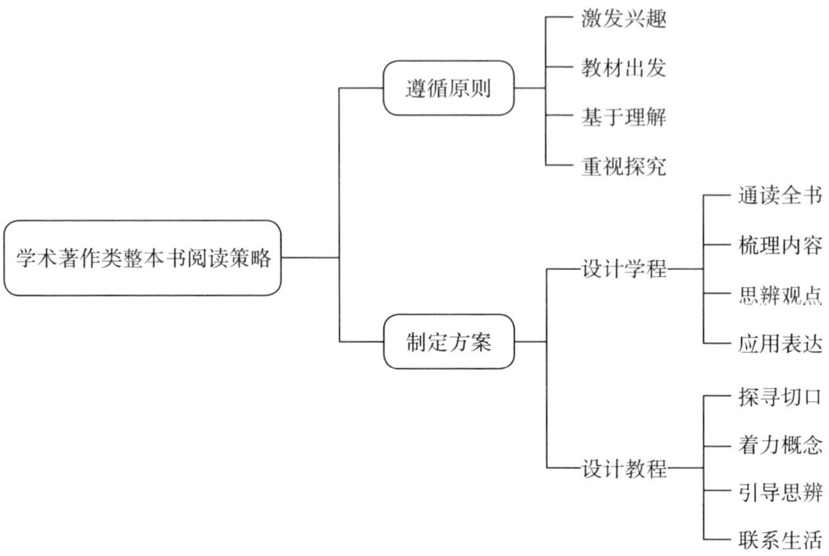

图 4-16

【教学策略】

（一）学术著作的选择

选择学术著作，需要结合课程标准、教材要求与学生实际。高中必修教材规定了必修阅读内容——《乡土中国》，而选择性必修与选修，则需要教师推荐、学生选择。选择的基本原则应该有以下几点：

有兴趣。一定要选择学生有兴趣读的，愿意读的，乐意读的。只有有兴趣了，才有可能坚持读下去，读透、读深、读出新意来。如果选择学生不感兴趣的，即便读完了，也多为敷衍、表面的阅读，而不能深入。

有收获。选择性必修与选修的阅读，不能太浅显，不能太普及，应该深入浅出，有一定的学术性，有一定的深度，有一定的挑战性，让学生读有所得。

有限度。除了深浅有度外，还要考虑长短有度，所选作品篇幅不能太长也不能太短。皇皇巨著自然好，但学生学时有限，因而不能太长，短小精悍式的，以“大家小书”为好。

可读性。所选的作品，一定是论述上深入浅出，条理清晰，用语浅易精当，论述透彻明了，兼顾经典性与可读性，不会给学生的阅读造成较大的障碍。

联通性。所选作品，应该是必修基础上的阅读，符合学生的认知水平，要联通学生原有的知识和思想储备，联通学生的生命体验，能激发学生的探究欲望，对自身生命，对社会，对自然能深入思考。

（二）学术类著作阅读策略

可采用整本书“五步阅读法”：（1）跳读，浏览目录，大致了解书的结构。（2）粗读，粗读每一章的核心概念和主要观点。（3）细读，逐字逐句，借助批注的方式记录自己的心得体悟。（4）研读，对在阅读中发现的问题进行反复阅读和思考。（5）走读，在生活实践中审视反思书中观点。除了这五点，学术类著作，还要注意以下几个方面。

1. 坚持一个“慢”字

（1）仔细琢磨，反复研读关键。学术著作所论均为专业理论知识，对常人来说，常为新领域、新知识，非常人熟知，加上通常用语艰深，阅读难度较大，因而需要我们在阅读中反复研读，遇到关键处，需要慢下来，甚至停下来，仔细琢磨，读懂其中含义。

（2）还原推究，复盘论证过程。学术著作一般是提出一个问题，然后分析论证，最后揭示解决这个问题的答案，或揭示一种规律，重在说理，重在论证，因此我们在阅读时，不能仅仅记住书中观点与结论，需把重点放在论证过程的分析与理解上。阅读中，我们复盘作者的论证过程，和作者一起分析推理，还原推究。

（3）善借资源，辅助阅读理解。学术著作的专业性与陌生化，需要借助外在资源与工具，进行辅助阅读。如阅读与作者相关的资料，与专业相关的文献，用以释疑的工具书，甚至要阅读同领域同话题的文章与论著进行互文对读，阅读现有的推介与评价文章以期更好地理解本部学术著作，把握核心，了解其学术思想及学术价值，进入堂奥，领悟主旨。

2. 抓住阅读突破口

（1）抓住关键概念术语。学术著作的写作，往往起于一些关键概念术语阐释与生发，因而把握这些概念与术语，才能把握作者所要表达的核心问题。读者理解这些概念与术语，才能把这本书真正读懂读透——弄懂了这些概念术语，也就抓住了作品的内核；明确了这些概念术语之间的逻辑关系，也就把握了著作的架构。不厘清这些概念，作者的观点是什么以及推论得出观点的逻辑思路就难以被理解。如《乡土中国》中的“差序格局”“横暴权力”“时势权利”“感情定向”“浮士德式”“注释”“仪式”等概念术语，在著作中都有自己特定的含义，需要研读与深思。

（2）抓住概念术语间关系。阅读《乡土中国》，我们发现作者经常将两个概念对举，如“差序格局”与“团体格局”，“法治”与“礼治”，“血缘”与“地缘”，读懂《乡土中国》的一个特别方法就是梳理出对举概念的含义。再以《礼治秩序》为例，作者的观点是中国乡土社会是“礼治”社会。作者首先阐述“法”与“礼”关系，在维持规范的力量上，法律靠国家的权力来推行，礼靠传统来维持；接着，作者说明人们因敬畏感主动服膺礼，而法律是强制的。这样我们就明确了不同概念之间的关系，同时也明确了本章的论述顺序：乡土社会是不流动、少变动的→经验代代累积，又无须知其所以然，照办就行→因有效而产生敬畏感、仪式感→形成传统→礼治社会。

（3）注意阅读中的整合。整本书阅读最终还要落到“整”字上。如《乡土中国》，共有十四个独立的单篇，但它们都共同指向一个共同的论题：中国基层社会的“乡土社会”是一个怎样的存在？它有哪些特征？它最终会走向何方？因此，我们应该让学生在阅读中时时关注这个话题，理解每一个独立篇章与这个核心话题间的关系。

3. 用好阅读工具

（1）运用好评点法理解概念。指导学生进行学术著作阅读时，须要先着眼微观，聚焦概念，在阅读中勾画关键概念，在阅读中与阅读后对其作出批注、注释，运用简洁的语言写出自己的理解，进行简单的阐释。这种评点，通常是初评、复评结合，散评与归纳相结合，能归纳出关键概念的含义。

（2）用好思维导图梳理关系。厘清章节中的关键概念后，还要理清作者的论证思路，运用思维导图，把隐藏在文字背后的作者思维过程直观化地呈现。如《乡土中国》第五章，就可以画出以下的思维导图。

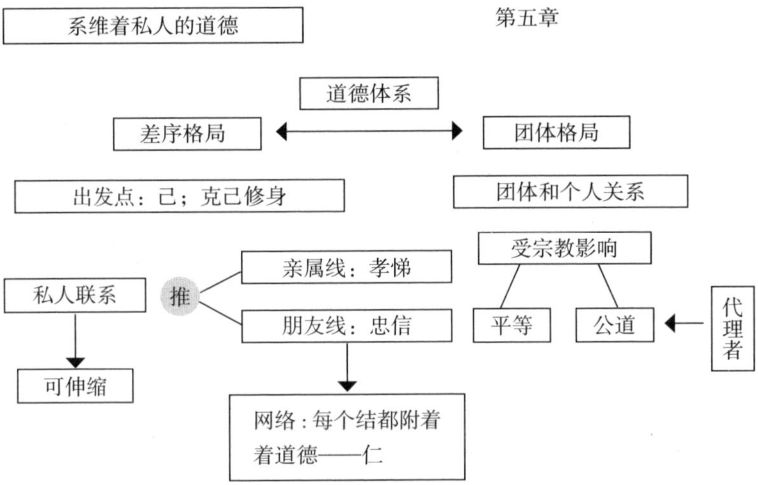

图 4-17

还应为整本书绘制一张结构框架图。《乡土中国》十四章的内容大致可以分为这几个板块：

“乡土本色”为全书的总论部分；

“文字下乡”“再论文字下乡”从时间和空间论述乡土社会是无需文字的熟悉的社会，是一个熟悉稳定的社会，直接承总论而来；

“差序格局”“系维着私人的道德”“家族”“男女有别”四章主要分析乡土社会人与人之间的关系；

“礼治秩序”“无讼”“无为政治”“长老统治”四章则是从维持社会关系的原理来论述的；

“血缘与地缘”“长老权力名实的分离”“欲望向理性的需要转化”三章主要论述了社会变化本质分析。

据此，可以绘制为：

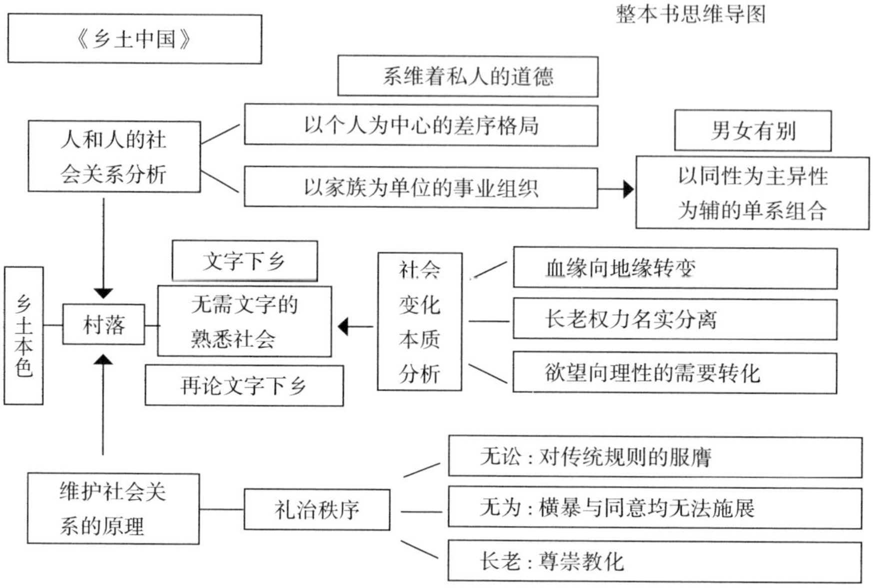

图 4-18

（3）运用批判思维，质疑启思拓展思维。学术著作虽通过严密的逻辑论证，常常经得起推敲与检验，但我们也不能一味盲从与迷信。阅读学术著作，在理解的基础上，要开展批判性阅读，即理解、质疑、重建、反省。

①认同观点，尝试例证。如阅读《乡土中国》，可以通过下面的例子唤醒学生已有的存储：

阅读贺知章的《回乡偶书》，理解乡土中国的社会特点。“少小离家老大回”，表达了对乡土的依恋：“乡音无改”，故乡在人身上打下的永远抹不掉的烙印，又是联系乡情的最好媒介；“儿童相见不相识”，这是一个熟人社会；“客从何处来？”，表达了社会人与人之间的孤立隔膜。我们还可以让学生回忆鲁迅先生的文章，理解乡土社会的特征，比如《祝福》《孔乙己》《故乡》《药》等。

再如：用“差序格局”里的观点，评价下面案例中爸爸的做法。

案例：园里两个孩子玩水时不小心掉进水里。其中一个小孩的爸爸立马跳进水里，岸上另一个孩子的妈妈立即大嚷："快，你先救我的儿子！"孩子爸爸没有理会，先救了自己的儿子，然后再次跳入水中把那位陌生女人的儿子也救上岸了。可笑的一幕发生了，陌生女人不仅没有感谢这位爸爸，反而劈头盖脸一顿臭骂："王八蛋，你为什么不先救我的儿子？"更讽刺的是，连围观的路人也跟着陌生女人一起指责这位爸爸："明明是她的儿子离岸更近，却偏偏要去救更远处的自己的儿子，真不道德！"

②深度思考，启思质疑。要指导学生就文中不认同的观点，发表提出自己的质疑，提出自己的看法。如阅读《〈西游记〉漫话》作者说："猪八戒的形象因此也就反映为市民眼中的农民形象。"就可以对此句展开质疑。

再如，阅读《乡土中国》同学们就提出了这些疑问：

观点一：乡下多文盲是因为乡下本来无需文字。

质疑：乡下就不需要文字了吗？

观点二：乡土社会是一个信任度高的社会。

质疑：这符合中国乡土社会的实际吗？有怎样的前提？

观点三：中西之别是"差序格局"与"团体格局"。

质疑：中国有没有"团体格局"？西方有没有"差序格局"？

观点四："缺乏储蓄的农业经济"受不住大兴土木的工程，因而横暴权力在农业帝国的基础薄弱。

质疑：难道不是因为统治者的横暴权力，导致人们缺乏储蓄？

观点五：社会生活愈发达……单靠人情不易维持相互间权利与义务的平衡。

质疑：现代社会中，难道不是因为人情损害了权利和义务的平等，从而让人们不愿再被人情裹挟？

（4）学以致用，走向现实。整本书阅读，除了获得作者的观点外，还要能将作者的观点运用到现实的观照中来，运用到现实问题的解决上来。思考：

①当代城市高中学生为什么要阅读《乡土中国》？

②从乡土文化层面挖掘，为什么李子柒能成功?

③现代女性与乡土妇女有哪些不同之处？传统乡土妇女中有哪些传统可以被继承?

④《红楼梦》大观园里，可以住着姑表林黛玉，姨表薛宝钗，后来更多了，什么薛宝琴，邢岫烟，凡是拉得上亲戚的，都包容得下。可是势力一变，树倒猢狲散，整个园子变成了“妻不以为夫，嫂不以为叔”。请运用《乡土中国》中理论加以说明。

⑤《秋菊打官司》这部电影中村主任有四个女儿没儿子，庆来骂他断子绝孙，是严重的侮辱，所以村主任要踢伤庆来。你认为谁有理，请用《家族》中概念阐述自己的理由。

【教学案例】

《乡土中国》整本书阅读教学设计

（一）设计学程，做好阅读准备

1. 初步了解。从目录、序言、后记中，把握全书写作目的、成书过程、相关学术思想以及写作感想，并进行适当摘抄和概括。

2. 设计学程。根据书的内容，填写表格：

表格 4–9

阅读内容	阅读日期	阅读时长	阅读方法	完成情况
序言				
第一章				
第二章				
第三章				
……				
后记				

（二）精读全书，梳理全书内容

1. 理解核心概念

（1）阅读过程中圈出文中重要概念，勾画出对概念的相关诠释，梳理作者是如何一步步诠释的，以及此概念在社会发展中的影响，整理到笔记本上。参照以下示例，做好下面的阅读卡片。如：**土气**

【诠释】乡下人离不了泥土（本色）——不流动性——熟人社会——礼俗习惯——乡土性——无法应付陌生人组成的现代社会的生活方式（而有了贬义色彩）。

【影响】“土气”是中国乡土社会的基础，也是全书的基础，后文的差序格局、礼俗社会的根源都在此。

【评点】不可移动的“土”决定了“乡”的稳定性，而如今，“土”还在，而人已纷纷离开，乡土在经历着痛苦的瓦解。但是家乡仍然是很多民工忍受艰难乃至屈辱的动力所在，回得去的家乡是他们走出去的心理依托、精神归属。是的，中国人“土”得太久了，一直在渴望现代化、都市化，今天的很多农村正在走向城镇化，已经不再紧紧附着在土地上，终于可以掸去那一身“土”。当融入现代都市后，一些人就开始鄙夷那“土气”，虽然心中可能依然有颗向往田园的种子，但却换了一种居高临下的姿态。其实我们又有多少是原原本本的城市人呢？在我们身上或者在我们父辈的身上都或多或少还有那份“土气”，这恰恰是我们由农耕文明发展起来的国度的人最宝贵的遗存。

（2）将全书的主要概念分类整理，形成指称不同社会的概念对比表。

表 4–10

概念范畴	乡土社会	西洋社会
社会格局		
权力特征		
治理方式		
两性关系		
家庭关系		

续表

概念范畴	乡土社会	西洋社会
道德准则		
……		

2. 分析章节关联

（1）勾画章节与章节之间勾连的内容，大体了解章节之间的关系。

（2）参照下面示例，分析章内说理逻辑，形成章节概要，各章节100字左右。

“乡土本色”：开篇第一章就是“乡土本色”，一上来就给你中国乡土社会的总印象，那就是“土”。“土”是乡下人的命根，农民“半身插入了土里”，以至一代代不太有变动，世代定居就成了常态，聚村而居是其典型特征，村与村之间相对孤立与存在隔膜，虽不至于老死不相往来，但耕作活动的分工程度本身很浅，聚村而居已足够应付。这是乡土社会的一个特性。这样一来，乡土社会就是一个“熟悉”的社会，对人熟悉，对物熟悉，对一切关系熟悉。在这样的社会里，人们自小就习得规矩礼俗，无需法律的约束，因为这规矩最可靠，人们对它的熟悉近似于条件反射，它也是乡土社会中人与人相处的基本办法。但这种风俗无法适应现代社会，于是乡人被认为“土气”。

“家族”：家族是差序格局中的一环，家是乡土社会中的基本社群。家族的大小不以人数多少论，而以结构的复杂程度论，一个有十多个孩子的家并不构成“大家庭”的条件，一个只有公婆儿媳四个人的家却不能称之为“小家庭”。最小的家族也可以等于一个三口之家。乡土社会中的家族不只限于生育功能，它是一个事业组织，为了经营这事业，家的结构不能限于亲子小组合，必须扩大，家的大小依着事业的大小而决定。父与子是家族运行的主轴，夫妻是配轴，求效率讲纪律，有家法约束，排斥私情的宽容，夫妇相敬如宾，每个人都是这个事业组织中的角色，以保障家族长期延续。

3. 拟写全书概要

在以上两个环节的基础上，以章节关联为主线，再将相关概念融入其中，用自己的语言写成一段全书的概要，或以思维导图的方式呈现。示例：

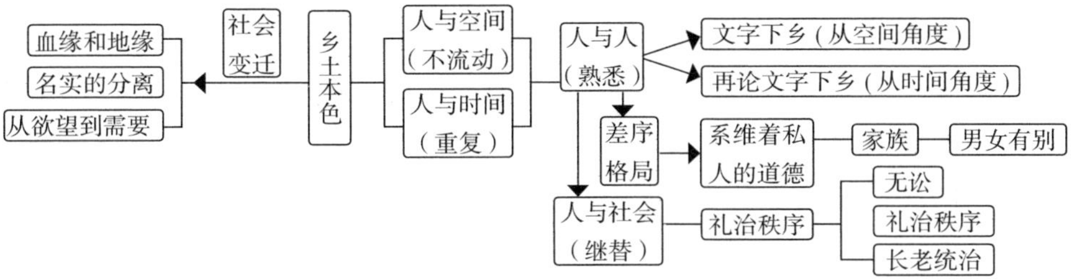

图 4-19

（三）研读全书内容

1. 专题化阅读

以小组为单位，共同选择某个研读专题，如作品的理论思想、写作风格和资料运用等，分工合作，形成专题报告（参照下面示例），在全班交流。

示例 1：关系线

一个社会离不开“人”，那么乡土社会中人与人之间的关系是怎样的呢？我们梳理其中的一些概念，把它们联系起来，大概就能发现这其中人与人的关系。以下图表中的概念涉及第一、四、五、六、八、十一、十二、十三章。

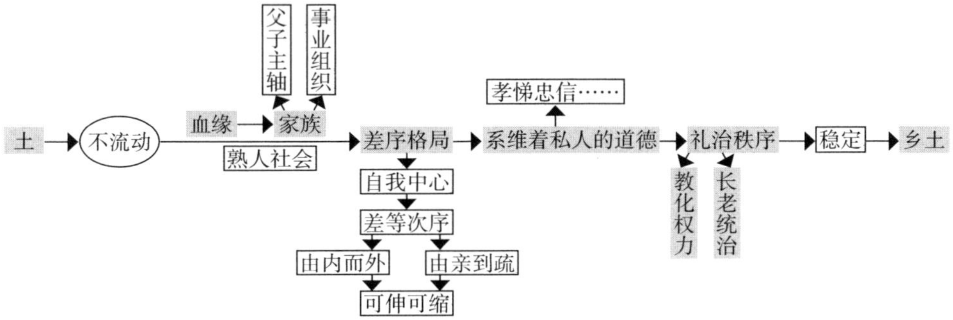

图 4-20

示例 2：发展线

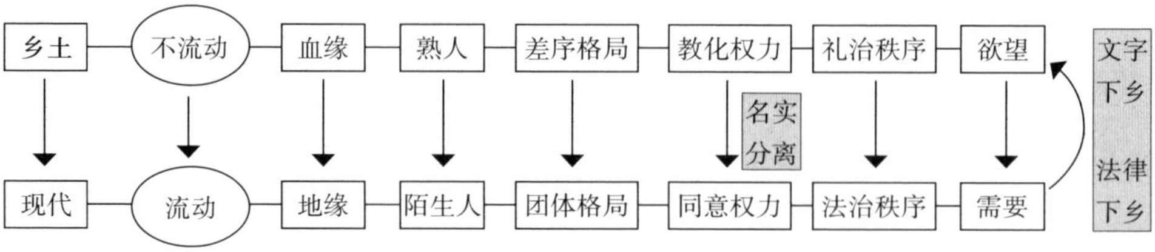

图 4-21

2. 思辨性阅读

我们在理解作者思想的同时，能多角度思考问题，对其观点进行辨析、质疑，发表自己的观点，能够做到有理有据，以理服人，并能提出更完善的分析。

示例：“差序格局”只在乡土社会里吗？

今天的我们是否已经从差序格局走到了团体格局中呢？其实，这样的人际关系就像我们的基因一样如影随形。比如，我们痛恨特权阶级，但我们很多人却都在执行着自己的“特权”，我们的特权意识根深蒂固，我们会默许亲近的人做出特定的行为，一个公园的守门人可能会让其亲属不用买票而进园，亲疏远近的处事原则依然在起作用。家庭“公”的利益可以为损害国家利益的行为寻找到心灵慰藉的借口。所以，在中国官员违法行为查处过程中，子女和配偶被牵涉的现象并不少见。

我们每个人依然有自己的“朋友圈”，在这样的关系圈中，依旧是以自我为中心的亲疏远近，利益的大小成为关系亲疏的主要依据，而且这样的圈也是可伸缩的，大到可以走出国门，小到可以只是自己的家。哪怕是看似朋友遍天下的“微信朋友圈”，可能也会在访问权限上加以不同的设置。虽然这样的关系圈已经超出了“乡土熟人”的范畴，而加入了“陌生人”，但依然有私人的道德在维系，只是因为这样的“圈”已经不单纯是个私人空间，而有了公共空间的特点，这里的道德更多了些现代社会公德和国家法律的成分。

思考：乡土社会是“无法”的社会吗？（请学生仿照示例完成）

（四）学以致用

1. 拓展性阅读

围绕“《乡土中国》对现代社会的意义”这个话题，阅读作家其他相关著述、其他学者的评述以及当代相关研究，从多角度分析书中的观点理论是否依然具有指导和借鉴意义，并针对当今社会发展中存在的问题，提出解决思路。小组共同讨论，形成书面报告。

示例1：学者视角下的乡土中国（一）

郑也夫在为陈心想《走出乡土》一书所作的序言中，对《乡土中国》和费孝通进行了五个方面的评价。既有对陈心想观点的再思考，也有对费孝通学术思想及其为人的评析。

关于“差序格局”。郑先生认同这一术语的价值，但认为它非一人之功。“类别”“秩序”“人的差别与人的关系”“格局”这些字眼，潘光旦的文章中都有。他甚至将“伦”提到“伦学”的高度。费孝通的贡献在于道出了一层潘未明确表达的意思，即“中国的道德和法律，都因之得看所施的对象和‘自己’的关系而加以程度上的伸缩”，并提出了一个精当的术语“差序格局”，“差序格局”后面的主要思想是潘光旦率先提出的。

对《江村经济》与《乡土中国》的地位的评价。郑觉得《江村经济》绝不下于《乡土中国》，跨越十年的这两书实为姊妹篇。一个微观，一个宏观；一个是对某一村庄生活的面面俱到的事实勾画，一个是对传统社会秩序的融会贯通的理论思考。没有《江村经济》的乡村研究，就不会有《乡土中国》的宏观思考。《江村经济》在深入调查一端，《乡土中国》在理论思辨一端。两相对照，可以帮助我们理解和定位《乡土中国》。

——郑也夫《评〈乡土中国〉与费孝通》

示例2：学者视角下的乡土中国（二）

在阅读《乡土中国》时发现，费孝通发明了这样一系列词汇：乡土社会、差序格局、团体格局、家族、礼治等。由此断言，《乡土中国》是人类学在非欧语系国家文化圈的本土化过程中的一个里程碑，它为用中文创造人类学的技术词汇开了先河。费孝通只不过发明了一些词语，但这些词语形成了一个完整的复合体，而且源于一位专业人士对于外来词语的不满，也源于西方人类学准则与他所认为的中国实际之间的不对等话语。

——郝瑞《费孝通与中国的人类学词汇》

费孝通的著作是值得西方读者更为深入地去阅读与理解的，因为不仅在于费孝通对于中国社会之本质的深入洞见，更在于他对于中西方社会的理性类型的对比为重新理解西方社会指明了一条路径。

——韩格理《费孝通著作对西方社会科学家的启示》

示例3：当乡土走向现代

——乡土的存与废

“土”是生存依靠，“乡”是文化维系，在这双重保护下，中国传统文化才得以绵延而不中断。“乡土”始终是离不开“土”的，这也是“乡”的本色，所有的改革探索都不能忽视这一点，基于农业、农村的工业化改造也许才是一条出路，既留得住乡人，也留得住乡情。

——私与公的界限

我们需要确定并强化对所有人都适用的价值规范，也就是社会公德，并将此作为对所有与自己相关的社会角色的行为期待。公私分明，在乡土社会中很难，但在现代社会必须划清公与私的界线，以制度来确保公平，确保对自己只拥有支配权的资源按照公平法则来进行处理，在利己和利他之间寻找到平衡点，将自己的行为纳入社会统一的规范，这是理性的人际交往，也是现代社会的特征之一。

——礼治与法治的碰撞

当下的农村向现代法治社会转变更显艰难，当农村法治秩序尚未建立，而礼治秩序又被破坏的情况下，又滋生出了一种新的权力，暴力权力，这种权力基于“门子大、兄弟多、拳头硬”的身体暴力，进而助长了一股黑恶势力，如村霸等，直到2019年国家才出重拳治理这种乱象。

当今中国，缔造新的“士”、新的道统，未尝不是新的思路。在弘扬法治、依法治理的主旋律下，辅以道德教化，如有些地方倡导的“新乡贤文化”就是很好的实践。其实早在20世纪60年代初，浙江诸暨市枫桥镇就有“矛盾不上交，捕人少，治安好”的“枫桥经验”。今天，四川成都市大邑县也有“1+N”调解平台体系，致力于建设“无讼社区”。很多基层政府部门都设立了人民调解员制度，也是希望达到“息争止讼”的目的。传统的礼治与现代的法治在新的时代相互碰撞，是否可以走出一条“法治、德治、自治”有机融合的新路径？

正如费孝通所说：传统可以重述乃至重建，以此来达到社会进步。他在《乡土重建》中甚至认为：如果再有一次文艺复兴的可能，中国传统有可能成为复兴的对象。那么这种复兴一定是建立在对中西文化全面真实的了解的基础上，从而实现文化传统的现代性转化。

2. 开展实地调查

从下面的活动中，选择其中一项完成。

（1）以“我的家乡”为调查对象，从生活方式、人际关系、精神状况、管理运行等角度进行调查访问。之后参考教材上第四单元的“调查报告结构表”，写一篇调查报告。

（2）从《乡土中国》里读到的不只是理论知识，还有作者分析社会的方法，如果把它看作一种分析工具，就可以用来分析任何一种社会关系。我们的班级也是一个小社会，可以去分析一下这个小社会的本色是什么，人与人的关系是怎样的，维系的道德体系又是什么等。对自己的班级做一次人际关系的分析，200字左右。

3. 综合探究

当下，“城乡一体化”，乡土和城市、现代和传统的深度交融和激烈碰撞。《乡土中国》及当下乡土社会的变迁的理解，集中在三个方面：

第一，乡土人员大量外流，或进城定居，或进城务工。《乡土中国》里概括的“熟悉人社会”“面对面社群”“差序格局”等正在慢慢变淡乃至瓦解。

第二，乡村社会结构和权力体系现代化。《乡土中国》里所概括的“礼俗社会”“无为政治”“长老统治”“无讼”等社会特征渐趋消逝。

第三，现代文化的涌入改造了乡村。《乡土中国》里提到的“不需要文字的社会”（《文字下乡》）“差序格局”“维系私人的道德”“男女有别”“从欲望到需要”种种特征都减弱了，有些甚至不复存在。

乡土社会走向现代社会的过程中，农村人口从中华人民共和国成立初期的近 90% 下降到 2018 年的 40% 左右，乡土社会结构也发生了根本性改变。有同学说，现在很多村落都成了空巢村、城中村，甚至在城市扩张中彻底消失，熟人社会也变成了陌生人社会，差序格局开始融入团体格局，礼治逐渐被法治取代，《乡土中国》还有什么阅读的价值呢？请你做一次班级演讲来回应这个问题。可以从三个方面来阐述：①学术理论方面的价值；②说理艺术的价值；③学术著作阅读方法的积累。

任务群学习设计

【任务情境】

中国社会学的奠基人之一费孝通先生，留给我们丰富的社会学研究成果，他的家乡江苏吴江在他曾二十六次考察访问的江村设立了费孝通纪念馆，但作为其重要代表作的《乡土中国》，在馆中只有一本书陈列而没有相应的介绍。学者郑也夫曾说过“研讨一个学者的著作是对他的最高礼节”，我们应该尝试为《乡土中国》设计几块展板，激起观众阅读的兴趣，从而实现对作者的真正纪念。

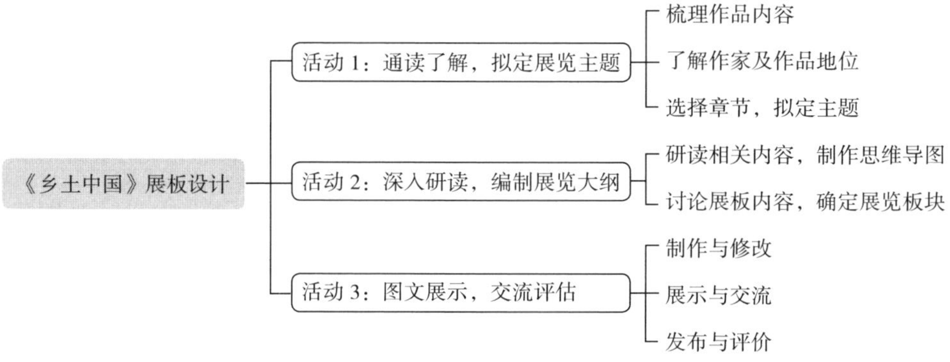

图 4-22

【活动设计】

活动 1：通读了解，拟定展览主题

1. 梳理作品内容。在通读整部作品基础上，将作品内容进行简要梳理，用简洁的语言概括，并提炼出每章的核心概念。

2. 了解作家及作品地位。通过阅读本书序言、后记，以及书籍查阅和网络搜索，了解费孝通先生的学术成就，以及《乡土中国》这部作品在其学术研究中的地位和影响，形成 300 字左右的概述。

3. 选择章节，拟定主题。以小组为单位，交流 1、2 两项研究成果，从而确定展板的主题和涉及的内容，可聚焦某一章节，也可综合几个章节，并解释主题拟定的依据和理由。

活动 2：深入研读，编制展览大纲

1. 研读相关内容，制作思维导图。结合拟定的主题，围绕选定的内容，重点研读，将相关内容的梳理提炼以思维导图形式呈现。思维导图的制作要考虑布展的需要。

2. 讨论展板内容，确定展览板块。小组成员在组内交流自己制作的思维导图，以及对展板的内容、数量和布局的考虑，经讨论最终形成本组布展方案，并确定人员分工。

活动 3：图文展示，交流评估

1. 制作与修改。组员分别制作所负责的展板，以 PPT、PDF 或手绘草图样图等形式呈现，每块展板需配以说明性文字，如版面解说、设计意图等需要说明的文字。组内交流各自的完成情况，集体讨论，修改定稿。

2. 展示与交流。在面向全班同学展示之前，组内撰写解说词，阐述小组对这部作品的阅读体会和布展的意图。在课堂交流中相互借鉴，听取他人意见。

3. 发布与评价。在同学和老师建议基础上修改后发布在班级群，各组要设计出评价表，对其他组的设计逐一评价，并写出评价意见。

（本案例根据石峻老师教学设计修改）

参考文献

［1］中华人民共和国教育部制定 . 义务教育语文课程标准：2022 年版［M］. 北京师范大学出版社，2022.

［2］中华人民共和国教育部制定 . 义务教育语文课程标准：2011 年版［M］. 北京师范大学出版社，2011.

［3］叶圣陶 . 叶圣陶语文教育论集［M］. 南京：江苏教育出版社，2004.

［4］夏丏尊，叶圣陶 . 文章讲话 · 关于国文的学习［M］. 北京：中华书局，2007.

［5］杨伯峻 . 论语译注［M］. 北京：中华书局，2006.

［6］夏丏尊，叶圣陶 . 我怎样教语文［M］. 浙江：长江文艺出版社，2017.

［7］中华人民共和国教育部 . 全日制义务教育语文课程标准（实验稿）［S］. 北京：人民教育出版社，2001.

［8］中华人民共和国教育部 . 义务教育课程标准（2011 年版）［S］. 北京：北京师范大学出版社，2012.

［9］王荣生 . 实用文教学教什么［M］. 上海：华东师范大学出版社，2014.

［10］王跃平 . 援疑质理：激活课堂的生命［M］. 南京：江苏凤凰教育出版社，2018.

［11］王跃平，肖莉萍 . 一书三课：整本书阅读 36 课［M］. 南京出版社，2019.

［12］倪岗．中学语文整本书阅读课程实施策略［M］．北京：商务印书馆，2018.

［13］吴欣歆．培养真正的阅读者——整本书阅读之理论基础［M］．上海：上海教育出版社，2019.

［14］王跃平，唐修亮．学程设计：整本书阅读的重要引擎［M］．南京：南京出版社，2021.

［15］李卫东．混合式学习：整本书阅读的策略选择［J］．语文建设，2016.

［16］杨爽．整本书阅读的理论与实践［J］．文学教育，2016.

［17］余党绪．“整本书阅读”之思辨读写策略［J］．语文学习，2016.

［18］张小兵．关键在于一个“整”字——谈整本书阅读教学策略［J］．教育研究与评论：中学教育教学，2018.

［19］陈芳．整体·整合·整理——开展“整本书阅读”的有效途径［J］．江苏教育，2018.

［20］周益民．整本书阅读：基本问题与实践探索［J］．语文建设，2021.

［21］司体忠，司艳平．群文阅读教学评价视角与教学建议［J］．语文教学通讯：初中（B），2018.

［22］徐志伟，陈湾妮．自觉地探索，困境中突破——2016年至2018年高中整本书阅读研究综述［J］．语文教学通讯：高中（A），2018.

［23］张小兵，倪峰．走进操作层面的“整本书阅读”［J］．语文教学通讯：高中（A），2016.

［24］黄厚江．整本书阅读教师要先读［J］．中学语文教学，2017.

［25］张春华．把整本书阅读当平常日子过［J］．语文教学通讯：高中（A），2018.

［26］徐周栋．整本书阅读教学内容的确定与策略选择——以《红星

照耀中国》为例［J］. 语文天地，2021.

［27］张双喜 . 思维导图在初中整本书阅读教学中的应用［J］. 语文教学与研究，2021.

［28］李怀源 . 由叶圣陶“读整本书”思想谈小学整本书阅读［J］. 课程 . 教材 . 教法，2009.

［29］陈元芝 . 互文性视角，激发学生名著阅读的探究趣味——以《儒林外史》为例［J］. 基础教育课程，2019.

［30］郭剑辉 . 多行并举促高中语文整本书阅读教学效率提升［J］. 天津教育，2022.

［31］梁旭娇 . 整本书阅读理论与实践研究述评——基于 CiteSpace 的可视化分析［J］. 学园，2022.

［32］金菊 . 初中生阅读整本书的指导与实践——以常州外国语学校为例［J］. 苏州大学，2012.

［33］曹儒 . 从《朱子语类》看朱熹的教育理念［J］. 教育探索，2009.

［34］王孝坤 . 应重视“整本书”阅读能力的培养［J］. 教育探索，1996.

［35］杨吉娣 . 浅谈整本书阅读的教学［J］. 教育，2016.

［36］吕珈臻，蔡宏敏 . 整本书阅读的四个导学点［J］. 语文教学通讯，2016.

［37］张红萍，杨军 . 整本书阅读的方法和策略［J］. 快乐阅读，2016.

［38］林华明 . 通读 · 诵读 · 研读 · 创读：中国革命传统作品研习策略——以《红岩》为例［J］. 福建教育学院学报，2020.

［39］曾爽 . 项目式学习视域下中国革命传统经典作品教学设计——以《红岩》为例［J］. 中国教师，2021.

［40］王荣 . 在红色经典的阅读中感受崇高美——“中国革命传统作

品研习”学习任务群的教学初探［J］. 教学月刊：中学版（语文教学），2019.

［41］吴投文. 战争诗化小说：从《荷花淀》到《百合花》［J］. 湖南科技大学学报：社会科学版，2005.

［42］俞联斌. 试析中国革命传统作品学习任务群的“四化”特点［J］. 当代教研论丛，2020.

［43］朱颖.“部编本”初中语文教材中国革命传统作品选录特点分析［J］. 文教资料，2019.

［44］项琪.“大地和太阳的歌者”学习活动设计——作为“中国革命传统作品”的《艾青诗选》的教学［J］. 教学月刊：中学版（语文教学），2019.

［45］华文楠.“中国革命传统作品研习”学习任务群的情境教学法研究［J］. 文学教育，2021.

［46］钱冰山. 让革命传统文化的基因代代相传——关于“中国革命传统作品研习”任务群的几点思考［J］. 中学语文教学，2018.

［47］石元丽.“中国革命传统作品研习”任务群解读［J］. 中学语文，2019.

［48］任雅玲. 高中生学术著作整本书高效阅读策略［J］. 内蒙古师范大学学报：教育科学版，2022.

［49］冯渊. 学术著作阅读的目标定位与教学理路——以《乡土中国》为例［J］. 教育研究与评论：中学教育教学，2022.

［50］肖蔓菲. 梳理·印证·反思·批判：学术著作的整本书阅读——以《乡土中国》为例［J］. 教学管理与教育研究，2021.

［51］林忠港. 如何引导中学生研读学术论著［J］. 语文教学通讯，2017.

［52］寇永升. 学术著作与文化论著“整本书阅读与研讨”的推进与反思——以《乡土中国》为例［J］. 语文月刊，2020.

［53］王瑞雪. 科普类名著整本书阅读教学现状探析［J］. 新阅读，

2021.

［54］赵华.《昆虫记》整本书阅读教学设计［J］.语文教学与研究，2019.

［55］王惜时.巧设“支架”促“生成”——以《昆虫记》名著阅读教学为例［J］.教学管理与教育研究，2020.

［56］唐旭.“科学阅读与创新”专题整合的逻辑、类型与要求——高中语文“学习任务群”专题整合的基本思路［J］.语文教学与研究，2020.

［57］黄鸣鸿.高中整本书阅读教学策略研究［D］.南通大学，2018.

［58］张敏.小学语文整本书阅读教学研究［D］.山东师范大学，2018.

［59］田兆萌.初中语文整本书阅读教学研究［D］.哈尔滨师范大学，2022.

［60］张志玲.指向语文核心素养的初中整本书阅读教学策略研究［D］.西北师范大学，2019.

［61］刘璐.初中语文整本书阅读教学策略研究［D］.哈尔滨师范大学，2021.

［62］刘佳惠.思维导图在高中长篇小说整本书阅读教学中的应用研究［D］.浙江师范大学，2021.

［63］吕慧.沈从文小说的互文性研究［D］.青岛大学，2020.

［64］申亚辉.图式理论在人教版高中语文科普文教学中的应用［D］.武汉：华中师范大学，2018.

［65］宁丽盈.整本书阅读理念下的初中科普作品阅读教学研究［D］.广州：广州大学，2021.

［66］章佳萍.初中语文科幻小说阅读教学实践研究［D］.南京：南京师范大学，2021.

后　记

《义务教育语文课程标准（2022年版）》和《普通高中语文课程标准（2017年）》都将整本书阅读作为一个独立的学习任务群，这就意味着整本书阅读是语文课程的一个组成部分，其教学化是一线教师的必选动作。如何更好地实施教学呢？我以为，从课程视角对整本书阅读教学进行整体规划，制定系统的实施方案，采取恰当手段使教学得以高效率开展，并采用适切的评价方式，方能达到理想的效果。为具体落实这一构想，稳步推进整本书阅读教学的实践与研究，探索一条有效的整本书阅读教学路径，提升学生的阅读兴趣和阅读能力，为语文同仁提供借鉴，我们在《援疑质理：激活课堂的生命》《一书三课：整本书阅读教学36课》《学程设计：整本书阅读的重要引擎》的基础上，出版《中学语文整本书阅读教学探索》这本书。

2012年以来，针对学生整本书阅读浅表化、教师指导粗略化等问题，我们率先在整本书阅读教学方面进行深度思考和实践探索，通过“从一篇到一部”，激发学生的阅读兴趣；通过“援疑质理”，了解学生的阅读状况，为教学指导奠定基础；通过“一书三课”，让学生有兴趣地读起来，有计划地“读下去”，有目标地“读进去”，有感受地“讲出来”；通过“学程设计”，让学生读有方向，读有成效；通过“群书阅读”，让学生在对比阅读中，发现文字的密码，从“会读”到“会写”，从输入走向输出，从语言文字的理解走向语言文字的运用，提升他们的语文能力素养。

经过十多年的探索，我们绘制了整本书阅读课程的实施蓝图，明确了课程实践方向，分解了课程实施任务，提炼出课程实施策略；探索出“师生共读”“学程导航”“教程引路”等课程实施路径，构建了教学的对话场，把握了阅读的方向盘，提供了阅读的动力源，从而提升了课程实践效果。我们还努力跟进过程评价，提供课程实践动力。如通过日常打卡式评价，提升阅读参与度；通过主体表现性评价，增进阅读互动感；通过多元主体性评价，形成阅读共同体。我们认为，整本书阅读评价应该是一个持续的动态过程，不能用固定的一个标准对学生作出最终的评价，而是要通过周期性对学生发展的状况进行全面的分析评估，既要重视过程性评价，也要重视终结性评价，通过各个方面和环节的诊断调整，最终提高学生的阅读能力，提升他们的核心素养。过程性评价着眼于课程的推动与改进，终结性评价则可以倒逼学生的读书主动性，两者相辅相成，共同促进整本书阅读课程的实施效果。

在本书撰写过程中，学习或借鉴了一些专家或一线教师有关整本书阅读教学的成果，援引了一些优秀案例。我校领导和语文组教师给予了热心帮助和大力支持，对整本书阅读课程的开设和成果的整理提炼提出了建设性的意见，在此一并表示感谢。由于时间和水平的限制，本书难免存在不足和缺憾，恳请大家谅解并欢迎提出批评意见。

王跃平

2023 年 12 月 30 日

南京教育文库

（已出书目）

第一辑　生活·实践教育系列成果（9种）

序号	书名	作者
1	中小幼教师如何做好教科研	刘大伟
2	思辨性阅读——儿童思维品质的涵育	杨树亚
3	小学数学职初教师的专业发展	王　凌
4	数学课堂成长型思维培养	朱国军　李　冉
5	慢养语文	贾　卉
6	小学数学结构化学习教学指导	吴玉国　孙　谦
7	中小学“校－家－医协同”心育工作路径	王天文　张　燕
8	小数的意义	孙　谦　杨梅芳
9	用字母表示数	吴存明　姜梦莹

第二辑　一线名师示范实践（23种）

序号	书名	作者	序号	书名	作者
1	小学语文	杨树亚　洪劭颉	13	初中英语	李爱云　尚媛媛
2	小学数学	吴玉国　毛文波	14	初中道德与法治	王存贵　王小叶
3	小学英语	韩佩玲　周春燕	15	初中地理	孙小红　张　静
4	小学道德与法治	唐隽菁　缪　青	16	初中历史	孙　进　王　伟
5	小学科学	冯　毅　成金燕	17	初中美术	张　屹　邵惠敏
6	小学美术	张　屹　张　静	18	初中生物学	岑　芳
7	小学体育与健康	倪晨瑾	19	初中体育与健康	周　云　戴守慧
8	小学信息科技	李有翔　王苏明	20	初中物理	孙留桥　季卫新
9	小学音乐	叶　军　何　伟	21	初中信息科技	高建君　董　苏
10	劳动	刘权华　王洪贵	22	初中化学	董　海　包义才
11	初中语文	王跃平　洪劭颉	23	初中音乐	何　伟　叶　军
12	初中数学	叶旭山　黄秀旺			

第三辑　生活·实践教育系列成果（7 种）

序号	书名	作者
1	理趣数学的价值意蕴与实践探索	余　颖
2	适合发展：小学数学智慧教学的理论与实践	王九红
3	简约语文的思与行	金立义
4	小学语文沉浸式教学——以小学古诗文教学为例	唐文国
5	中学语文整本书阅读教学探索	王跃平
6	“一核三式”历史教学法——指向思维的历史教学	卞姗姗
7	和谐的古典舞——诚实教育与美好生活	李亚娟